U0482966

| 光明社科文库 |

晚清贵州图书传播研究

（1840—1911）

李明勇◎著

光明日报出版社

图书在版编目（CIP）数据

晚清贵州图书传播研究：1840-1911 / 李明勇著
. -- 北京：光明日报出版社，2022. 10
ISBN 978-7-5194-6870-5

Ⅰ. ①晚… Ⅱ. ①李… Ⅲ. ①图书—文化传播—贵州
—1840-1911 Ⅳ. ①G239. 2

中国版本图书馆 CIP 数据核字（2022）第 195496 号

晚清贵州图书传播研究：1840—1911

WANQING GUIZHOU TUSHU CHUANBO YANJIU：1840—1911

著　　者：李明勇

责任编辑：杨　茹　　责任校对：阮书平
封面设计：中联华文　　责任印制：曹　诤

出版发行：光明日报出版社
地　　址：北京市西城区永安路 106 号，100050
电　　话：010-63169890（咨询），010-63131930（邮购）
传　　真：010-63131930
网　　址：http://book.gmw.cn
E - mail：gmrbcbs@gmw.cn
法律顾问：北京市兰台律师事务所龚柳方律师

印　　刷：三河市华东印刷有限公司
装　　订：三河市华东印刷有限公司
本书如有破损、缺页、装订错误，请与本社联系调换，电话：010-63131930

开　　本：170mm×240mm
字　　数：270 千字　　印　　张：17
版　　次：2023 年 1 月第 1 版　　印　　次：2023 年 1 月第 1 次印刷
书　　号：ISBN 978-7-5194-6870-5

定　　价：95.00 元

序一

在我指导的博士生中，李明勇可能算是家境最贫寒、学历背景最弱的一位。

明勇1977年出生于贵州湄潭县的一个穷乡僻壤的村寨，在他少年时代，该村不通公路，没有电话，赶乡场要走15千米的崎岖山路，读书也要走10余千米山路。一方面，自然条件极为恶劣；另一方面，更为痛苦的是，病魔一直纠缠打压着家人。爷爷多年的重病使他家里负债累累。爷爷病故后不久，母亲又中风，逐渐恶化，无法起床，并导致脑膜炎，其间尽管辗转于各地医院，债台高筑，但还是未能挽救母亲的生命。1993年，明勇初中毕业，渴望读书的他很想上高中以便将来考个重点大学，却因家境贫寒不得不辍学，并于次年外出打工挣钱。那年，他才刚满16岁。在那些打工的日子里，他做过搬运工、建筑工，饿过肚子、睡过大街，挨过常人难以想象的辛苦，受过常人难以体会的委屈。他还回家帮父亲种过烤烟、养过鸭子。

命运的转变发生在1999年，经人引荐，明勇到贵州教育学院当上了护校队员，也就是保安，一干就是8年。在贵州教育学院当护校队员的岁月里，尽管工资很低，每月满足生活所需后所剩无几，但他爱岗敬业、勤勤恳恳、助人为乐、乐于奉献，工作成绩得到了大家的认可，人格品行受到了全院师生的肯定。在学校领导和教师们的鼓励和支持下，初中毕业的明勇毅然走上了用知识改变命运的道路。2001年，他参加了成人高考，并考取了贵州教育学院中文系专科班。他一边继续在学校工作，一边努力学习。2003年专科毕业后又参加专升本考试，顺利考取了贵州教育学院中文系本科班。鉴于他工作认真负责，工资又较低，学校就免去了学费，让他顺利完成了四年的成人教育。在明勇的个人成长史上，我要为贵州教育学院（后改制为贵州师范学院）领导和中文系教师大大地点赞！

因一位考上博士的本校教师的鼓励，明勇下定决心考研。他历尽艰难，克服英语这个巨大的“拦路虎”，在连续两年经历研究生入学考试失败的打击后，也仍旧毫不气馁，屡败屡战。功夫不负有心人，终于在2007年，他以笔试第一名的优异成绩考取了贵州大学美学专业硕士研究生，用实际行动诠释了“知识改变命运”的真理。为此，贵州省总工会授予他贵州“十大杰出农民工”荣誉称号和“五一劳动奖章”。

明勇在硕士研究生学习期间，师从我的好友龚妮丽教授。龚教授是一位在艺术史、艺术美学方面造诣深厚的儒雅的好老师，在龚老师的谆谆教诲和关心之下，明勇不仅学到了读书、做科研的方法，也学到了做人做事的准则。虽然明勇的专业基础较差，但在读研期间，他学习无比刻苦，几乎每天都在图书馆里看书，其硕士论文《玄言山水诗审美研究》在毕业答辩中，获得了全“优”的好成绩。2010年硕士研究生毕业以后，明勇考入贵州师范学院工作，在外国语学院承担辅导员工作，再次实现了“身份”的“蜕变”。

2015年，在龚妮丽教授的热情推荐下，明勇通过华中师范大学对贵州师范学院的对口帮扶渠道报考我的博士生并过了录取分数线。我在了解了明勇的身世和经历后，虽然对其能否完成文化传播学专业的博士学业有一点担心，但还是决定录取他，因为我本人从事教育事业几十年，一直秉承的是“有教无类”的古训。我相信，绝大多数学生都具有很强的“可塑性”，这是教育的永恒魅力所在。事实证明，明勇读博期间表现极为优异，他不仅按照学校的要求完成了所有课程的学习，在核心期刊上发表了学术质量较高的论文①，而且按时完成了博士论文的写作，并顺利通过盲审及答辩。我之所以要比较详细地叙述明勇的贫寒身世和苦难经历，是想说明，摆在读者面前的这本以其博士论文为基础修订而成的专著，“含金量”不同寻常。

我和明勇一起讨论选定的博士论文题目是《晚清贵州图书传播研究（1840—1911年）》。之所以选这个题目，基于两方面的考虑，一个是切合我

① 如他和我联合署名的论文《海德格尔媒介本体论思想阐述》，该文发表在《华中师范大学学报》2017年第5期。

们的专业，另外一个考虑是明勇在贵州高校工作，将来可以继续从事地方图书出版传播史的研究。我指导的另一位博士金雷磊，比明勇高一个年级，他在福建三明学院任教，我们就商定以“宋代闽本图书出版传播研究”为博士论文题目，这个选题同样是基于将来科研工作的地域性、便利性和连续性。巧合的是，今年，金雷磊的博士论文经过认真修改也即将在厦门大学出版社出版，我也给他的书写了序。有兴趣的读者可以把两部学术专著对照起来看。

大家知道，贵州图书出版始于宋，发展于明，但多以刊刻地方志书为主，其他经史、文集刻书数量较少。至清代乾隆、嘉庆年间，由于社会稳定，文化教育逐渐兴盛，刻书事业获得快速发展，官刻、家刻、坊刻这三大古代刻书系统初步形成。到了晚清时期，随着贵州“改土归流”的进一步深入，贵州与中原文化之间的交流不断加深，加之西学东渐的影响，贵州刻书已初具规模，图书流通速度进一步加快，从而造就了郑珍、莫友芝、黎庶昌、唐炯、陈田、陈矩等全国知名的文人学士或出版家，而且各种官刻、家刻、坊刻的刻书机构得到迅速发展，收藏有上万卷图书的私人藏书家也不断涌现，这些都对当时贵州的文化和社会发展起到了很大的推动作用。

然而，目前学界对晚清贵州图书传播的研究相对薄弱，中国出版史、藏书史、印刷史提及晚清贵州的图书传播情况时，大多数著作的论述均较简略，寥寥数语带过而已。而贵州地方文献的研究主要也是按照传统目录学、版本学、编纂学等知识模式进行的，缺乏文化传播学的视野和维度。为此，李明勇博士的《晚清贵州图书传播（1840—1911 年）》一书在原有博士论文的基础上进行了必要的增补，以文化传播学的视角，综合运用古典文献学、文化传播学、社会史等学科知识和方法，将研究对象置于当时政治、经济、文化的广阔背景下，对晚清贵州图书的传播环境、刻书机构、刻书内容、流通方式、传播受众、传播效果等进行了比较系统的研究。在我看来，本书值得肯定的探索之处有如下三点。

其一，对贵州地域图书传播史的系统性研究。本书从晚清时期贵州图书的传播环境入手，对该时期贵州图书的出版机构及其刻书、流通形式、受众分析以及传播效果进行了较为系统的考察，从而突破了过去那种地域图书传播史的碎片化、断裂式研究。

其二，注重对出版生活史的考察。本书中列举了不少当事人具体的生活事例来说明当时的图书出版和传播情况，让地域出版传播史显得更加真实、生动，更加增添历史的丰富性和细节性。

其三，本书的研究具有一定的现实意义。作者通过对晚清贵州图书传播的深入考察和系统研究，认为晚清时期的贵州图书传播不仅加深了近代贵州知识的社会化程度，还促进了贵州文化产业的初步形成，推动了贵州社会的变革。这方面的深入研究为当下贵州的文化产业发展提供了一定的历史经验参照。

我还想说明的是，明勇原来还计划在本书的最后一部分增加一章“数字出版：晚清贵州图书未来传播的趋势”，此章主要包括三个部分：一是古籍数字化出版的价值与意义，二是晚清贵州图书数字化出版现状，三是晚清贵州图书数字化出版的策略分析。这一章的内容涉及新的资料和新的技术背景，因时间关系还没有写完。明勇征求我的意见，我建议他暂时“割爱”，把它作为另外一部书中的一章。另一部书的书名可为《现代贵州图书出版传播研究（1912—2012 年）》，主要研究近 100 年贵州图书出版传播的情况，我期待他花 3 至 5 年的时间完成这部专著。

2018 年年底和 2019 年年初，李明勇的贫困身世和励志故事被媒体“捕捉”到并进行了大力报道。先是《人民日报》在 2018 年 12 月 23 日发表文章《“勇哥”，好样的》，鼓励青年人向“勇哥”学习。《人民日报》的报道使明勇很快成为“网红”。该报在 2019 年 1 月 3 日又发表了李晨铭的署名文章《奋斗出人生的高光时刻》，赞扬李明勇的刻苦奋斗精神。湖北本地媒体《楚天都市报》2018 年 12 月 28 日发表文章《屡败屡战，他从保安逆袭成博士 这位励志网红讲师原来是“华师造”》，写这篇文章的记者之前采访过我。之后，湖北卫视等媒体还邀请明勇去录制了节目。

面对突如其来的官媒宣传，我想还是应该保持头脑清醒。我当即提醒明勇，你突然一下“火”了，要注意行事低调，切忌沾沾自喜，人贵有自知之明。要集中精力在科研与教学上，兢兢业业地教书育人。明勇表示，“我会牢记老师的教诲”。事实证明，明勇并没有被媒体的宣传及赞扬冲昏头脑。摆在读者面前的这部专著就是他在冷静面对舆论“热炒”的情况下认真修订而成的。我们师生共同期待学界同人和读者对本书的批评、指正。

贫困是造成许多家庭和个人悲剧的根源，贫困也是激励许多家庭和个人努力奋斗的动力。关键在于如何面对贫困，如何做出自主选择，如何抓住难得的机遇，如何脚踏实地地战胜苦难，赢得自己渴望的生活。在这方面，明勇是幸运的，幸运来自他个人努力奋斗以及一些学校（如贵州教育学院、华中师范大学等）和老师（如硕导龚妮丽教授、现任华师文化传播学学科带头人及出版史研究大家范军教授等）的支持与培养。我相信，明勇会珍惜过去来之不易的情谊、荣誉，珍惜此刻来之不易的大学教职，珍惜自己幸福的小家庭，继续谦逊而坚定地在荆棘丛生的学术道路上走下去，用优秀的学术成果来回报我们的国家和社会，从而也不断证明自己。

是为序。

张三夕

2021 年 9 月 24 日于武昌大华寓所

序二

李明勇博士的新著《晚清贵州图书传播研究（1840—1911）》即将付梓，嘱我撰序，我多少了解一些他的人生经历，自然乐于答应。

明勇出生于遵义湄潭一个边远的村寨，初中毕业即因家境贫寒而辍学，为了生计曾到城市当过农民工，谋上了贵州教育学院的“保安”一职，在乡民看来似乎就极不寻常了。但正是生活贫穷与人生的各种不幸，以及城乡的巨大反差，激起了他继续读书和求学的强烈愿望，而苦难与不幸淬砺出来的顽强意志，也使他能在劳作之余，抓紧一切时间广泛阅读一切能找到的书籍，通过成高考试获得了贵州教育学院中文系的本科文凭，以后又一步一个脚印地考上了贵州大学美学硕士专业研究生，复又成功获得华中师范大学文化传播学博士学位。摆在读者面前的这部专著，就是他的博士论文经修改完善后的最终成果，文字的后面凝聚着毅力与心血，如果回顾他早年人生经历的艰辛，则未尝不是顽强求学意志推动下，必然产生的一项学术回报结果。

明勇是以当年第一名的成绩考上贵州大学美学硕士的，指导教师正是内子龚妮丽教授。内子知道他的家庭经济困难后，无论生活细节或人生困难，均特别有意加以照顾，但内子做事一贯认真，在学业上要求极严，不断敦促其奋进努力，从来不稍宽假。明勇心智敏感而聪慧，自然也加倍地用功，总是在图书馆埋头读书，学业进步之快，每每令人出乎意料。他的硕士论文选题为《玄言山水诗审美研究》，毕业答辩时竟以全优通过。答辩结束后内子返家，告诉我明勇取得的成绩，有如为自己的孩子报喜一样，显得格外兴奋。我们都为他的苦读终于有了回报而感到高兴，而他也因此彻底改变了自己早年的命运。

因为成绩优秀而改变了命运的明勇，毕业后即谋到了贵州师范学院的教职，不仅少年时读书求学的愿望得以如期实现，甚至拥有了执教大学讲堂的知识本领。但他并不以此为满足，又通过持续不断的苦读，考上了华中师大张三夕教授的博士研究生。

我与三夕教授相识几近40年，知道他不仅学识渊博，研究范围广涉文史哲诸多领域，成就每令人叹美，而且待人宽厚诚挚，所交名流鸿儒几遍天下，盛誉学界尽皆知之。故内子与我均为明勇的选择感到欣喜，以为假以时日必能见其学问再入新境。

果然明勇每次负笈武昌返黔，讲述其在三夕教授门下所学心得，无论专业知识或人生境界，都令内子与我感到大出意料之外。尤其是三夕教授主持的读书会，有类于美国芝加哥大学思想文化研究所的学术讨论班，一方面必须大量阅读各种经典文献，否则便难免会丧失应有的发言权，陷入会场交流的尴尬窘境；另一方面相互论辩也能激活思想，引发各种创造性的灵思妙想，深化继续阅读和认知的内在兴趣。更重要的是导师实时点评，总是能让人获得新的刺激和新的提示，成为自己继续上进求学的重要力量动因，并开始产生了专心学术的思想自觉。内子与我过去也有类似的尝试，只是远远不如三夕兄成功。

然而严格地讲，导师的濡染涵化固然重要，但明勇长期持续不懈地自我努力也不可忽视。曾国藩在其《家训》中有："余深以无恒为憾。近年在军中阅书，稍觉有恒，然已晚矣。故望尔等于少壮时，即从'有恒'二字痛下功夫，然须有情韵、趣味，养得生机盎然，乃可历久不衰。"明勇自少至长始终不忘苦读，亦可谓难得罕见的"有恒"者。"有恒"二字颇有画龙点睛之妙，正好说明了意志品质坚强的重要。由于生命内部意志力量长期不断的牵引，再加上良师益友循循善诱的鼓励和开导，他才能在情韵、趣味等诸多方面不断获得提升，从而走出一条属于自己的人生求学之路。

明勇攻读硕士学位期间，内子为他开设了文艺美学等课程，亦时常个别性辅导，我则偶有插话，均与当时的对话场景有关，无一不涉及人生或学问。与此同时，我也为历史专业研究生开设了史部目录学、中国文化史专题研究两门必修课，前者希冀学生读书能知门径，后者要求其能了解中国文化精神大义。内子为扩大她的学生的传统古典学知识，遂要求其每一届进校新生都必须前来旁听，明勇自然也在其中并学得十分认真。或许有此一层缘故，尽管他的硕士论文选择东晋玄言山水诗为研究对象，特别需要以感悟的方式来进入诗学艺境，但其读博假期归来借阅我的《贵州地方志考稿》，告诉我他已转向了更有实证特征的传统图书传播研究，查阅资料需要花费大量功夫时，我一点也不感到意外。他表面应酬交际迟钝缓慢，但其实领悟力和理解力都特别好，我并不担心他是否有能力完成毕业论文，只是鉴于详尽占有各种文献资料并非轻松容易之事，有些担心他是否能按时完成学业论文并顺利通过答辩而已。

但是，如同他早年求学不断闯关或破关一样，通过3年艰苦的候选博士学习阶段，他也不断克服各种必须面对的困难，不仅顺利按时通过了学位论文答辩，拿到了博士学位，而且毕业后又反复修改其旧作，补充了大量第一手的资料，不到完全满意即不轻易出手，现在终于可以见客问世了，内子和我都由衷地感到高兴。看到他的成功，回忆他早年的经历，内子和我都不禁想起了鲁迅人生的设计："一要生存，二要温饱，三要发展。"但与一般常人不同的是，明勇即使在求生存与求温饱的同时，也执着地追求着生命自我的目的性发展。因此，我们都为他的进步和成长感到高兴，但并非仅仅看到他博士头衔的光环，而是从他一生苦学的经历出发，知道一切都来之不易，希望他能加倍珍惜。所谓有志者事竟成云云，难道他不就是一个典范吗？

明勇的书可述之处颇多，我想稍做补充发挥的是，传统雕版印刷固然可以溯源至唐代中期，当与佛经的刊刻传播有关，但仍要延及宋代印刷技术才显得精美绝伦，数量规模也愈加系统庞大。《明史》卷九六《艺文志》载："明太祖定元都，大将军收图籍，致之南京，复诏求四方遗书，设秘书监丞，寻改翰林典籍以掌之。永乐四年，帝御便殿阅书史，问文渊阁藏书。解缙对以尚多阙略。帝曰：'士庶家稍有余资，尚欲积书，况朝廷乎？'遂命礼部尚书郑赐遣使访购，惟其所欲与之，勿较值。"可证自明开国以来，上至朝廷下到民间，极为重视典籍的刊刻与搜访。明清易代动荡，尽管对书籍的刊刻传播影响很大，然一旦恢复秩序，很快又出现了刻书售书的空前盛况，以致西方学者富善（L. C. Godwch）认为，至迟乾隆十五年（1750）以前，中国刊印书的书籍，可能在数量上已超过了全世界的总和。而何柄棣先生在其《明清社会史论》一书引用该说，并特别指出其始终未受到任何回应性挑战。这一盛况以后当然仍在延续，不仅说明书籍流通数量的快速增长，读书士子人口规模的明显扩大，而且更反映传统中国的确是一个文明大国，礼仪之邦的美誉并非空穴来风。

历来刻书业的中心，主要集中在北京、南京、杭州、徽州及福建等地，学界研究的历来热情很高，积累的成果也不断增多。但在远离中心的贵州边远，就既有的论著看，明代以前仍显得相对冷清，却并非就不重要。例如，自正德后期以迄万历年间，贵州就先后整理和刊刻了六部阳明著述典籍，倘若将其置于全国范围内进行观察，亦显得极为突出和重要，反映黔省心学之风兴起甚早，较诸他省实有开风气之先的意义。至于传播范围之广，受众人数之多，从书籍的一刻再刻乃至多刻，亦不难一窥其究竟。晚清郑珍以经学与诗学名于世，不能不得力于他的私家藏书，而他藏书之外又常私家刻书，今藏望山堂本即属于早期私刻本。莫友芝一生好学“嗜古，喜聚珍本书”。他的影山书屋藏书数量不少，刊刻的名本佳槧亦甚多，所撰目录专书今仍一印再印，乃有清一重要版本目录学家。黎庶昌在杨守敬的协助下，从东瀛访回20余种中土久已亡佚的善本珍籍，将其汇刻为《古逸丛书》，学林至今仍不断称道。黔中刊本《书目答问》，乃王秉恩入黔后所为，比对复勘初刻本，不仅补正卷帙版本颇多，纠正其讹误处亦不少，与后出的范希曾增补本相较，可谓《书目答问》补正史上的双璧。严修入黔视学期间，创办贵州官书局，力主无论中学或西学，在书籍刊刻上必须同时并重，具体操作上则治刻书、购运、销售三者为一炉，也是书籍传播史上值得称道的大事。至于唐炯、陈田、陈矩等人，或以著述知名天下，或因刻书影响一时，亦都活跃于这一时期。

或乃有鉴于此，明勇遂在三夕教授的悉心指导下，以晚清贵州图书传播为题，展开了详尽而扎实的多方面研究。他的研究工作固然离不开传统目录学、版本学、校雠学等必具的学问知识体系，但也补充了前人较少注意的文化传播学的观察分析框架。传播学作为一种重要的社会学分析方法，不仅可以上升到哲学的高度来加以讨论，同时更有必要展开与本体论相关的深层性追问。因为任何媒介都必然涉及事物相互之间，尤其是其在时间、空间上或疏或近的联系，因而媒介、距离、传播本质即为一种本体论的关系。而明勇之所以引入传播学的观察视角，暗中也有西学的影响在发挥作用。这一点只要稍读他与导师三夕教授合撰的《海德格尔媒介本体论思想阐述》一文（载《华中师范大学学报》2017 年第 5 期），便不难知道。正是由于拥有了媒介或传播学的观察新视角，遂使他的论著的叙事内容显得十分开阔，而在方法论上也增加了一重多学科交叉的致思特点，可谓一部有系统的研究专书，值得有兴趣的读者认真研读。

明勇分析官刻、私刻、坊刻三大刻书系统，除详细分析了版本优劣、校勘精粗、纸质高下、墨色好坏、字体巧拙等一系列问题外，更重要的是还将其置于广阔复杂的历史场景中进行观察，使得枯燥的版本目录学或传统文献学有了动态的历史性特征，而在文献本体传播或传承学之外，又多了一层社会学的客观化叙事内容。从中不仅可以看到知识的流通形式与传播的路径方法，同时也可进一步考察地方人文兴起的一般状况，了解文化生态的特殊结构，尽管后者不能说作者就已充分自觉，但透过读者的再诠释仍可随时发现。

任何书籍的刊刻、发行、传播或流通，都必须以一定的受众为预设对象。是书将后者（受众）归纳为文人雅士、科举士子、普通知识家庭三类，他们或出于个人的情趣爱好，或出于向上层社会流动的动机，或出于纯粹的世俗实用性目的，均形成了一定的社会化市场，推动了书籍的流通与传播，形塑了一代又一代人的知识形态。作者捕捉到不少书籍传播流通或销售交易过程中的有趣细节，其中如文人之间相互赠书籍之佳话，省内外学者透过书籍结缘之美谈，不仅丰富了该书的叙事内容，增加了读者的阅读兴趣，更重要的是在其社会学视角之外，又融入了厚厚一层生活史笔触，当值得充分肯定。

书籍的传播流通乃是一个时代文化发展的缩影，反映了社会变迁过程中诸多方面的问题。无论社会结构的变革或知识形态的重塑，本质上都离不开书籍的刊刻发行及传播流通。我近年来颇为关注传统中国乡土社会，尤其是必须重视的文字如何入边，儒学如何下乡两大核心问题。大量族群众多而又无文字的边疆或内地边疆地区的客观存在，文字所携带的文化信息及儒学的渗透，其所发挥的建构作用仍值得重新评估。书籍的传播流通及受众普及，以及作为主体的人的理解方式及诠释态度，特别是与本地经验结合后所催生出来的复杂知识形态，无疑也是我们必须随时凭借的观察窗口或渠道。我之所以乐于推荐明勇的新著，或许亦有此一层更深刻、更根本的原因。

早在明勇攻读硕士学位期间，由于实现了从农民工到研究生大跨度的身份转换，各种媒体纷纷报道，名目众多的荣誉也接踵而来。内子与我都一再告诫他，学问的道路贵在自得，从来都与外部的一切赞誉无关，寂寞与孤独反而更能够凝练独立的思想，精神品性绝非跟随潮流所能造就，学人气象不是任何急功近利的行为所能涵养。学问的目的在于知识的无尽探求，生命的充分发展，社会责任的主动承担，价值意义的最大化实现。明勇过去在逆境与苦难中以“有恒”而改变了自己的命运，我们希望他也能在今后的顺境或坦途中以“有恒”取得更多的成就。任何人如果终生都以“有恒”自律自处，相信都会有相应的成果贡献给世人的。

是为序。

张新民

辛丑年深秋谨识于筑垣花溪依庸麓晴山书屋，时年七十二岁

引　言

传播活动作为人类最基本的社会活动之一，使社会获得了自身的基础，同时也助推着人类社会的发展。人类传播的活动必然要借助一定的传播媒介。传播活动效率的高低，在很大程度上取决于媒介技术的发展程度。晚清时期，随着媒介技术的快速发展，石印、铅印等先进技术的引进，图书开始大规模地生产，在社会上广泛流通，成为社会主要的大众传播媒介。图书传播活动的加速和效率的提高，对社会发展起着重要的推动作用，因此，伊丽莎白·爱森斯坦（Elizabeth L. Eisenstein）将印刷机比喻成社会变革的动因。

地处边陲的古代贵州，经济文化极其落后，图书出版到了宋代才开始出现。据《宋史·艺文志》载，宋代贵州刻有《思州图经》《珍周图经》《南平军图经》等，但这些书早已散佚。到了元代，贵州经济文化有所发展，图书出版主要以官修志书为主，其内容主要为贵州山川地貌和各族人民活动情况。明代永乐十一年（1413）贵州承宣布政使司成立，随后其成为明朝全国十三布政使司之一。贵州行省建立，汉族人大规模移民至贵州，学校教育也逐渐兴起，为图书出版创造了条件。明代，贵州除了刊刻地方志书外，也刊刻了一些经学、史学、文学类书籍，但数量不多。清代前期，由于贵州长期遭受战争的影响，文化发展较为缓慢，刻书也较少。到了清代乾隆、嘉庆年间，由于社会稳定，文化教育逐渐兴盛，刻书获得快速发展，官刻、家刻、坊刻的古代三大刻书系统初步形成。到了晚清时期，贵州刻书已初具规模，官刻机构除了府州署外，还有贵州官书局、遵义官书局等专门刻书机构；家刻本剧增，郑珍望山堂、独山莫友芝、遵义唐氏、遵义黎氏、贵阳陈氏、贵阳高氏、贵阳周氏等相继刊刻了众多书籍；坊刻异军突起，省城贵阳的家阴堂、大盛堂、大文堂，遵义的天生堂、文兴堂，安顺的中和堂、至宝堂都是比较著名的刻坊。同时，在晚清时期，由遵义华之鸿创办的文通书局从日本引进先进的铅印、石印设备，于1911年开工投产，使贵州的图书出版业开始向工业化发展。

目前，学界对晚清时期贵州的图书传播主要从以下四个方面展开研究：一是图书的目录学、文献学、编纂学研究，主要记载了图书作者、卷（册）数、刊刻时间、馆藏地点以及部分图书的序、跋。其主要代表著作有民国时期由刘显世、吴鼎昌修，任可澄、杨恩元纂的《贵州通志·艺文志》、周鼎主编的《贵州古旧提要文献目录》、陈琳著的《贵州省古籍联合目录》等。张新民教授的《贵州地方志考稿》也是专门研究贵州方志的力作，对贵州历代著名的省志、通志、府志、厅志、州志、县志的编修情况、主要内容和世人评价做了详细介绍。二是图书的出版研究，主要涉及对出版机构、出版活动以及出版技术等方面情况的介绍。其主要代表作有贵州省地方志编纂委员会编的《贵州省志·出版志》，代表论文有刘泳唐的《严修创立贵州官书局》、刘汉忠的《贵州古代刻书》、肖先治的《贵州的板刻书业》等。三是藏书研究，主要研究当时黎恂、郑珍、莫友芝、黎庶昌等著名文人的私家藏书，主要代表著作有刘汉忠的《贵州私家藏书汇考》，该书对贵州清代藏书家黎恂、莫友芝、郑珍、陈田、黄彭年、黄国瑾、莫棠、陈矩等人的藏书做了一个粗略的介绍。龙先绪著有《郑子尹郊游考》一书，其后附录三为《郑子尹巢经巢藏书考》。此类研究的代表论文有杨祖恺的《莫友芝影山草堂管窥》《莫友芝影山草堂管窥续纪》，刘汉忠的《莫友芝影山草堂藏书考证——兼与杨祖恺同志商榷》，雷成耀的《清代贵州私人藏书家黎恂藏书考略》等。四是贵州图书的流通传播，主要是对晚清时期的贵州图书走出西南乃至走向世界的情况做简略的介绍，其代表作有黄万机的《客籍文人与贵州文化》一书，涉及黎庶昌、陈矩在日本时期的文化交流。除此之外，一些中国出版史、藏书史、印刷史也对晚清贵州的图书传播情况有所提及，如张秀民的《中国印刷史》、范凤书的《中国私家藏书史》、李致忠的《历代刻书考》等，但大多数著作对其论述极其简单，寥寥数语带过而已。

纵观目前与晚清贵州图书传播相关的研究成果，可发现主要存在以下四个方面的不足：一是缺乏系统的研究。在目前关于晚清时期贵州图书传播的相关研究成果中，图书传播的碎片化研究较为突出，基本上是针对传播活动中的某一个环节进行单独的研究，没有将图书传播的各个环节联系起来进行整体的系统研究。二是研究方法略显单一。前人主要还是按照传统目录学、版本学、编纂学等旧有的研究模式对晚清时期贵州的图书进行研究，从而导致缺乏该研究应有的广度。三是相关研究的第一手资料不足。目前人们对晚清时期贵州图书的研究所掌握的材料严重不足，因此这一时期的刻书机构、刻书内容、公私藏书都有待进一步考补，这不仅导致某些观点相互矛盾，而且也导致该研究缺乏应有的深度。四是未能将晚清时期贵州图书的传播与当时的政治、经济、文化联系起来进行考察，而是就出版而论出版。这种脱离时代背景的研究既不能很好地说明晚清时期贵州图书得以广泛传播的原因，更难以窥视到晚清时期的贵州图书传播对近代贵州社会发展的历史作用。

鉴于目前学界有关晚清贵州图书传播研究的现状，本书以文化传播学的视角，综合运用文献学、目录学、社会学等学科知识，将研究对象置于广阔的时代背景之下，对晚清贵州图书的传播环境、刻书机构、刻书内容、流通方式、传播受众、传播效果等方面进行系统的研究。本书不仅要对晚清时期贵州的刻书机构、刻书内容、藏书等进行考补，而且还要用“长时段”的历史学方法从传播环境、受众以及传播效果等方面去分析此时期贵州图书传播兴盛的原因，以及此时期的图书传播在贵州近代社会发展中所起到的历史作用，这不仅打破了传统的从目录学、版本学、编纂学来研究图书的旧有模式，而且突破了以往图书传播的碎片化研究，实现了对从传者到受众再到传播效果的整个传播链的分析和考察。

目　录

CONTENTS

绪　论

一、研究缘起及研究范围

（一）研究缘起

图书作为一种文化载体，是文化传播的重要媒介。它从纵横两个维度实现其传播功能：图书的纵向传播主要是从时间的角度来讨论的，指图书不仅能使人们了解和继承过去的历史文化，同时也可以通过文化创造未来，它是人们联系过去、展望未来的重要手段。图书的横向传播主要是从空间维度来说的，即通过空间的无限延伸，从此地到彼地，使不同区域和不同民族之间实现文化交融。图书所呈现出来的文化传播功能必然使人们对图书给予高度重视，使其成为人们关注的一大领域。中国早期的图书研究，主要是依附于传统的文献学、版本学和目录学的，较少有图书传播研究的专著出现。直到19世纪末、20世纪初，中国才出现了叶昌炽的《藏书纪事诗》和叶德辉的《书林清话》等图书研究专著。1897年，叶昌炽所著的《藏书纪事诗》将“古今藏书家，上至天潢，下至方外、坊估、淮妓，搜其逸闻轶事，详注诗中”①。然叶德辉见其书未涉及刻书源流和校勘，就于1911年著《书林清话》，比较集中地展现了古代图书的历史知识，涉及图书的起源和发展以及历代刻书的规格和材料，开创了中国图书研究的先河。自此以后，学界对图书研究给予了更多的关注，各种与藏书史、出版史、印刷史、图书发行史、图

① 叶德辉．书林清话［M］．李庆西，标注．上海：复旦大学出版社，2008：2.

书流通史等相关的专著相继出现，为我们今天对图书的进一步研究打下了很好的基础。

晚清时期，随着中国在两次鸦片战争中的失败，中国的大门被迫向世界打开，西学东渐的进程加剧，中西之间的文化碰撞与交流更加突出，文化的全球化进程日益加速。在这文化全球化的浪潮中，不仅西方文化强势进入中国，而且西方的科学技术，尤其是印刷术，也被带到了中国，从而促进了中国图书的工业化生产。中国文化在西学东渐的冲击下面临着转型，从注重考据的故纸堆中走向了经世致用之路。不少中国学者主动了解和学习西方文化，或翻译西书，或建立出版发行机构，试图通过对西方文化的借鉴和学习达到“师夷长技以制夷”的效果。在这文化的转型期，中国的图书生产和流通独具特色，图书工业化的生产加速了西学书籍和中国传统古籍的传播，官书局、译书机构的成立更成为这一时期的一大文化现象，引起了不少文人学者的关注。然而，大多数书籍研究者主要将研究目光集中在当时图书出版业比较发达的江浙一带，而对贵州图书出版的关注较少。尽管地处偏隅的贵州交通不便，经济文化也相对落后，但在文化全球化的影响之下，贵州士人加大了图书的生产与流通力度，从而造就了郑珍、莫友芝、黎庶昌、唐炯、陈田、陈矩等全国知名的文人学士或出版家，而且各种官刻、坊刻、私刻的刻书机构也得以迅速发展，收藏有上万卷图书的私人藏书家也不断涌现，这些都对当时贵州的文化和社会发展起到了巨大的推动作用。

目前学界对晚清时期贵州的图书传播研究非常薄弱，成系统性的研究更是难得一见，这与图书传播在贵州文化史、社会发展史中的历史地位和作用极其不配。媒介环境学派的开创者哈罗德·伊尼斯（Harold Adams Innis）认为，“一种新媒介的长处，将导致一种新文明的产生”①，他的这一观点常被后人诟病为一种“媒介决定论”。但从强调媒介在社会发展中的重要作用这一层面上来看，该观点是一种社会事实，媒介是推动社会发展的一大动因。图书是社会的重要媒介，晚清时期贵州的图书传播无疑对近代贵州社会经济、政治和文化的发展都产生过重要影响，在各方面所取得的成绩无不与图书的传播息息相关。为此，本课题主要从文化传播学的视角对晚清贵州的图书这

---

① 伊尼斯．传播的偏向［M］．何道宽，译．北京：中国人民大学出版社，2003：28.

一大众媒介做系统研究，探索其在贵州文明进程和社会发展中所起到的重要作用。这一研究既有重要的理论意义，也具有较大的现实意义。

1. 理论意义

从传播学的视角对晚清贵州图书的传播进行研究具有重要的理论意义，首先，表现在多门学科研究方法的综合运用上，其拓展了该领域的研究视野。不同学科研究方法的综合运用已经成为当今学术研究的一大趋势，张三夕教授主张借鉴南京大学古代文学研究的经验，南京大学将文献学与文艺学相结合，成功地使该校的古代文学研究成为全国的重点学科。本课题将文献学和历史学的研究方法与传播学的研究方法相结合来研究贵州图书的传播，这在一定程度上拓展了图书研究的深度和广度。其次，有助于对近代贵州的社会发展和文明进程有一个更加清晰的了解。图书作为一种大众媒介，在社会发展和文明进程中扮演着不可忽视的角色。对晚清时期贵州图书的传播进行研究，能从另外一种视角来考察近代贵州的社会发展和文明进程，从而有助于人们对近代贵州社会进行进一步了解。最后，丰富了出版史研究的领域。当今学界对中国出版的研究主要是从宏观的视角进行的，或对整个中国历朝历代，或截取某一时段，对图书编纂、图书出版、图书流通等方面进行研究，而对地方出版的研究相对薄弱，即便有，也主要是对文化相对发达的中原、江南一带较为出名的藏书家、出版机构进行个案考察，而对文化次发达地区的图书出版的关注较少。本书以晚清时期地处偏隅的贵州图书传播作为研究对象，丰富了出版史较少关注地方出版，尤其是文化次发达地区的图书出版的研究。

2. 现实意义

随着经济全球化的加剧，文化也步入全球化。在文化全球化的语境之下，一个地区的文化发展不能故步自封，需要走向全国、走向世界。贵州随着“西部计划”战略的实施，基础设施建设得到了明显的改善，经济也步入快车道。然而，贵州的文化发展与经济发展极不协调，明显滞后于经济的发展。如何加快贵州文化发展的步伐，本课题的研究可使相关学者从其中获得一些宝贵的历史经验，为今天贵州文化的加速发展提供借鉴和参考。

近年来，贵州提倡旅游兴黔战略，将旅游业作为贵州经济发展的支柱产业。然而旅游业的发展，并非只靠自然风光，更需要注入文化的成分。贵州属于多民族杂居的省份，少数民族文化是一大亮点。如何将贵州少数民族的文化传播出去，已经成为贵州旅游业亟待解决的问题之一。通过对晚清贵州图书传播进行研究，不仅可以从中发掘一些可利用的旅游文化资源，同时也可以从中寻找到一些民族文化的传播策略。

（二）研究范围

1. 晚清贵州图书的界定

对晚清贵州图书传播的研究要先明确研究对象的内涵和外延，从而确定其研究范围。首先要明确的是“图书”这一概念。尽管我们天天与图书打交道，但当问及什么是图书的时候，我们难以给出一个明确的界定。之所以难以界定，就在于图书自身也是随着时代的变化而变化的，因此人们对图书内涵的认识在不同的时期也有所区别。在唐代以前，文字大多记录在“简”“帛”之上，将这些记录有文字的“简”或“帛”按照一定顺序编排起来就是图书，因此，《说文解字》认为，“著于竹帛谓之书”。而随着媒介技术的发展，纸被广泛运用到图书生产之中，按照一定数量的页码依次排列，并将其装订成册，就成了现代意义上的图书。因此，联合国教科文组织在 1964 年将图书定义为“某种不定期的、经过印刷的出版物，它至少得包括 49 页（封面不算在其内），并且在一个国家中出版和奉献给公众的”，而“一本小册子是至少应有 5 页，但不超过 48 页的不定期的印刷出版物（封面不算在其内）”。① 联合国教科文组织将 49 页或 49 页以上不定期的出版物称为图书，而在 5 至 48 页之间不定期的印刷出版物则被称为“小册子”。本书中所指的图书除了 49 页或 49 页以上的图书之外，也将 5 页至 48 页的小册子包含在内，也就是在 5 页或 5 页以上装订成册的，带有封面的不定期出版的印刷出版物，包括单行本、汇编本和丛书本都在本书的研究范围内，而定期出版的报纸、杂志以及契约等不是本书的主要研究对象。

其次是贵州图书。在本课题中的贵州图书应该包含以下几个层面：一是由贵州文人学士编纂的图书，包括贵州文人在外籍做官时编纂的图书。这类图书是贵州图书的重要部分，代表着贵州文人的学术水平和知识视野。二是在贵州

---

① 埃斯卡皮．文学社会学［M］．于沛，选编．杭州：浙江人民出版社，1987：207.

刊刻的书籍。贵州刊刻的书籍既有本地文人创作的作品，也有客籍文人撰写的图书，同时还包括刊刻的前人的经史子集以及蒙童读物、历书等日用书籍。三是由朝廷颁发、客籍文人赠予或者贵州集体和个人购买的图书。这些图书既不是由贵州文人所生产的，也不是由贵州的刻书机构刊刻的，但是它们在贵州境内进行流通，对当时贵州的文化传播产生过重大影响。例如，遵义黎恂在浙江做知县时购买的书籍、贵州官书局所购运的各官书局的书籍等就属于此类。

最后是晚清的时间界定。有关晚清的起止时间，目前学界大多以 1840 年鸦片战争爆发为起点。1840 年的鸦片战争，使中国进入内忧外患的动荡时期，进入半封建半殖民地时期，也使中国文化开始转型，从原来的考据之学转向经世致用之学，因此，大多史学家将 1840 年作为中国历史的转折点，在此之前被称为中国古代，而在此之后，中国便进入近代社会。当然，也有人认为，晚清的逻辑起点应提前至嘉道年间，因为嘉道年间的社会危机，以及在社会危机刺激下产生的经世致用思想使中国的近代转型成为可能，并在鸦片战争爆发后变成了现实。这更多的是从中国近代思想的逻辑起点进行溯源，而并非真正的时间起点。因此，本书仍然按照大多数历史学家的观点，将 1840 年作为晚清的时间起点。而晚清的时间终点为清王朝最后一个皇帝宣统（爱新觉罗·溥仪）退位的时间，即宣统三年十二月二十五日（1912 年 2 月 12 日）。这一日，溥仪颁发了退位诏书，中华民国临时政府成立，孙文成为中华民国临时总统。尽管如此，本书仍然将晚清结束时间确定为 1911 年，因为按照中国的传统历法来说，溥仪退位之时还是宣统三年，时间在本年的春节之前，如果按照阳历的时间确定为 1912 年，就易造成 1912 年仍然属于清王朝的假象。

2. 图书传播

图书作为一种大众媒介，它的传播亦如其他媒介的传播一样，具有一个从传播主体、传播内容、传播渠道、传播对象到传播效果的完整传播链。武汉大学王兆鹏教授在《中国古代文学传播的六个层面》一文中提出需要从传播主体、传播环境、传播内容、传播方式、传播对象以及传播效果六个层面对中国古代文学传播进行研究。① 这“六个层面”对今天的图书传播研究具

① 王兆鹏．中国古代文学传播的六个层面［J］．江汉论坛，2006（5）：109-113.

有较大的启发意义。但图书传播又有其自身的独特性，就传播主体而论，图书的传播主体更多体现为出版机构而不是作者本身，因为作者只是图书的编纂者，没有出版机构的制作、出版，图书就难以进入读者的视野，从而也无法进行有效的传播。

根据“六个层面”的传播研究方法，本书将晚清贵州图书传播研究的主要范围限定在传播环境、出版机构、出版内容、流通方式、受众以及传播效果六个方面，从而构成了一个完整的图书传播链。

二、研究现状

（一）国内研究现状

晚清时期，贵州加大了与外界的文化交流，在中原文化和西学东渐的双重影响下，文化获得了快速的发展，图书的生产日益丰富，传播渠道更加多样化。尽管与经济发达地区的差距较大，但图书传播在贵州文化发展史上仍占据着重要地位。为此，该时期的贵州图书研究成为不少学者关注的对象。尽管研究该时期贵州图书传播的成果较为少见，但与此相关的研究成果为这一课题的研究提供了宝贵的材料和经验。现将国内对晚清贵州图书传播进行研究的相关成果归纳为以下五个方面。

1. 贵州图书的目录学、文献学研究

清代学者王鸣盛认为：“目录之学，学中第一要紧事。必从此问途，方能得其门而入。”① 这句话之所以被后世学者熟稔和频繁引用，就在于它已经成为具有典范意义的经验概括。目录学作为研究书目运动规律的科学，是有效连接文献系统和用户系统的桥梁，能使人们方便快捷地寻找到自己所需要的文献资料，是进行辨章学术、考镜源流之必备之学。目录学在对现有文献进行分类整理，其实也就是在对图书进行研究。因此，从目录学、文献学角度研究古代图书，成为中国书史研究的一大传统。从目录学、文献学来研究贵州古代图书的代表作首推民国时期由刘显世、吴鼎昌修，任可澄、杨恩元纂的《贵州通志·艺文志》，该书将贵州古籍的书目、卷数、作者名及其序、跋

① 王鸣盛．十七史商榷［M］．黄曙辉，点校．上海：上海书店出版社，2005：1.

全部列出。如在“小学类”中注：《古音类表》九卷，清傅寿彤撰，后附有傅寿彤《自序》、何绍基《序》、黄国瑾《跋》、聂树楷《跋》。① 由周鼎主编的《贵州古旧提要文献目录》②，收录贵州线装图书及稿本 1154 种。在所收录的图书中，有贵州人的著作，也有外籍人撰写的关于贵州人、地、史、事的著作，还有在贵州刊刻的出版物。此书囊括了贵州省图书馆、贵州省博物馆、贵州大学图书馆、贵州民族大学图书馆、贵州师范大学图书馆、遵义市图书馆六馆的贵州古旧文献。从目录信息方面来看，该书比《贵州通志·艺文志》更为详细，将图书的名称、卷数、作者、刻本、册数以及馆藏地等信息录入其中，并后附作者简介和图书的介绍。该书为内部发行资料，未公开出版，仅于 1996 年由贵州历史文献研究会刊印 500 册，对读者了解贵州古籍有较大的参考价值。

近年来，贵州学者陈琳著有《贵州省古籍联合目录》一书，将贵州各大图书馆、博物馆的贵州古籍按照经、史、子、集进行了分类整理，是贵州古代图书研究方面的宝贵资料。该书对贵州古代图书的研究具有以下几个特点：（1）图书数量大。《贵州省古籍联合目录》共收录了贵州古籍 40 余万册，这虽然不是贵州古籍的全部，但大多数贵州古籍已囊括其中。该书所收之书，并非都是孤本珍籍，凡丛书本、单刻本、官刻本、坊刻本、私刻本，或习见之书、复印之簿，一概收录其中。（2）图书信息全面。《贵州省古籍联合目录》对收录的每一本书都进行了详细介绍，该书的书目、卷数、作者、刊刻时间、刊刻地点、册数、馆藏地点以及大小尺寸等信息也详注其中。对馆藏地点信息也进行了标注，作者将各大馆藏地进行编码，例如，贵州省图书馆（代码 1）、贵州大学图书馆（代码 3）、贵州师范大学图书馆（代码 5）、贵州省博物馆（代码 50）等，共有 8 个馆藏地，读者只需看到书目的馆藏代码就知道该书现藏于何处。（3）用特殊符号对古籍性质加以标注，书名前冠有“○”符号的为全国善本，冠有“△”符号的为省内善本，冠有“√”的为地方文献。现举一例如下：00123　√周易属辞通例　五卷/（清）萧光远

① 刘显世，吴鼎昌，修. 任可澄，杨恩元，纂.（民国）贵州通志·艺文志［M］. 黄永堂，点校. 贵阳：贵州人民出版社，1989：97-104.

② 周鼎. 贵州古旧提要文献目录［M］. 贵阳：贵州历史文献研究会（内部资料），1996.

撰. -清咸丰刻本 . -2 册；18. 2×25. 8cm1。① 从这条信息我们就能知道，萧光远所著的《周易属辞通例》有清咸丰年间刻本，为地方文献，现馆藏于贵州省图书馆。

除了以上文献外，还有贵州省民族古籍整理办公室所编的《贵州少数民族古籍总目提要》（包括苗族卷、侗族卷、彝族卷），该书按照甲、乙、丙、丁的顺序进行编排，将少数民族的史志、艺文、谱牒、石碑、摩崖石刻、契约、官书、民间故事、神话传说、史诗歌谣、民间戏剧等收录其中，是研究贵州少数民族图书不可或缺的材料。由于少数民族的古籍较少，大多数以口头传播的方式代代相传，因此在记述时较为翔实。如《侗族卷》甲编地方志记载："《古州厅志》10 卷，235 页 470 面，光绪三年（1877），贵东道道员易佩绅、袁开第、员凤林等主修，黎平府古州厅同知余泽春、吴厚恩等编纂，辗转延至光绪十四年（1888）始刊刻付印，……线装本，楷书、黑色，竖行，每页 20 行，满行 24 字。板框内印有'古州厅志'字样……，榕江县档案馆、锦屏县史志办、彭维忠藏有依原版缩小的影印件。"②

贵州图书的目录学、文献学研究作为一种基础性研究，其中所提供的图书信息，包括图书的书目、作者、出版、馆藏信息，以及其后所附录的序、跋对研究晚清贵州的图书传播研究有很大的参考价值。

2. 晚清贵州藏书研究

藏书不是为了将图书束之高阁，而是为了更好地传播，或惠及士林，或使家族子嗣得利，因此，藏书可以说是图书传播的一种独特方式。书院藏书和私家藏书是清代贵州藏书的主要类别，前者主要由政府置办（也有文化士人的捐赠），而后者则是私人出资。对贵州清代书院藏书的研究以雷成耀《清代贵州书院藏书考略》为代表，该文主要从书院的藏书情况和作用两个方面进行研究，其中在针对贵州清代藏书情况的研究中，作者从藏书的来源（包括官府备置、社会捐赠和书院自置）和管理（包括藏书阁和管理制度）进行论述，介绍了贵阳贵山书院、兴义笔山书院馆藏的一些书籍，如贵山书院的《圣谕广训》《书经传说》、笔山书院的《汉魏六朝百三家集》《皇清经解》

① 陈琳 . 贵州省古籍联合目录［M］. 贵阳：贵州人民出版社，2007：7.

② 贵州省民族古籍整理办公室 . 贵州少数民族古籍总目提要：侗族卷［M］. 贵阳：贵州民族出版社，2012：3.

《朱子小学》《训蒙诗歌》等。①

晚清时期，贵州虽然经济文化比较落后，又地处偏隅，但私家藏书毫不逊色，拥有上万卷藏书的藏书家也不少。贵州清代藏书家首推遵义的黎恂，他建有锄经堂藏书楼，雷成耀《清代贵州私人藏书家黎恂藏书考略》一文考察了黎恂的藏书，测定其藏书多达三万册，七八万卷，可为黔中藏书之冠。②孙嫄媛、李晋瑞著有《锄经堂盛衰考叙》一文，对黎恂锄经堂藏书楼的兴衰进行了考察，并对锄经堂的文化传播作用进行了分析，认为锄经堂除了培育家族子弟读书成才外，还为刊刻图书保存了珍本，同时也创制了典籍。③ 在黎恂藏书活动的影响下，其外甥郑珍、年家子莫友芝、侄子黎庶昌皆为晚清时期贵州著名的藏书家。

另一位藏书大家就是莫友芝，他的影山草堂藏书在全国都有一定的影响力，杨祖恺的《莫友芝影山草堂管窥》及《莫友芝影山草堂管窥续纪》从藏书家傅增湘《藏园群书经眼录》，邵懿辰、邵章父子《增订四库种简明目录标注》及邵章《续书录》的记载中考察了莫友芝的藏书。④ 后来刘汉忠的《莫友芝影山草堂藏书考证——兼与杨祖恺同志商榷》一文，认为杨氏所考察的莫友芝所藏的150种书中，有6种为莫棠所藏，《资治通鉴音注》《诗林广记》是由莫友芝经眼而非实藏的，《乖岩集》是莫祥之在上海刊印的，故杨氏考察的150种中只有141种为莫友芝实藏。刘氏认为，杨氏考察莫友芝的藏书时忽略了《宋元旧本书经眼录》和《郘亭知见传本书目》，刘氏经进一步考察，得出莫友芝共藏书302种。⑤ 刘汉忠著有《贵州私家藏书汇考》，对贵州清代藏书家黎恂、莫友芝、郑珍、陈田、黄彭年、黄国瑾、莫棠、陈矩等人的藏书做了一个粗略的介绍。⑥ 龙先绪著有《郑子尹郊游考》⑦ 一书，其后附录三

---

① 雷成耀．清代贵州书院藏书考略［J］．安顺学院学报，2013（4）：103-105.

② 雷成耀．清代贵州私人藏书家黎恂藏书考略［J］．贵图学刊，2013（2）：61-63.

③ 孙嫄媛，李晋瑞．锄经堂盛衰考叙［J］．图书馆学刊，2015（8）：120-122.

④ 杨祖恺．莫友芝影山草堂藏书管窥［J］．贵州文史丛刊，1988（3）：43-50；杨祖恺．莫友芝影山草堂藏书管窥续纪［J］．贵州文史丛刊，1988（4）：126.

⑤ 刘汉忠．莫友芝影山草堂藏书考证——兼与杨祖恺同志商榷［J］．贵州文史丛刊，1990（1）：53-61.

⑥ 刘汉忠．贵州私家藏书汇考［M］//徐良雄．中国藏书文化研究．宁波：宁波出版社，2003：360-372.

⑦ 龙先绪．郑子尹郊游考［M］．北京：中国文史出版社，2004：164.

为《郑子尹巢经巢藏书考》，以郑珍《巢经巢文集》和郑知同手抄的《巢经巢藏书目录》为材料，对郑珍的藏书做了较为详细的研究。

3. 清代贵州图书的出版研究

出版使作家的精神产品得以以物化形态的存在，并以一种独立自主的品格行走于众人之中。法国的罗贝尔·埃斯卡皮（Robert Escarpit）把出版商的作用比喻成婴儿分娩时的助产师，“不是他（出版商，笔者注）赋予了作品生命，也不是他把自己的一部分血肉给作品并养育它。但是，如果没有他，被构想出来并且已临近创造的临界点的作品就不会脱颖而出”。① 由此不难看出，出版是作家作品成为图书的重要环节，更是图书消费的前提条件，所以它是图书传播的重要内容。

关于清代贵州图书出版的研究包括对出版机构和出版活动两个方面的研究，但这两个方面又时常交织在一起，研究出版机构就必然会涉及其出版活动，研究出版活动也会不可避免地提及它的行为主体，只不过侧重点不同而已。为此，笔者就不分开论述了，采取合而论之的形式。清代贵州图书的出版研究的代表著作有贵州地方志编纂委员会所编的《贵州省志·出版志》，涉及清代图书的编纂、出版机构、出版技术、出版活动几个方面：（1）对清代及清代以前的贵州图书按照经史子集进行分类并制作了相应的表格，包括书名、编撰者、书目出处等信息。（2）涉及清代贵州图书的出版机构，对晚清时期成立的贵州官书局做了一定的介绍。（3）列举了清代贵州官刻、家刻、坊刻的刊刻书目。如谈到晚清时期严修创办的贵州官书局的刻书时，认为“刻印的书籍较少，仅知有清光绪二十三年（1897）刻本《黔书》上下卷和《续黔书》八卷等”②。（4）出版技术。贵州主要以雕版印刷为主，在清末引进了石印、铅印技术，1905 年成立的遵义官书局是首先使用铅印技术的印刷厂。何长凤撰有《贵阳文通书局》③，由贵州教育出版社出版，该书介绍了一些晚清时期文通书局的出版情况。

清代是方志编修的鼎盛时期，即便是在偏远的贵州，编修志书也蔚然成风，《贵州省志》经过数次编修，各地州、府、厅、县也相继编修州志、府

① 埃斯卡皮．文学社会学［M］．于沛，选编．杭州：浙江人民出版社，1987：37.

② 贵州省地方志编纂委员会．贵州省志·出版志［M］．贵阳：贵州人民出版社，1996：7.

③ 何长凤．贵阳文通书局［M］．贵阳：贵州教育出版社，2002.

志、厅志、县志，尽管有些志书被人们嗤之以鼻，但也有不少地方志书得到了世人的高度评价，如郑珍、莫友芝编修的《遵义府志》，邹汉勋编修的《贵阳府志》《大定府志》《安顺府志》《兴义府志》就被梁启超称为“斐然可列为著作之林”，且郑珍、莫友芝的《遵义府志》可为“府志中第一”。① 在修志成风的清代，志书成为贵州图书的重要部分，在社会上的传播和影响力都比较大。张新民教授著有《贵州地方志考稿》，对贵州历代著名的省志、通志、府志、厅志、州志、县志的编修情况、主要内容和世人评价做了详细介绍，因此该书是研究晚清贵州图书传播的重要参考资料。②

另有期刊对清代贵州的图书出版机构和出版活动进行了较为深入的研究。如刘泳唐的《严修创立贵州官书局》一文基于《蟫香馆使黔日记》《严范孙年谱》等材料，对贵州官书局的缘起、筹备、刻书及其经营几个方面进行了材料性的梳理。③ 又有刘汉忠的《贵州古代刻书》一文，对宋、元、明、清时期贵州的板刻书籍进行了考察，尤其是对晚清贵州的私家刻书做了分析，他认为清代贵州私家刻书的一个显著特点是丛书汇刻出版，从而列举了道光年间周氏的家荫堂刊《家荫堂汇刻》11 种、道光年间的杨氏刊《训纂堂丛书》6 种、熊湛英刊《黔志四种》、陈矩辑刊《灵峰草堂丛书》8 种。④ 再有肖先治的《贵州的板刻书业》（载《贵州文史丛刊》1994 年第 5 期）一文，主要集中探讨了贵州清代官刻、家刻和坊刻所刊刻的书目。他作为《贵州省志·出版志》的主要编撰者之一，在该文中补充了《出版志》中比较粗略的信息，对清代的官刻、家刻和坊刻的刻书做了较为详细的介绍。例如，在贵州官书局的刻书方面做了补充，认为该书局刻印出版有《光（应该为‘先’，笔者按）正读书诀》《书目答问》《算法须知》《书算》等。⑤

4. 清代贵州的文化传播研究

贵州是一个地处偏隅、经济文化比较落后的地方，与外界的文化交流较少。清代前期实行“改土归流”之后，外籍文人中到贵州做官的逐渐增多，

---

① 梁启超．中国近三百年学术史［M］．北京：东方出版社，2004：329-334.
② 张新民．贵州地方志考稿［M］．根特：根特大学出版社（比利时），1993.
③ 刘泳唐．严修创立贵州官书局［J］．贵州文史丛刊，1993（5）：62-67.
④ 刘汉忠．贵州古代刻书［J］．贵州文史丛刊，1992（1）：45-48.
⑤ 肖先治．贵州的板刻书业［J］．贵州文史丛刊，1994（5）：29-33.

他们不仅带来了异域文明和中原文化，同时也将一些书籍带到贵州，使贵州与外界的文化交流逐渐增多，促进了贵州的文化发展。

黄万机著有《客籍文人与贵州文化》一书，采用由外入内、因客及主、师友联叙的写作方式，论述了历代客籍文人对贵州文化做出的卓越贡献。这部著作有几点对研究晚清贵州图书传播有重大启示：（1）客籍文人不仅从域外带了大量图书到贵州，而且也将贵州的古籍推荐给外界，是图书传播的重要纽带。（2）贵州文人对贵州图书的传播发挥重要作用。在外来客籍文人的影响下，贵州的文人学士崛起，不少文人外出做官，将贵州图书推向全国，甚至国外。晚清时期的莫友芝作为督抚大员曾国藩的幕僚，与当时的吴楚文人多有交往，交往密切者有汪士铎、方宗城、刘毓崧、薛福成、丁日昌、张裕钊等，在郊游之中，莫友芝向他们介绍了郑子尹的诗和学术著作，使郑氏的《巢经巢诗钞》《说文新附考》《说文逸字》等著作在国内文人圈子里广为流传，产生了极大的影响。黎庶昌外出做官，后为曾国藩四大弟子之一，与当时的著名散文名家薛福成交往密切，薛曾为他的《拙尊园丛稿》写序，使他的这部著作流传甚广。黎庶昌出使日本，与藤野正启交往密切，藤野正启之女藤野真子得黎氏随员陈矩（字衡山，贵筑人）的《悟兰吟馆诗集》，并把其中的《秋柳四首》写在屏风上朝夕吟诵。黎庶昌还将在日本刻印的《黎氏家集》分赠给日本友人，并获得了高度评价。① 由此可见，晚清时期的贵州图书不但在国内产生了重大影响，同时也走出了国门，传播至日本等地。

5. 中国书籍史、出版史、藏书史、印刷史等相关著作

在中国书籍史、出版史、藏书史、印刷史中，也偶有对贵州晚清时期的图书有所论及的。如在藏书史方面，任继愈在《中国藏书楼》（卷三）中，对莫友芝的影山草堂藏书做了较为详细的介绍，“据莫友芝之子莫绳孙于光绪间编的《影山草堂书目》及《郘亭竹箧书目》的著录，莫氏影山草堂藏书有3000余种之多”②。范风书在《中国私家藏书史》中列举了上万卷藏书家的名单，其中就有贵州的黎恂、郑珍、莫友芝、莫棠、陈田等人，并对黎恂、郑珍、莫友芝藏书毁散的原因和时间做了简单的介绍。③ 在书籍史方面，叶德辉

① 黄万机．客籍文人与贵州文化［M］．贵阳：贵州人民出版社，1992：130.

② 任继愈．中国藏书楼：卷三［M］．沈阳：辽宁人民出版社，2001：1580.

③ 范风书．中国私家藏书史［M］．武汉：武汉大学出版社，2013.

的《书林清话》提及郑珍、黎庶昌等人，其中还讲述了欲购郑珍书三次未果的经历。在出版史方面，由于贵州出版业不发达，相关著作很少提及贵州的出版，即便有也是寥寥数语带过而已。例如，李致忠的《历代刻书考》提及了贵州官书局，然而以“刻书较少，影响不大”① 之语一笔带过。邓文锋的《晚清官书局述论稿》对贵州官书局有所论述，提及贵州官书局创办的时间、地点以及创办人，并就叶再生（在《中国近代现代出版通史》中称贵州官书局1896年由贵州学政严修创办）和梅宪华［在《晚清的官书局》一文中称贵州光绪二十二年（1896）由贵州巡抚嵩昆创立］两人在创办人观点上的不同做了相关阐述，并认为贵州官书局“主要业务为外省购运图书、组织翻印销售”②。

（二）国外的相关研究

放眼国外，对贵州图书的研究很难一见，但国外对书籍研究的方法和相关写作体例对该课题的研究大有裨益。在西方书籍史中，自法国年鉴学派起，史学家们就把书籍看作交易和赚钱的对象，认为它是社会经济的重要部分，借用经济史的词汇、概念和统计方法，研究书籍的出版量、发行量和阅读情况，主要代表作有伊思·诺丽（Ian Norrie）的《出版与销售》、约翰·费瑟（John Feather）的《英国出版史》、玛乔丽·普兰特（Marjorie Plant）的《英国图书贸易》等著作。书籍的阅读研究是西方书籍史研究的重要组成部分，更是现代西方书籍史研究的重要转向，大多数书籍史都涉及阅读研究，如弗雷德里克·巴比耶（Frederick Barbier）在《书籍的历史》一书中涉及了大量的阅读研究，卷轴时代的阅读、中世纪到加罗林王朝时期的阅读、印刷术之后的阅读等，并涉及西方书籍史研究中颇有争议的“阅读革命”问题；玛丽娜·费拉斯卡-斯帕达（Marina Frasca-Spada）和尼克·贾丁（Nick Jardine）主编的《历史上的书籍与科学》一书讨论了阅读生理学，涉及读者的嬗变、阅读与养生法。加拿大学者阿尔维托·曼古埃尔（Alberto Manguel）撰写了一部《阅读史》，探讨了阅读的黑影、沉默的读者、学习阅读、图像阅读、私人

① 李致忠．历代刻书考［M］．成都：巴蜀书社，1990：339.
② 邓文锋．晚清官书局述论稿［M］．北京：中国书籍出版社，2011：101.

阅读等关于阅读的问题。罗伯特·达恩顿（Robert Darntom）的《屠猫记：法国文化史钩沉》是一部与心态史相关的阅读史，其中《农夫说故事：鹅妈妈的意义》《工人暴动：圣塞佛伦街的屠猫记》《读者对卢梭的反应：捏造浪漫情》三篇文章被看作结合心态史的阅读史研究典范。西方书籍史还将禁书作为研究内容，如达恩顿著有《法国大革命前的畅销禁书》，该书研究了法国旧制度对文化、写作、图书出版的控制以及禁书如何在严格的审查制度下进行出售等问题。

国外学者以西方书籍史的研究方法对中国书籍史、传播史进行研究，打开了中国图书传播研究的新视野。美国学者周绍明（Joseph P. McDermott）著有《书籍的社会史——中国帝国晚期的书籍与士人文化》一书，他在书中以宏观的视角对中国雕版印刷兴盛时期的书籍生产、发行、阅读、流传进行了考察，其中花了很多笔墨探讨书籍与士人文化之间的关系以及中国藏书家将知识传播出去，从而实现“知识共同体”的方式，注重从社会史的视角观察书籍背后的创造和传播，以及消费它们的人群。日本学者井上进所著的《中国出版文化史》一书总体上以中国出版文化进行展开，描述了中国春秋时期到明代末年出版观念的演变，以及这些出版观念对出版实践活动的影响。韩琦、米盖拉（Michela Bussotti）所编的《中国和欧洲：印刷术与书籍史》一书收录了几篇关于中国书籍史、阅读史、印刷技术的文章，如米盖拉的《中国书籍史及阅读史论略——以徽州为例》一文，该文以徽州为例，对工业化以前有关教育类图书、地方志书、文学作品以及医学类图书的阅读进行了粗略的分析。

另外，我们还不得不提及西方关于印刷史的研究，他们强调印刷技术在社会发展中所起的重要作用对我们探讨图书出版有很大的启示。这方面的代表著作有美国伊丽莎白·爱森斯坦的《作为变革运动的印刷机——早期近代欧洲的传播与文化革命》，该书由三大部分组成，第一部分勾勒了西欧社会从手抄文化向印刷文化过渡的传播革命，第二部分探讨了印刷文化、文艺复兴与宗教改革之间的关系，第三部分进一步论述了印刷文化对近代科学的影响，以及传播革命与其他社会发展之间的关系。总体来看，爱森斯坦认为印刷术所掀起的传播革命对欧洲社会发展产生了重大影响，是欧洲近代社会发展的重要动因之一。可以说，爱森斯坦的这部书，很好地继承和发展了马歇尔·

麦克卢汉（Marshall McLuhan）《谷登堡星汉璀璨》一书的思想，推进了媒介环境学派的进一步发展。

西方书籍史、印刷史的研究方法和写作体例给予了我们重大启示：一是要将图书的传播研究与当时的经济、文化联系起来思考；二是受众研究成为一个重要领域；三是要结合当时的世人心态来寻找图书畅销的原因；四是要注重媒介发展与社会发展之间的关系。

三、研究思路及研究方法

（一）研究思路

纵观目前与本课题相关的研究成果，可发现其主要存在以下四个方面的不足。一是缺乏系统的研究。在目前关于晚清时期贵州图书传播的研究成果中，图书传播的碎片化研究较为突出，现有研究多对传播活动的某一个环节进行单独的研究，没有将图书传播的各个环节联系起来进行整体的系统研究。二是研究方法的单一性。前人主要还是按照传统目录学、版本学、文献学、编纂学等旧有的研究模式对晚清时期贵州的图书进行研究的，这样不仅导致图书传播研究缺乏系统性，同时也会使研究存在不少的重复现象。三是相关的第一手资料不足。对研究对象第一手材料的收集是保证该研究顺利展开的前提条件，同时也有助于保证研究达到实事求是的基本要求。但目前人们所掌握的晚清时期贵州图书研究的第一手材料严重不足，导致很多观点相互矛盾。例如，对于贵州官书局的成立时间、创办人以及所刊刻的书籍都存在着不同的说法，这无疑是缺乏第一手材料所致。四是未能将晚清时期贵州图书的传播研究置于广阔的社会背景之下，与当时的政治、经济、文化联系起来进行考察，而是就出版而论出版。这种脱离时代背景的研究既不能很好地说明晚清时期贵州图书广泛传播的原因，更难以观察到晚清时期的贵州图书传播对近代贵州社会发展的历史作用。

鉴于目前对晚清时期贵州的图书传播研究的相关成果中的不足，本书从传播学的研究视角，吸取西方书籍史、印刷史的研究方法和写作体例，将图书传播的各个环节（包括图书的传播环境、出版机构、出版内容、流通渠道、受众以及传播效果）整合起来考察晚清时期贵州图书传播的全貌，以期形成一个较为完整的系统研究。这一研究超出了拉斯韦尔所提出的“5W”① 传播过程的研究范围，将传播环境作为一个重要研究领域进行考察，从而使本书的研究更具广度。

本书研究的主体分为五个部分：第一部分分析晚清时期贵州图书传播的环境，既包括政治经济文化、媒介技术，也涉及地理交通，将该时期的图书传播置于大的社会背景之下，探索经济、政治、文化、科学技术以及地理交通对当时图书传播的影响。第二部分对晚清时期林林总总的图书出版机构及其出版内容进行考察，主要包括官刻、坊刻和私刻这三大刻书系统。这一部分在本课题研究中占有很大分量，其实质就是对晚清时期贵州图书传播中的传播主体和传播内容的考察，既要对当时所出现的刻书机构成立的时间、地点、年代以及创办人等信息加以追溯和考证，也要对各刻书机构的出版内容进行考补，并从历时性和共时性两个视角考察贵州刻本的特点。第三部分主要对晚清时期贵州图书的传播渠道进行探索。在这一章节中，主要解决的问题是当时的贵州图书是通过何种形式进行传播的，也就是当时的图书通过哪些渠道得以流通。由于贵州地理环境独特，图书的流通渠道必然有其自身的特点，除了与其他地区相同的传播渠道（如书肆贸易、图书馆藏、传抄借阅）外，是否有自身独特的传播形式呢？即便是那些具有共性的传播形式在不同的地区又会通过不同的具体的表现形式呈现出来，因此，这一部分不仅要探讨图书传播的流通形式，还要对这些图书流通形式做进一步的分析，总结出晚清时期图书传播自身的传播特点。第四部分为受众分析。图书传播的受众与我们今天所说的读者不同，它所包含的内容要比读者大得多，既包括了读者，也包括了只购买而不阅读的人，因此，图书传播的受众更接近于当下的消费者。为此，在这一部分中，笔者对当时贵州图书传播的受众进行了深入的分析，对他们所属的群体、接受动机以及分布情况等诸多方面进行了深入考察。第五部分主要涉及传播效果，考察图书传播对当时人们思想意识、行为方式上的改变及其受众的评价，同时也对当时的图书传播与社会发展之间

① 美国传播学家哈罗德·拉斯韦尔在所著《社会传播的结构和功能》一文中，将传播过程界定为“谁（Who）？说什么（Says What）？通过什么渠道（In Which Channel）？对谁说（To Whom）？取得什么效果（With What Effect）？”这五个环节，简称为“5W”，对应于传播主体、传播内容、传播渠道、传播受众和传播效果五个领域。

的关系进行了探讨。这一部分是本书中工作量较大、难度较高的部分，需要查阅大量的文献。主体部分后为结语，笔者对晚清贵州图书传播进行了总结，介绍了晚清贵州图书传播的经验启示，并提出了晚清贵州图书传播有待进一步探讨的问题。

（二）研究方法

研究方法的正确选择和运用是课题研究顺利展开以及得出创新性成果的保障。前人对晚清时期贵州图书传播的研究之所以缺乏系统性和创新性，在很大程度上是因为受到了旧有的研究方法的限制，很难找到新的突破口和新的材料。为此，本书主要采用以下的研究方法，试图打破原有研究模式的藩篱，从而使本书的研究具有创新性和系统性。

1. 个案研究法

个案研究是本书研究的一大特点。从整个研究课题来看，它本身就是个案研究，主要以晚清时期这一特殊历史阶段贵州这一地域的图书传播为研究对象。就本课题的研究内容来看，个案研究成为研究内容的重要组成部分，例如，对贵州官书局的刻书考述，对郑珍巢经巢藏书的研究，对贵阳陈氏家刻本、熊大盛堂坊刻本的考察都属于个案研究。采用个案研究方法，能使本课题的研究呈现出应有的深度和广度，为我国的图书史、出版史研究做出贡献。

2. 文献研究法

求实精神是每一位研究者都应该遵循的原则，对基础性研究课题来讲，更应该严格遵循。本课题主要是一种基础性研究，必须在掌握大量的第一手资料之后才可能提出自己的观点。观点的提出不是猜度，要拥有“立论必有据”的求实精神，确保研究的可靠性和可信度。同时，在提出自己的观点之后，还有必要从传播学的视角对其进行相关的阐释，从而体现出研究视角的独特性，避免材料的堆积。因此，笔者搜集了大量第一手文献资料，包括家谱、族谱、日记以及当时的各种抄本、刻本书籍，以传播学的理论对图书的传播进行阐释和分析，既避免了立论无据的猜度论述，也避免了材料堆积式的罗列写作。

3. 比较研究法

对晚清时期贵州图书的传播研究不是将研究视野局限在这一特定时期和

特定地域，而是要从纵向和横向两个维度进行比较研究。从纵向这一维度来看，贵州自建立行省以来，前期的文化积淀必然会对晚清时期的图书传播产生一定的影响，同样，晚清的图书传播对贵州现代文化的发展也必然有促进作用，为此，1840 年以前的贵州、晚清贵州和 1911 年后贵州这三者在图书传播方面的区别和联系是该课题不可回避的问题。就横向维度来看，应该将该课题的研究视野放眼于全国，尤其是与贵州临近的几个省份，只有与其他区域同时期的图书传播进行比较，才能更好地呈现出晚清时期贵州图书传播的特点。

四、本书的创新点

跨学科研究方法的综合运用。本书从传播学的视角，结合文献学、社会学等研究方法，将晚清时期贵州图书的传播置于当时的政治经济文化大背景下，将图书的传播环境、出版刊刻、流通与接受、传播方式以及传播效果等多个环节进行整体性的系统研究，从而打破了以往从目录学、版本学、编纂学对图书进行研究的传统研究模式。

对晚清贵州图书传播的系统研究。前人对晚清时期贵州图书的研究基本上是按照旧有模式进行的独立研究，或研究其出版刊刻情况，或考察其编纂情况，而本书则从晚清时期贵州图书的传播环境入手，对该时期贵州图书的出版机构及其刻书、流通形式、受众以及传播效果进行了较为系统的考察，从而突破了图书传播的碎片化研究。

对晚清时期贵州的出版机构、所刻书籍以及藏书情况进行了考补。第一，对贵州官书局、遵义官书局以及黔南官书局成立的时间、所刻书目进行了考补。第二，以当时贵州藏书家们所著的藏书目为基础材料，对贵州私家藏书做进一步考察，并从历史文献中对贵州的学宫藏书、书院藏书做了较为深入的考察。第三，对坊刻、家刻做了进一步的考补。晚清时期，贵州坊刻、家刻较为繁荣，规模较大的也不少，但目前学界对这一方面的研究还不够深入和全面，有待进一步深化。

第一章　晚清贵州图书的传播环境

环境是人类赖以生存的基础，并给人类活动带来一定的影响和制约。传播活动作为人类基本的活动方式之一，绝不是一种孤立的、封闭的活动，必然处于一定的环境之中，并受到环境中各种因素的影响和制约。这种影响和制约传播活动的各种因素之和，被称为传播环境。邵培仁将传播环境分为大环境与小环境、硬环境与软环境、行为环境与心理环境等不同类型。① 从邵氏对传播环境类型的划分不难看出，传播环境的构成因素众多，彼此之间的关系也比较复杂。但就影响传播活动的最为重要的因素而言，传播环境可以分为社会环境、媒介技术环境和地理环境，它们或隐或显、或多或少、或直接或间接地影响着传播活动的整个过程，并使传播活动具有自身的特殊性。图书传播活动也不例外，同样要受到传播环境的影响和制约，在不同的传播环境之下，它的传播制度、传播内容、传播方式、传播效果以及传播机构设置都会存在差异。若想更好地了解和把握晚清时期贵州图书的整个传播活动，必然要将其置于当时的社会环境、媒介技术环境和地理环境之下进行考察，只有这样才能体现出它自身的独特性。

① 邵培仁．传播学［M］．北京：高等教育出版社，2007：321-323.

第一节 社会环境

传播活动作为人类的基本存在方式之一，与社会之间构成了一种相互构建的特殊关系，即传播活动建构了社会，同时社会又使传播活动成为一种可能，正如施拉姆所言，“没有传播，就没有社区；没有社区，也不会有传播”①。正因人类有了这种传播活动，社会才成为其自身，传播活动确认着社会的存在。一旦社会存在成为自身，它又对传播活动具有一种反作用，影响和制约着传播活动。影响和制约传播活动的社会环境因素众多，但从具体的传播活动来看，社会的政治、经济、文化因素是其中最为重要的因素。政治的变革、经济的发展以及文化的转型，都会影响传播环境，进而影响整个传播活动。钱存训就曾指出，“要了解中国古代典籍的制作、保存、传播和散失的流绪，更需要从当时社会、经济和文化发展的背景中去研讨”②。笔者沿着钱存训的这一思路，将社会政治、经济、文化作为图书传播的社会环境，并从这几个维度探讨这些因素如何影响当时贵州的图书传播，以期对晚清贵州图书传播的社会环境进行整体观照。

一、“改土归流”对图书传播的推动

梁启超认为，时代思潮之形成主要是“环境之变迁与心理之感召”使然，而环境一项，包含甚广，其中“政治现象，关系最大”③。晚清时期贵州图书的传播环境也不例外，它与政治关系甚密。在清代贵州的众多政治措施之中，除了晚清时期具有比清代前期更为宽松的出版制度外，西南地区的“改土归流”政策对图书传播的影响最大。贵州“改土归流”政策的施行虽然在明代时期已经开始，如永乐十一年（1413）废除思南、思州两宣慰司，并在其邻境设立思州、思南、镇远、铜仁、石阡、黎平、乌罗、新化八个流官府，但直到清代初期，土司制度仍然是统治贵州民族地区的主要制度。清军进入贵

① 施拉姆，波特．传播学概论［M］．何道宽，译．北京：中国人民大学出版社，2010：3.
② 钱存训．书于竹帛：中国古代的文字记录［M］．上海：上海书店出版社，2003：4.
③ 梁启超．中国近三百年学术史［M］．北京：东方出版社，2004：14.

州后，清政府一方面对叛乱的土司进行武力“围剿”，实行“改土归流”政策，将原有土司首领改为流官，便于实行统一控制。如顺治十七年（1660），平西王吴三桂奏：

> 贵州水西土司安坤久蓄异谋，近闻刑牲祭鬼，将为不轨。又马乃土目龙吉兆兄弟，私受李定国伪敕，缮器称兵，逆形已彰。臣念水西、马乃为用兵要路，未可容其窥伺梗阻，臣欲为先发制人之策，乘其未动，早为剿平，以清肘腋之患。①

但另一方面，为了尽快统治贵州，清政府还采用了“招抚”策略，继续实行原有的土司制度，推行“以土司治土人”的政策，承认当地土司的世袭制度。《清世祖实录》载：

> 所有土司等官及所统军民人等，皆朕远徼臣庶，自寇乱已来，久罹汤火，殊可悯念。今大兵所至，有归顺者俱加意安抚，今其得所，秋毫无有所犯，仍严饬兵丁勿令掠夺；其中有能效力建功者，不靳高爵厚禄以示鼓劝。②

清初，清政府对贵州土司所采取的恩威并举措施，虽然使其自身在贵州的统治地位得到了巩固，然而土司制度本身的局限性不仅阻碍地区的发展，对其的统治地位也是一大威胁，因此在康熙、雍正时期，清政府加大了对贵州地区土司制度的改革，进一步削弱土司势力，加强对少数民族地区的统治。尤其是在雍正四年（1726），云贵总督鄂尔泰以大兵征讨各大土司，先向广顺、长寨（今合为长顺县）布依族地区进军，后又向定番（今惠水县）、镇宁、安顺等地区推进。雍正六年（1728），鄂尔泰又命张广泗“开辟苗疆”，从八寨（今丹寨县）向丹江（今雷山县一带）、清水江（今台江县、剑河县一带）推进，并先后设立古州（今榕江县）、台拱（今台江县）、清江（今剑河县）、都江（今三都水族自治县）、丹江、八寨六厅。至此，贵州的“改土

① 中国科学院贵州分院民族研究所．清实录·贵州资料辑要［M］．贵阳：贵州人民出版社，1964：313.

② 中国科学院贵州分院民族研究所．清实录·贵州资料辑要［M］．贵阳：贵州人民出版社，1964：300.

归流”达到了高潮。然而，“改土归流”政策并非一朝一代之事，而是清政府历朝历代始终坚持的一项举措，所以即便在晚清时期，“改土归流”仍然一如既往地施行着。光绪年间云贵总督刘长佑奏：

田州土知府岑乃青病故，无子，族众支分争袭，分党仇杀，土民流离转徙，民不聊生，来营泣诉苦状，均愿归流官管辖，不愿复为岑氏土民。应请将土田州革去世职，其地改设苗疆知县一员。①

清前期，贵州的“改土归流”主要是将具有强大势力的土司要职改为流官，然而那些实力较小的土司以及土司要职下面的土把总、土千总仍然存在。如光绪年间，古州厅（今榕江县）设“总兵一员，中、左营游击各一员，右营都司一员，三营守备三员，千总六员，把总十二员，外委十八员，额外十二员”（《古州厅志·武备志·卷七》）。因此，直到清末，贵州的土司制度也未全部废除。宣统三年（1911），民政部奏各省土司拟请改设流官的情况如下：

今年各省，如云南之富州、镇康，四川之巴安等处，均经各该疆臣，先后奏请改土归流。……惟各省情形不同，办法亦难一致，除湖南湖北土司已全改流官外，广西土州县，贵州长官司等，名虽土官，实已渐同郡县，经画改置，当不甚难。四川则未改流者十之六七，云南土司多接外服，甘肃土司从未变革，似虽审慎办理，乃可徐就范围。②

由此可知，贵州“改土归流”政策贯穿清王朝始终，只不过晚清时期的“改土归流”使流官走向了更为基层的苗疆山区。

晚清时期，“改土归流”的不断深入也对贵州的图书传播产生了较大的影响。首先，“改土归流”废除了土司限制各族人民往来的惯例，过去那种“蛮不出境，汉不入峒”的禁令被取消，各民族间的交往更加紧密，各种有关生产经验、知识文化的书籍在少数民族地区广泛传播，从而扩大了图书传播的领域。其次，清政府派遣了更多的文人学士前往贵州做官，不仅有贺长龄、

① 刘锦藻，辑．清朝续文献通考·职官：卷136［M］．上海：商务印书馆，1933：8960.
② 刘锦藻，辑．清朝续文献通考·职官：卷136［M］．上海：商务印书馆，1933：8964.

胡林翼、程恩泽等政治名流，而且有严修、俞汝本、赵尔巽等文化名人，这一措施不仅加强和巩固了清王朝对贵州苗疆的统治，而且促进了贵州与中原文化以及贵州境内各民族之间的文化交流。不少客籍文人或带书籍至贵州，如光绪二十年（1894）严修出任贵州学政，带书十四箱至贵州，“凡书六十五种”①；或在贵州刊刻书籍，如道光年间，贺长龄抚黔九载（1836—1845），其间刊刻了不少书籍，所刊刻的《左传义法举要》保留至今，贵州师范大学和贵州省博物馆皆有馆藏。又道光二十七年（1847）新昌俞汝本在黔西当州牧时刊刻了《烬余存稿》，自序云：“今年来水西，因旧稿被焚。张生子佩，独能藏余辛丑旧刻本。时及门郑子尹珍，自播州至，余嘱为删订，子尹深于诗者也。复去十之二三，以付梓……道光丁未十月自序。”② 这些信息还表明客籍文人与贵州士子之间的文化交流也逐渐增多，他们不仅给贵州带来了中原文明，而且也将贵州文化带至全国，从而促进了贵州的文化发展。图书作为当时文化交流的主要媒介，是贵州文人士子与客籍文人、贵州文化与中原文化相互联系的重要媒介，因此，“改土归流”政策所带来的大量客籍文人前往贵州做官这一现象，加速了当时贵州图书的传播。

清政府在贵州“改土归流”政策的施行，还有助于让贵州各族人民接受其文化教育。清政府在提倡“稽古佑文”、崇儒兴学思想的引领下，大力宣扬儒家思想，沿用明代科举制度，给予了各地士人跻身上流社会的机会。然而，贵州“旁徼遐，民苗杂居，向者礼让未兴，剽悍成习”（《黔书》），于是，清政府广设学校，建书院、立考棚，增加取士名额，以广文教。晚清时期，经过咸同时期长达20年之久的民族起义，清政府成功在贵州各府州县修复或重建书院、官学、义学，使贵州子弟广泛得到教化，即便是偏远的古州也不例外。古州原有榕城书院，道光二十七年（1847）郑珍在此任过教谕，新建龙岗书院（光绪三年即1877年兵道易佩绅、同知余泽春所建），并有城内义学一所（光绪三年易佩绅设），城外义学一所（同知余泽春设），其余寨头、口寨、月寨、章鲁、平永、寨蒿、鸣凤堡、忠诚堡、兴隆堡义学各一所，“背诵所业经传，书声琅琅”（《古州厅志·学校志·卷五》）。科举制度的施行

① 严修．严修年谱［M］．高凌雯，补．严仁曾，增编．济南：齐鲁书社，1990：52.

② 凌惕安．郑子尹（珍）先生年谱［M］．香港：崇文书店，1975：146-147.

和书院、学校的增设，使更多的贵州百姓获得了读书的机会，当地对图书的需求数量也明显增加，尤其是蒙童读物和与科举考试相关的图书。图书的市场需求是图书得以传播的条件，也是刻书机构存在之基础。晚清时期贵州图书市场需求数量的不断加大，为林林总总的刻书机构的成立和图书的广泛传播建立了现实基础。

二、落后经济对图书传播的制约

图书本质上是一种精神产品，是为了满足人们的精神需求而诞生的，然而在商品经济时代下，它又是一种商品，能通过买卖的方式进行传播，只不过是一种能满足人们精神需求的特殊商品而已。因此，图书的生产和传播都要受到当时经济条件的制约。一方面，经济条件制约着消费者的购买力，缺乏购买能力的人难以成为图书销售的对象。达恩顿认为《百科全书》的价格给它的传播领域划了一个界限，它主要针对的是那些具有知识文化、处于中产阶级的人群，其原因在于这一图书“一直超出了工人和工匠的购买能力”①。但随着四开本《百科全书》价格的降低，这一图书已经走向了普通读者。另一方面，经济条件也制约着图书的生产方式和生产规模。从生产方面来看，图书生产所采取的技术条件与经济密切相关；从消费市场来看，市场需求决定了图书的生产规模。从而可知，图书传播与经济发展息息相关。

贵州由于地处偏隅，地瘠民贫，相对于中原而言，不仅文化落后，而且经济凋敝，贵州财政历来主要靠中央王朝的饬拨，军饷银由各省协拨。至晚清时期，随着清王朝的日益衰亡，吏治腐败日益严重，国家财政空虚，中央王朝不但无法再扶持贵州财政，反而因巨大军费开支以及鸦片战争战败后的巨额赔款而在贵州设立厘金局，征收各种税费。而且，在征税的过程中，一些官吏私自增加税额。如桐梓县加收踩戥费、红票等名目，遵义知县以筹集防务费为借口，将民间交税者增平斗为尖斗，绥阳县知县陈鏊自行规定田赋税只收银两而不交谷物，“自九月开征，每谷一石折银一两六钱，至十月，每谷一石折银一两七钱，至十二月，加银至一两九钱”（《民国读遵义府志·卷

① 达恩顿．启蒙运动的生意：《百科全书》出版史（1775—1880）［M］．叶桐，顾杭，译．北京：生活·读书·新知三联书店，2005：512.

九》)，而市场价新谷从未卖到一两二钱。地主剥削同时也加剧，“良苗终日采芒为食，四时不得一粟入口，耕种所入遇青黄不接之际，借谷一石一月之内还至二石三石不等，名为断头谷，借钱借米亦然”“为良畏盗而又畏官畏差，为盗则一无所谓”①。为此，咸丰四年（1854），在太平天国运动的影响下，独山杨元保、遵义杨隆喜揭竿而起，拉开了贵州各族人民大起义的序幕，直至同治十二年（1873）才得以平息。持续20年之久的咸同贵州各族人民大起义，是贵州自明永乐年间建省以来之最大浩劫，贵州各府、州、厅、县皆相继处于战火之中，杀戮之惨、死亡之众、流离之苦、损失之大在贵州历史上前所未有。民国凌惕安据当时当局者的奏议、函牍及诗文稿件所载加以推测，“兵燹之余所剩人口似仅三成”，“有四百九十万人在咸同时期死于战争”②。虽然估计之数有出入，但咸同战争之惨烈可见一斑。咸同贵州各民族的大起义，不但使贵州经济萧条，而且使贵州文化陷入停滞甚至倒退状态。这一时期，起义军每到一处，毁学校、焚经堂，私家藏书、学宫藏书多毁于战火。在这20年之久的咸同军事战争中，人们长年颠沛流离，居无固所，学无校舍，朝廷忙于战事，文人士子忙于避乱，使贵州的图书出版事业陷入低谷状态。

随着咸同时期贵州各民族大起义的平息，至光绪年间，贵州经济缓慢复苏，农业、手工业有所发展，商业贸易有所扩大，即便在遵义湄潭的永兴场也是“万商凑辐，百货云集”（《湄潭县志·地理志·卷二》）。出版业也有所发展，私家刻书增多，坊刻开始繁荣，官府刻书再度兴起。两次鸦片战争和中日甲午战争后，资本主义国家获得的政治和经济特权，迫使清政府完全开放其门户，资本主义势力深入偏远的贵州。外国资本主义一方面将洋货如洋纱、洋布、洋油及金属类产品输入贵州境内，另一方面又从贵州购买矿产、山货、木材及其他特产。商品经济领域的扩大导致贵州经济转型，从原有的以男耕女织、自给自足为主的小农经济模式逐渐走向一种以商品贸易为主的商品经济模式。随着商品市场的不断扩大，文化市场也不断兴起。一方面，

---

① 胡林翼．胡文忠公遗集：卷58［M］//续修四库全书：1540册．上海：上海古籍出版社，1995.

② 凌惕安．咸同贵州军事史［M］//沈云龙．近代中国史料丛刊：第十三辑．新北：文海出版社，1966：256.

现代形式的书店开始出现。在此之前，虽然偶有零星书贩通过走街串巷的方式进行图书销售，但并无专门的买卖图书的场所，图书销售主要还是以刻坊为主，刻书与售书为一体。然而在光绪年间，贵州已经出现专以售书为业的商铺和专门刻书的刻字铺，刻书与销售之间出现了专门化分工。售书商铺从出版商处购买图书进行零星销售，赚取差价以获利。如贵阳的资善堂在贵州官书局成立之前就是贵阳知府文仲赢借给城中商人700金以售卖湖北官书局图书的一家书铺。严修在贵州视学期间，经过文仲赢的介绍，将贵州官书局设于资善堂，并以资善堂原有之书作为筹备的基础。即便是在贵州官书局成立之后，它也主要以售书为主。在刻字铺方面，贵阳大道观张荣兴刻字铺，在光绪五年（1879）刻张之洞《书目答问》附《尊经书院记》的扉页上，就有“黔省大道观张荣兴刻字铺”的印章。另一方面，商品经济规模的扩大，还带动了民族工业的发展。晚清时期，贵州当局在贵阳、遵义、安顺等地创办官商合办的百艺工厂，主要生产日用百货及陶瓷品。光绪三十四年（1908），盐商华联辉之子华之鸿秉承刊印乡贤遗著之志，自己出资创办了贵阳文通书局，成为贵州较早的民营出版企业。

尽管在光绪年间贵州经济有所复苏，但经济实力不仅不能与沿海地区同日而语，就连与周边的四川、云南等省份也无法相比，这一情况，严重制约着贵州的图书生产和销售。晚清时期贵州落后的经济状况不仅制约着图书市场的发展，使大型的图书出版机构和图书销售市场无法发展，形成了一种书少价昂的局面，而且使众多文人缺乏相应的购买能力，从而阻碍了图书的广泛传播。

三、文化转型对图书传播的影响

清朝前期，清政府实行了严格的文化控制措施，发生过大大小小的“文字狱”事件近200起，致使大多数文人学士很少涉及世事而沉浸于考据之学。随着清政府的日益腐败，社会矛盾越发尖锐，至嘉庆道光时期内乱四起，所谓“康乾盛世”已不复存在。面对严重的社会危机，不少知识分子如龚自珍、魏源走出了以“《六经》定于至圣，舍经则无以为学”（《经籍墓诂·序》）的考据之学，开始对社会问题进行反思，走向经世致用之路，加之鸦片战争的爆发及屡次失败，“天朝大国”的梦被彻底击碎，更多有学之士开始反思社会，关注现实，从故纸堆的考据学转向经世致用之学。正如冯天瑜在《道咸间经世实学在中国文化史中的方位》中所言，“一般而言，社会生活平稳，封建文化专制强有力，经世致用观念往往作为一种‘潜质’埋藏在士人古色古香的学术外壳内，隐而不彰；到了危机四伏的关口，国家民族面对纷至沓来的内部的或外部的挑战，文化专制有所松动，士人的忧患意识便大觉醒，其学术也在现实生活的冲撞、磨砺下，沿着经世方向发展”①。

进入晚清时期后，随着西方列强对中国变本加厉的侵略，以及太平天国运动的爆发，中国逐渐处于内外交困的局面。在面对民族危难之时，一些知识分子和政治家积极探求救世之方略，如李鸿章、曾国藩、左宗棠、薛福成、王韬等掀起了向西方学习科学技术的“洋务运动”，兴办军工企业，制“洋器”，以期达到平内乱、御外敌的效果。但随着对“西学”认识的加深，人们发现西方文明不只是坚船利炮，还有测算格致、声光电之学，“西洋制造之精，实源本于测算格致之学”②，于是一些人开始成立译书局，翻译西书，并对中国八股文的教育有所反思，提倡在学校开设格致、算学等科目。这些译书机构的成立以及对古代教育制度进行改革的主张，对当时图书的内容产生了较大影响，西学书籍大量增加。虽然这一变化并未迅速对地处偏远的贵州产生影响，但也有不少贵州士子因机缘走出陬隅，学习西学。如贵州荔波人郭竹居，贵筑光绪元年（1875）举人，座师毕东屏深爱其才，带其前往苏州郡斋，颇习“泰西之学”，精通数学。后来张之洞督两粤，调郭竹居为水陆师学堂稽察，兼教国文。郭竹居著有《勾股细算》《代数术》等书。严修在贵州视学期间，将学古书院改为经世学堂，并聘请郭竹居教数学。“黔中有此一人，庶几一开风气乎?”③ 经过严修在贵州对西学的提倡，贵州官书局购买了不少西书，刊刻了一些数学书籍，从而使贵州士子学习西学逐成风气。

随着西学东渐的深入，东西方文化之间的碰撞也在加剧。关于如何看待中西方文化，晚清社会中的学者持不同观点。顽固派将西学看作洪水猛兽，反对洋务派所提倡的“采西学”“制洋器”，认为这是“以夷变夏”。而洋务派为了反驳顽固派所谓“以夷变夏”，提出了“西学中源”之说，认为西学

① 葛荣晋．中国实学史研究［M］．北京：中国社会科学出版社，1992：179.

② 李鸿章．李鸿章全集：卷二十八［M］．长春：时代文艺出版社，1998：1211.

③ 严修．严修年谱［M］．高凌雯，补．严仁曾，增编．济南：齐鲁书社，1990：78.

本源于中国，学习西学不是“以夷变夏”，而是学习自己老祖宗的东西。他们还在此基础上提出了“中学为体，西学为用”的文化观。早期洋务派知识分子主要用中国哲学中的本末、道器来论述中学与西学之间的关系，认为“中学为本也，西学为末也。主以中学，辅以西学”①。“中学为体，西学为用”的完整表达源于1895年沈毓桂在《万国公报》上发表的《救时策》，其中提出，“夫中西学问，本自互有得失。为华人计，宜以中学为体，西学为用”。②其实，中体西用观的实质是对中西文化碰撞的保守反应。学习西学的前提是中学的本位思想，其目的就在于更好地维护中学的主导地位。然而，中国典籍在太平天国运动中损失惨重，“学校中旧藏书籍荡然无存，蕃署旧有恭刊钦定经史诸书版片亦均毁失，民间藏书之家卷贴悉成灰烬”③。因此，曾国藩、左宗棠、李鸿章、张之洞等政治名流纷纷设立官书局，刊印各种经史子集，使官书局广布成为晚清时期的一大文化现象。地处偏隅的贵州也有贵州官书局、遵义官书局。《德宗实录》载：

> 光绪二十二年二月，贵州巡抚嵩昆奏，拟在省城设局刊书，请饬江南等省书局，刷寄所刊经、史、子、集每种十本，以作式样。允之。④

虽然贵州各官书局刊刻书籍不多，但贵州官书局从外省官书局购买了大量的书籍进入贵州进行销售，对贵州的文化发展起到了不可忽视的作用。

帝国主义对中国的侵略不断加剧，许多国家在中国划分各自的势力范围。日本更是发动了中日甲午战争，并迫使清政府与其签订《马关条约》，不仅要求清政府割让台湾、澎湖列岛给日本，还让其支付巨额赔款。清政府的腐败和懦弱暴露无遗。在民族危亡之际，以康有为、梁启超为代表的维新派延续了洋务派“变”的时局观，提出维新变法思想。“法者，天下之公器也；变者，天下之公理也。”（《论不变法之害》）只有主动变法，才能挽救已经病入膏肓的民族。但维新派的变法与洋务派统治者“变”的时局观是不一样的，

① 郑观应．盛世文言・西学［M］．辛俊玲，评注．北京：华夏出版社，2002：112.

② 郑大华．晚清思想史［M］．长沙：湖南师范大学出版社，2005：151.

③ 鲍源深．请购刊经史疏［M］//陈弢．同治中兴京外奏议约编：卷五．影印本．上海：上海书店，1984.

④ 中国科学院贵州分院民族研究所．清实录・贵州资料辑要［M］．贵阳：贵州人民出版社，1964：1206.

曾国藩、李鸿章等人主要“变”的是火器、教育，中国封建政治制度以及孔孟之道是不变的，而在维新派这里，不仅要变教育，还要变封建政治制度。“变法之本，在育人才；人才之兴，在开学校；学校之立，在变科举；而一切要其大成，在变官制。”① 无论是否改变中国封建政治制度，中国以八股取士的科举制度都已经成为阻碍中国发展的一大障碍，对其进行改革已经是人们的共识。光绪二十七年（1901）三月，山东巡抚袁世凯向朝廷奏《遵旨敬抒管见备甄择折》，他认为五洲富强之国，学校必广，人才必多，“中国情见势绌，急思变计，兴学储才”，并因此提出了“崇实学”“增实科”“重游历”等教育改革措施。② 后经张之洞、刘坤一、赵尔巽、袁世凯等人的多次上奏，科举制度终于在光绪三十一年（1905）被废止。科举制度废除后，不仅以往的书院、学宫等学校得以改建，而且课程内容也发生了较大的变化，从而导致新的教科书进入市场流通。如民国《续安顺府志》载：

> 自停废科举、开办学堂以来，原有旧书已不适用，中小学课本如国文、修身、历史、地理等，皆需从沪运来，以此书籍亦成为进口货之一。③

维新派还借鉴西方教育经验，提出了建立图书馆的建议。康有为、梁启超皆对设立图书馆提出了自己的观点，但主要还是从建立学会的角度来论述的，他们认为“泰西国势之强，皆籍民会之故”④，因此，中国要广立学会，并“尽购已译西书，收庋会中，以便借读”⑤。光绪二十二年（1896），刑部侍郎李端棻（贵筑人）在《推广学校》一折中认为，中国有四万万人口，为士者才不过十数万，要解决人才不济的方法之一，即“设藏书楼”：

---

① 梁启超．梁启超全集：卷一［M］．张品兴，编．北京：北京出版社，1999：15.
② 鑫桂，唐良炎，编．中国近代教育史资料汇编：学制演变［M］．上海：上海教育出版社，1991：9-11.
③ 黄元操，任可澄，等．续修安顺府志·商业志：卷十［M］．民国二十三年稿本，安顺市志编纂委员会，1983.
④ 康有为．上清帝请大开便殿，广陈图书书［M］//李稀泌，张椒，编．中国古代藏书与近代图书馆史料（春秋至五四前后）．北京：中华书局，1982：88.
⑤ 梁启超．论学会［M］//张品兴，编．梁启超全集：卷一．北京：北京出版社，1999：28.

> 好学之士，半属寒畯，购书既苦无力，借书又难，其人坐此孤陋寡闻无所成就者不知凡几。高宗纯皇帝知其然也，特于江南设文宗、文汇、文澜三阁，备庋秘笈，资人借观。嘉庆年间，大学士阮元推广此意，在焦山、灵隐起立书藏，津逮后学。……泰西诸国颇得此法，都会之地皆有藏书，其尤富者至千万卷，许人入观，成学之众，自于由此。①

在此所提出的“藏书楼”与平常所说的藏书楼不同，是“资人借观”和“许人入观”的藏书楼，其目的是解决寒士无书可读的问题，从而具有现代图书馆的意义。他的这一主张对图书传播的意义非凡，是图书走向民主化的重要举措，对后来京师大学堂、南洋公学设立藏书楼，贵阳学务公所设立图书共览室以及后来各省相继成立国立图书馆都有一定影响。

第二节　媒介技术环境

随着传播学研究的不断深入，学者们不仅注重传播媒介所传播的信息内容及其产生的效果，也注重媒介技术本身的发展在人类社会变迁和文明发展史中所起到的重要作用。伊尼斯提出传播的时空偏向论，强调媒介技术在社会发展史中的重要作用，认为一种新媒介的出现将导致一种新文明的产生。在此之后，媒介技术的研究便成为传播学媒介环境学派中的重要范畴，无论是麦克卢汉的“媒介即讯息”理论，还是梅罗维茨的场景交往理论，以及爱森斯坦将印刷机看作变革的一大动因的观点，都倾注于媒介技术的研究。虽然媒介环境学派对媒介技术的过分强调曾被人们诟病——将其视为一种“技术决定论”，但不能否认的是，媒介技术的变革必然导致传播革命的这一事实，媒介技术的每次更新都会引起传播方式的相应变化，进而影响传播活动的整体流程。

媒介技术对图书传播的影响是显而易见的。印刷技术的发展、造纸工艺的提高，以及交通运输方式的改进都会影响到图书的传播活动，它们不仅促进了图书出版的数量、速度、质量，同时也加速了图书流通的进程，使整个

---

① 朱寿朋．十二朝东华录·光绪朝：第7册［M］．新北：文海出版社，1963：3774.

图书传播活动朝着高质量、高速度方向发展。

一、以雕版印刷为主的印刷技术

今天的传播学，将人类传播媒介的发展历史主要分为口语时代、文字时代、印刷时代和电子时代，这已经成为学界的共识。然而，这种划分也只是相对而言的，一种新媒介的大量使用虽会减弱旧媒介的影响力，但旧媒介在一定时间内还会与新媒介共同存在。也就是说，新媒介的产生和旧媒介的消亡都需要一个过程，会出现新旧媒介共存的现象。例如，印刷媒介出现后，手抄书仍存在。在媒介发展史的每一种媒介形态内部，也有不同的阶段，这一点应该引起我们的高度重视。就印刷时代而言，出现了雕版印刷、活字印刷、机械印刷等阶段，而活字印刷又要分为木活字、金属活字等。印刷媒介在不同的阶段，其印刷速度、数量、质量等方面都会存在较大差异，所营造出的文化生态也不尽相同。

清代是典型的印刷时代，从清初雕版印刷的普及到《武英殿聚珍版丛书》的木活字印刷、《古今图书集成》的铜活字印刷，将中国传统的印刷技术推向了高潮。但晚清时期，随着西方传教士在中国的增多，他们为了宣传其教义，不少传教士在中国开设了印书机构，如柯理夫妇开设的宁波华花圣经书房、麦都思开设的墨海书馆，采用西方先进的印刷技术，将中国出版推向了机械复制时代。华花圣经书房在1846—1859年共印刷了51 755 428页、1 323 686册书①，而墨海书馆则“两面皆印，甚简而速，一日可印四万余纸”②，这些西方传教士开设的印书机构所印书籍的数量之多、速度之快，是中国传统印刷技术无法比拟的。西方先进印刷技术直接影响了中国图书的生产，在沿海一带，不少书店、书局皆采用了铅印、石印技术。据学者张秀民统计，仅上海一处，在光绪年间采用石印技术的有56家、采用铅印技术的有21家出版机构。③ 地处偏远的贵州并没有立即受到西方先进印刷技术的影响，仍然采用传统的雕版印刷技术。从现存的书目来看，晚清时期在贵州境内印刷的书籍大部分都采用的雕版印刷，同时还有不少抄本的存在，甚至有些书籍因未能

---

① 熊月之．西学东渐与晚清社会［M］．上海：上海人民出版社，1994：171.

② 王韬．瀛壖杂志［M］．上海：上海古籍出版社，1989：119.

③ 张秀民．中国印刷史［M］．上海：上海人民出版社，1989：590.

刻印而被埋没。即便是作为中国传统印刷技术的活字印刷，在贵州也较少使用，直到严修在贵州成立官书局时，才开始使用。他在《谨议设立官书局章程》中云：

> 黔省地居偏远，运书甚难，虽出重价，且不可得也。幸中丞培植文教，先刊活字版一分，备排印书籍之用。①

严修在此不仅讲述了贵州书籍难运的现实，而且也道出了官书局所采用的是活字印书技术，因此，《贵州通志·出版志》认为贵州官书局“开始使用活字板代替雕版印刷，处于省内领先地位”②。至此之后，天柱县志局于光绪二十九年（1903）使用木活字刊刻了由林佩纶、谢锡铭修，杨树琪、吴见举等纂的《天柱县志》。但贵州刻书使用木活字印刷远不如雕版印刷普及。

至于西方先进印刷技术的采用，偏远贵州是直到清末时期才大量使用石印、铅印印刷技术。至于引进时间，则难以查考。根据法文本《贵州天主教史》记载：“咸丰六年（1856），法国传教士在贵阳六冲关修院建立了一间小印刷所，在前曾以木刻翻印了一些文学作品，自从法国运来几箱活字钉后，就设立一个小型工场，培训学生搞活字版印，以减少学生抄书的大量劳动。”③ 虽然开创了贵州的铅印历史，但由于该印刷技术只限于教会使用，对贵州社会的影响甚微。从目前现存的贵州古籍来看，较早使用铅印技术刊印书籍的时间为光绪二十一年（1895），当时贵州巡抚署已经开始采用铅印刊刻了（清）刚子良所抄的《刺字条例》，该书现存于贵州师范大学图书馆。光绪二十九年（1903），在贵阳武庙（大兴寺内）用铅印技术刊印了李端棻所撰的《普通学说》，现存于贵州省图书馆。在此阶段，铅印技术在贵州的刻书中较少使用。其后，光绪三十一年（1905），遵义知府袁玉锡派遣田庆霖到日本东京购买了对开铅印机和全套铸字的铜模等设备，遵义官书局大量采用铅印技术，承印教学课本，也刊刻了一些古籍文献。光绪三十四年（1908），富

① 严修．严修年谱［M］．高凌雯，补．严仁曾，增编．济南：齐鲁书社，1990：83.

② 贵州省地方志编纂委员会：贵州通志·出版志［M］．贵阳：贵州人民出版社，1996：86.

③ 贵州省地方志编纂委员会：贵州省志·轻纺工业志［M］．贵阳：贵州人民出版社，1993：135.

商华联辉之子华之鸿创办贵阳文通书局，聘请遵义官书局的田庆霖去日本购买铅印机。购置的铅印设备有：对开机4部、四开机2部，六开机2部，圆盘机4部。铸字设备有：制纸型机1部，踩炉2部，手摇炉5部，书边铅条刨床2部。铸字铜模有：宋体字、楷体字头号至六号，日文、英文楷体、印刷体各号以及标点符号、大小花边。装订设备有：切纸切书刀、洋装圆脊、打排眼、挂线等机器。① 而较早使用石印刊刻书籍的是贵阳崇学书局，于光绪二十八年（1902）刊印雷廷珍的《经义正衡叙录》1册，现存于贵州师范大学图书馆。文通书局成立后，由于其所购铅印不能满足业务需求，继而派田庆霖带着杨国勋、郑子楠、邬静泉3位学生前往日本采购石印、彩印、影印等设备，有：全张石印大机1部，手摇石印机5部，石油动力引擎2部，扎墨机2部。②

由此可见，在印刷技术方面，晚清时期贵州主要以雕版印刷为主。之所以当时的印刷技术以雕版为主，其原因是多方面的，而主要原因在于雕版印刷的成本优势。雕版印刷主要有选材、雕刻、用墨等程序，所需要的前期投入和场所相比活字印刷要小得多。米玲对此有详细的描述：

> 制作一整套优质书版的费用，我想至少是50磅。它包括86000个字。如果再加上标点和标题，就要达到90000个字。用我们所拥有的劣质活字来印刷，我想费用会达到4倍以上。③

雕版印刷低成本的投入，是晚清时期贵州私家刻书的首选。首先，私家刻书每次印刷数量不大，有很多还是一版一印，并且所刻之版在今后也可以直接使用。其次，雕版材料（主要是梨木或枣木）可以就地取材，并且有些作者也可以进行雕刻，从而减少了成本。最后，刻字所需的工具简单，所需空间也较小，从而便于操作和存放。即便是贵州官书局，在刊刻书籍时，也因为铅活字印刷成本较高而放弃。据严修《蟫香馆使黔日记》载：

① 华问渠．贵阳文通书局的创办和经营［M］//贵州文史资料委员会．贵州文史资料选辑：十二辑．贵阳：贵州人民出版社，1982：37.

② 华问渠．贵阳文通书局的创办和经营［M］//贵州文史资料委员会．贵州文史资料选辑：十二辑．贵阳：贵州人民出版社，1982：38.

③ 周绍明．书籍的社会史：中华帝国晚期的书籍与士人文化［M］．何朝晖，译．北京：北京大学出版社，2009：20.

> 光绪丁酉年（1897）三月初八，写信致绍光，尚三事：一、时务报以书局作为代派处；一、铅版价昂，拟请方公将署存谭字木板发为。一、书院宜设斋长。

由于“铅版价昂”而选择了木活字版，可知印刷成本成了当时贵州人们选择印刷技术的主要原因。

二、以小作坊为主的造纸工业

书籍作为一种思想意识的物化形态，它必然有其自身的物质材料，物质材料的改进能促进书籍的生产。纸由于具有轻便柔软之特质，其发明得到了很多文人的高度赞赏，如晋代傅咸在《纸赋》中便说到纸的优点，“揽之则舒，舍之则卷，可屈可伸，能幽能显”①，从而使纸成为古代刻书的首选。纸的发明是传播科技史上的一次重大突破，使书籍能够在更为广袤的空间进行传播。随着造纸工艺的不断发展，纸的类型也逐渐增多，名目浩繁。清代康熙、雍正、乾隆各朝内府刻书多使用开化纸，因主要产于浙江开化县而得其名，又称“桃花纸”。该纸质地细腻柔软，洁白无纹，虽薄而韧性强，用之印书，其书美观又耐用。但开化纸产量少且价昂，除清代内府刻书使用外，只有少数特别讲究的刻本选用，一般多用竹纸印书。竹纸主要用竹料加工而成，分为毛边纸、毛太纸、连史纸、赛连纸、官堆纸等，其中连史纸质量较好一些，色呈淡黄（连史纸较优，白一些），纸面平滑，但韧性较差。晚清时期大多官书局刻本中采用连史纸的较好，用毛边纸、赛连纸和官堆纸的就差一点。

贵州建立行省后，文化教育获得了较快发展，人们对纸有了较大的需求，从而推进了贵州造纸工艺的进步。在嘉靖三十二年（1553），贵州巡抚刘大直就在贵阳建立了一个纸场，招募江浙纸匠制造各种纸张，② 这说明在明代时期，贵州就已经有了造纸工艺。到清代时期，贵州的造纸工艺有了进一步的提高，所造纸张之质量也较好，田雯在《黔书》中就专门对黔纸进行了评价：

---

① 严可均．全上古三秦汉三国六朝文·晋上：第四册［M］．石家庄：河北教育出版社，1997：531.

② 《贵州六百年经济史》编辑委员会．贵州六百年经济史［M］．贵阳：贵州人民出版社，1998：153.

“石阡纸极光厚，可临帖。”（《黔南丛书》）贵州所生产的纸有竹纸和皮纸两类：竹纸的原料主要采用竹子，皮纸的原材料为构皮（楮树皮），两者皆可以用于刻书。然而，采用构皮制造出来的皮纸质量更好，纸质韧性较强。贵州山中多楮树，于是人们更乐意生产皮纸。“皮纸出遵义者，以上溪场为上；出绥阳者，以黄泥江为上，白腻坚棉，更盛上溪，极佳者贩入蜀中，次者卖之本郡。”① 又据《滇海虞衡志》载：“纸，出大理，而禄勤亦出，然不及黔来之多且佳，故省城用黔纸。”② 由此不难看出，贵州的造纸工艺较为精湛，所生产的纸，尤其是皮纸质量较好，并销售至四川、云南等地。至晚清时期，贵州造纸之地增多，多达 10 多个州县产纸，绥阳的皮纸、正安的竹纸、印江的白纸在当时都较为有名。少数民族地区的丹寨、贞丰、紫云也大量生产皮纸。贵阳乌当区新堡布依族乡陇脚村几乎家家都造纸，主要生产竹纸，他们从明代开始，至晚清时期达到鼎盛，直到现在过去造纸用的水碾、纸槽、纸床依旧存在，故今以“香纸沟”为名，成为贵阳的一个旅游景点并被列入非物质文化遗产保护名录之中。兴义皮纸有单纸和夹皮纸之分，“单纸，细白，以之摹帖佳；夹纸，则纫厚，不亚于高丽纸”，而都匀所生产的皮纸尤佳。《贵州省志·轻纺工业志》载：

> 都匀白皮纸在清同治二年（1863），有长顺县翁贵乡人章有银、简成贵、陶义等到都匀，在关厢街胖土地巷内小河边租了几间房子架了纸槽抄纸，生产出都匀白皮纸，因纸质洁白均匀、坚韧而有了声誉，成为贵州远近闻名的地方手工纸特产，销售独山、平舟、八寨、荔波、榕江诸县，省内外争相购买，供不应求。清光绪十年（1884）前后，都匀白纸曾作为贡品供北京清庭宫中使用……③

从此则材料来看，都匀所生产的皮纸工艺水平已经很高，质量也很好。然而，贵州造纸并非按照同样的工艺水平和生产原料进行生产的，遍布全省

---

① 平翰修，郑珍，莫友芝．（道光）遵义府志·物产志：卷十七［M］//郑珍．郑珍全集：第 3 册．黄万机，等点校．上海：上海古籍出版社，2012：610.

② 《贵州六百年经济史》编辑委员会．贵州六百年经济史［M］．贵阳：贵州人民出版社，1998：153.

③ 贵州省地方志编纂委员会．贵州省志·轻纺工业志［M］．贵阳：贵州人民出版社，1993：57.

的众多农户作坊造纸造成了纸张质量的参差不齐，有些甚至较为低劣。据《续遵义府志·物产志》（卷十二）载：

> 纸，近遵义以构皮、竹麻二者造成，色洁白不及贡川，而坚韧胜于绥阳之半料，且廉之。尺寸增大两倍，其便于用，板桥出者佳。芦江水专以构皮制成，曰皮纸，再舀而成者曰夹皮纸，多行本属及四川川北一带。正安肤烟坪以金竹水竹制成，可抵川纸之红批毛边。仁怀制者与板桥同，今惟绥阳造者劣，将必谋制法可畅行。

贵州造纸业虽然生产地日益增多，但主要是小作坊生产，并没有形成规模，尺码规格上又长短不一，尤其是在农忙季节，大多小作坊便停业，很难适应大规模的图书生产。所以，清末时期成立的文通书局用纸多从省外购运，但因路途遥远时常缓不济急，民国初年，便成立了永丰造纸产。

纸作为印刷时代刻书必不可少的物质材料，它的生产工艺和生产规模都会严重影响到图书的生产。从晚清时期贵州造纸工业来看，一方面，造纸技术的提高和纸张的广泛生产，促进了当时的图书生产；但另一方面，由于生产不成规模，且纸张质量参差不齐，规格不一，不能适应大规模的图书生产需求。在这样的环境下，使当时的贵州图书生产处于一种发展但不成规模的阶段。

三、以驿道为主的驿传系统

驿传系统是古代统治阶级管理地方的重要手段之一，也是统治阶级政权的重要表现，正如陈钢所言："驿传系统从它产生的那一天起，就与王权政治的四处延伸互为表里，王权所及，驿传必定跟随而至；驿传所到之处，也意味着王权统治的建立。"① 因此，驿传系统成为中央与地方信息得以交流的重要途径，一方面，中央将相关的官方文书下传至各省；另一方面，各省将一些重大事件，尤其是军务情报上奏于朝廷，从而构成上传下达的信息交通网络。但这种驿传系统除了信息的传递，同时还有迎送过往官员和转运官方物

① 陈钢．晚清媒介技术发展与传媒制度变迁［M］．上海：上海交通大学出版社，2011：33.

资的功能，因此，古代的驿传系统在很大程度上亦是交通系统。中国古代的驿传系统从先秦时期就开始萌芽，成型于秦汉，至唐宋基本完善，到清代趋于完备。贵州虽然偏远，但地理位置重要，被认为是“滇楚钥匙，蜀粤藩屏”，因此历朝历代都较为重视贵州驿传系统的建设。

清代贵州的驿传系统是在明代的基础上进行改驿、拓宽而成，主要分为“官马大路”即省际干道和“官马支路”即省道。清代前期，云贵总督鄂尔泰对以往的通滇、通湘驿道进行改道拓宽，他在《请开驿站疏》（《［道光］安顺府志·艺文志》）中云：

> 为请开路改站，以速驿递以便商民事。通滇大路陡窄纡盘，旧称羊肠一线。如关岭、盘江等处，尤属险峻，以故车马难行，商贾裹足。臣拟由安顺府之安庄开新路，直出普安州之亦资孔，宽平俾可行车马，以便来往。

在《请改驿站疏》（《［道光］安顺府志·艺文志》）中，他又对黔湘驿道提出改建：

> 臣看得黔省驿站大路，素称崎岖难行，而下游之黄丝驿，至平越府四十里，平越至杨老驿四十里，此八十里内，有武胜关陡箐营、葛镜桥等处，尤属险峻。查由黄丝以下之虎场营分路，不经平越，直达杨老，仅五十里，并无高坡，实为捷径。

经鄂尔泰上奏之后，清政府对从湖南至云南的这条驿道进行改驿或拓宽，见山开路，逢水搭桥，使原来“车马难行，商贾裹足”之驿道有所改善。尽管清政府是为了能更好地统治云贵而加强驿道建设，但驿道的改进无疑能更好地“便商民事”。至此，贵州主要的“官马大路”东西干线即黔湘、黔滇更为通畅，商贾出入也更加频繁。黔湘驿道由贵阳南门铺起至玉屏站，全程576里，共设37铺8站；黔滇驿道由贵阳北门铺起至盘州厅（今水城）铺，全程704里，共设48铺5站。清雍正年间，清政府调整了贵州疆域，将遵义、桐梓、绥阳等地划入贵州管辖，贵阳至四川、贵阳至广西两条省际驿道形成贵州的南北干线。贵阳至广西干道与黔湘共享龙里、新添（今贵定）、平越（今福泉），由平越分道向南，经西阳、都匀，此段未设递铺，从都匀落户铺向南，全程297里，设19铺；从贵阳至四川由贵阳北门铺起至遵义白石口铺，全程350里，设26铺。① 清代贵州驿传系统以贵阳为中心，建立起了东西、南北两条省际干线，将贵州与云南、四川、广西、湖南等省联系起来，构成了横跨东西、连接南北的交通网络。

除了"官马大路"，还有"官马支路"，主要是连接省内府州厅县的大道。清代贵州的"官马支路"在明代基础之上有较大拓展，尤其是雍正、乾隆年间开辟苗疆之后，将"官马支路"延伸至少数民族地区。例如，贵阳至罗斛（今罗甸）大道，全程187里，设有21铺，是明代贵阳至定番（今惠水）大道的延伸。至晚清时期，贵州省各府州县之间的"官马支路"建设基本完成，即便在偏远的"苗疆"之地也打破了长期的封闭状态，形成了贵州境内"官马支路"四通八达的局面。

国道"官马大路"和省道"官马支路"的开通，不仅有利于官文的上传下达和物资运输，也为贵州的图书传播提供了极大的便利。一方面，加强了省际的图书传播。商贾、士子可以通过"官马大道"将省外刊刻的图书带至省内，或进行销售，或自己收藏，从而增加了贵州境内的图书流通数量。无论是道光年间遵义黎恂从浙江桐乡购买的十几箧书，还是光绪年间贵州官书局、资善堂、抱经堂销售之书，及清末科举制度废除后从上海购买的教科书，都得益于省际驿道的开通。同时，贵州境内刊刻的图书也能通过省际驿道销售至云南、四川等地。另一方面，加速了贵州境内图书传播的速度。贵州省各府州县之间"官马支路"的设置，使贵州境内各地之间的图书流通更加方便，使贵州士子之间的图书借阅、书铺图书的大宗销售成为可能。据严修《蟫香馆使黔日记》记载，贵州官书局所购之书销售至威宁、金沙、黎平、开阳等地，几乎遍及全省主要的府州县，如光绪丙申年正月二十八日，"复威宁学官周少轩赵仲权信，言收到买书费百一十金，与商买书事宜并附《书目》一本"。贵州官书局之所以能将所购之书销售至贵州各府州县，驿传系统的作用不可忽视。

古代的驿传系统，除了作为接送官员、传递官文和交通运输以外，还有一种功能就是邮递，是驿道交通功能的进一步发展。古代的邮递系统主要由

---

① 何仁仲．贵州通史・清代的贵州：卷三［M］．北京：当代中国出版社，2003：197-198.

兵部控制，各站、铺递主要邮递官方书信及物资，而民众不得触及，即便是官员的私信也得另外托人捎带。随着社会的发展，经济活动日趋频繁，尤其是在鸦片战争后，人们对信息的需求更加迫切，从而出现了具有商业性的私邮商号，它以低廉的价格、较好的服务传递信息。贵州的民营邮递较为著名的有“麻乡约”。“麻乡约”是由四川陈洪义于咸丰二年（1852）创办，同治五年（1866）设总部于重庆，不久便在贵州贵阳设立分号，地址在北门桥花家巷口（今中华中路），在贵州境内沿驿道设站，主要业务是运送货物，兼递送书信、口信、小包裹等，往返于川、黔、滇三省。“贵阳至四川重庆的信件，慢班 11 天，信资 72 文（清制方孔铜钱），包裹每斤 150 文”①，在当时官、商、民中的信誉很好，直到光绪二十七年（1901）清政府取缔私邮商号时才退出历史舞台。近代邮递系统的建立，为图书的传播也提供了便利。如道光二十二年（1942）九月，前遵义府知府，新昌俞汝本请求遵义郑珍为其父撰写墓志铭，“先生因为撰拟邮去，并赠《府志》一部”②，由此可知，郑珍所撰的墓志铭以及赠予的《遵义府志》，便是通过邮递方式寄给俞汝本的。至光绪二十六年（1900）后，贵州邮局业务开始兴起，但初期并不独立设局，基本上是由邻省附设，“岳州邮局设分局于镇远府及贵阳府，重庆邮局设分局于遵义府，蒙自邮局设分局于郎岱厅及普安厅”（《续修安顺府志·交通志》），后在光绪三十三年（1907），清政府才正式在贵阳设立贵州邮务管理局。虽然晚清时期贵州的邮递系统尚处于初步发展阶段，运送货物也较少，但这无疑打开了一种图书传播的渠道。

第三节 地理环境

地理环境是人们赖以生存和发展的基础条件，是媒介文化得以孕育和发展的现实基础，正如媒介地理学认为的，“媒介文化因地理环境的挑战与变化而生，尊重和顺应地理的特点和习性也是媒介生存与发展的必然选择”③。在

---

① 贵州地方志编撰委员会．贵州省志·物价志［M］．贵阳：贵州人民出版社，1998：762.
② 凌惕安．郑子尹（珍）君先生年谱：卷三［M］．香港：崇文书店，1975：108.
③ 邵培仁．媒介地理学：正当性、科学性和学术坚守［J］．新闻记者，2006（1）：17-19.

今天的电子传播时代，地理环境因素对媒介的影响和制约已经微不足道，然而在印刷时代的晚清时期，地理环境对媒介传播的制约是非常明显的。地理环境中的地貌特征、地理位置、交通条件以及由所在地域的民族文化构成的人文地理环境，对媒介的发展产生了较大的影响，构成了不同的传播特点。图书作为晚清时期文化传播的主要媒介，它的传播同样受到地理环境各因素的影响和制约，在不同的地理环境里，它的传播方式、传播规模等方面都存在较大差异，因此，在分析晚清时期贵州图书传播环境时，地理环境成为其中一个因素。

一、“开门见山”的自然地理

贵州处于我国西南一隅，东邻湖南，西毗云南，南邻广西，北连四川和重庆，远离历朝历代的政治经济文化中心，由“贵筑县黄华驿起程，至京师卢沟桥驿，凡四千八百七十三里，都八十驿，经湖南湖北河南直隶四省”①。据凌惕安记述，郑珍与莫友芝在道光十七年（1837）结伴进京参加次年的春试，十二月初一从贵阳出发，次年二月十八日至京城，近 80 天，贵州之偏由此可见。贵州不仅偏远，而且还是典型的山地高原，百分之九十以上都属于山脉、丘陵，诚如谚语所云，“天无三日晴，地无三里平”。贵州四处环山且山高路陡，沟壑纵横，穷地之险，极山之峻，张澍《续黔书》描述甚详：

> 黔之地，跬步皆山，上则层霄，下则九渊。驿站之苦，有万倍于他省，如贵阳之东至湖广，玉屏以至清溪五十余里中，有桥头坡，三家桥坡。……或石如狼牙，或峰如剑锷，或陡如立壁，或行如穿云。又或盘旋屈曲，鸟道羊肠，又或嵚崎巀嶪，鱼凫蚕丛，见者骇魄，闻之怵心。

贵州独特的地貌特征，舟车难至，使贵州通往外省的驿站建设无比艰难。这样的地理环境，一方面阻碍了贵州印刷技术的引进，减缓了贵州图书机械化生产的步伐，直到清末时期，贵州才开始使用铅印石印印刷技术。即便在清末时期，贵阳文通书局所购买的印刷设备需从日本运至上海，再从上海转运至重庆，到达重庆之后就换为人抬或马驮搬运至贵阳。“小件起码十六七

① 凌惕安．郑子尹（珍）先生年谱：卷三［M］．香港：崇文书店，1975：70.

天，大件六抬、八抬，需二十余天，十二台以上，需时更多。还要看风雨阴晴，季节冷暖而定，无法预计。搬运费用大多超过买价。”① 后来因纸张省内供应不够，且尺寸不一，宣统三年（1911），田庆霖再次到日本购买造纸机，由于机器庞大，运至湖南洪江起岸，再雇人力抬，由于山高路窄，不得不逢山开路，遇水搭桥，耗时数年才运至贵阳。由于特殊的地理环境，贵州在晚清时期的印刷技术远远落后于其他省份，主要以传统的雕版印刷为主，大规模的机械复制生产直到民国时期的文通书局创办后才实现，从而造成贵州的图书生产数量较少。

另一方面，贵州这种“开门见山”的地理环境也极大地阻碍了贵州的图书流通。从省际的图书流通来看，省外图书进入贵州不是一件容易的事情，即便能运至贵州，也是人挑马驮，运输成本巨大，从而导致书籍难至。光绪二十年（1894），严修前往贵州视学，十一月初二日宿武陵县，武陵知县谭芝云对其云（《蟫香馆使黔日记》）：

> 安顺府有学田，又言黔省宜设书局，运各省局本，如天津例，由海入江道常德，常德至镇远一水可达。到镇远再易驮杠，每驮可载两箱，但使当道肯为，固无难其至也。

谭芝云详细讲述了如何将中原图书运至贵州的路线及方式。贵州东出口镇远虽一水可达，但由于河水浅滩，大船不能至，从常德至镇远往往只有两头上翘之三人、七人小船可以通行。即便通过水道运至镇远，也需要经过偏桥、兴隆、重安江、清平、羊考、平越、黄丝、新添、龙里才至贵阳黄华驿，其间有400余里。不仅路途遥远，而且山高路陡，只能通过人挑马驮才能运至贵阳。

从省内各府州县之间的书籍流通而论，山高箐深、沟壑纵横的地貌特征，也阻碍了图书在贵州境内的流通。贵州各府州县之间，路道崎岖，多以羊肠小道为主，车马难以通行，运输方式主要通过人力背负，或用高挑，或用背篓。又各府州县之间距离甚远，路途之中十里，甚至几十里无人家之事常见。

---

① 华问渠．贵阳文通书局的创办和经营［M］//贵州文史研究委员会．贵州文史资料选辑：第12辑［M］．贵阳：贵州人民出版社，1982：39.

偏远贵州的士子本来藏书就较少，加之如此的地理环境，使各藏书之家更难互通有无，基本上大多只局限于在家族之中进行传阅，即便偶有用心求书之人，也是千里相求。然而在古代，借阅图书并非易事，有不少学者毕其一生精力，辛苦成书，或秘不示人，或“我不借人，人亦决不借我”，因为“书既出门，舟车道路，摇摇莫定，或童仆狼藉，或水火告灾，时出意料之外”①，这一思想也适用于分析晚清时期贵州的文人心态。贵州山高箐深、路途遥远，更是意外难料，在书少价昂的社会里，藏书之人更是视书如命，不借也在情理之中。

恶劣的地理环境也为图书的销售带来很大的困难，即便有商家从省外购买了图书，也很难销售至各州县。如严修所创办的贵州官书局，不仅刊刻书籍，还从省外购买了各种经史子集和实学之书置于资善堂销售，然而“全省之中，地方辽远，未能一律流通”，为了使所购之书销售至各州县，“特拟定一法，将现刻各局书目，每州县各寄一本，与之函商”“派人来取，其脚价各由公款内开销”②，也正是通过这样的方法，才使贵州官书局的图书销售至全省各地。贵州官书局由官方举办，销售至各府州县书院、学校的图书既不以盈利为目的，又是以公款购买才得以行销至全省各地，而那些以盈利为目的的书铺就很难实现在贵州全境范围内的广泛销售。

二、多民族文化并存的人文地理

地理环境主要由两大系统构成，自然地理环境和人文地理环境，前者主要关注的地理的自然特征，如山川、地貌、地理位置等，而后者则主要关注人类活动与自然地理之间的相互关系，如特定地域所构成的民族风俗、习惯、信仰以及思维方式，其实质为特定地域所表现出来的独特的文化环境，又称软环境。人文地理环境作为人们改造客观世界时所构成的一种独特性、地域性特点的精神文化，其实质为地理环境与文化的关系，但这种精神文化不是以一种固态化的事物展现给受众，而是通过媒介的方式呈现出来。当然，这里所说的媒介是一种泛媒介，它是人体的一种延伸。今天媒介地理学中的地

① 曹溶．流通古书约［M］//李希泌，张椒华，编．中国古代藏书与近代图书馆史料（春秋至五四前后）．北京：中华书局，1982：31.

② 严修．严修年谱［M］．高凌雯，补．严仁曾，增编．济南：齐鲁书社，1990：78.

理概念，也主要是从人文地理层面展开的，“所有的地理观念，更多的是媒介帮助我们建立起来的一个‘虚拟的实体’和‘想象的共同体’”。① 随着社会的发展和进步，人文地理在社会发展中所扮演的角色也越来越明显，抑或推动社会发展，抑或阻碍社会发展。

然而，贵州的人文环境较为复杂，主要体现为多民族文化的并存。文化的多元性虽然构成了丰富的文化资源，但各民族之间在文化和语言方面存在较大差异，从而阻碍着民族之间的文化交流。古代贵州为牂牁郡，为南方古代四大族系（氐羌、苗瑶、南越和百濮）的结合部，分属于这四大族系的民族皆有，又自明代建立行省之后，属于不同文化区域的不少汉族和其他各少数民族也不断迁移至贵州，多种民族文化聚集于贵州，形成了一个民族文化的“大观园”。各民族有着自己的生活习惯、节日风俗、穿戴服饰以及语言文化，如“峒人多忌喜杀，出入夫妇必偶，挟镖弩自随，饮食必鉴医，冬以芦花为絮御寒”，而仲家则“好楼居，有姓字，衣尚青。妇人多线好而勤于织，以青布蒙髻，若帽絮之状。长裙折积，多者二十余幅。掩腰以彩布一幅，若绶仍以青布袭之，短仅及腰”（《黔书》）。在语言方面，虽然共属于汉藏语系，却包含了汉语、苗瑶、壮侗、藏缅和仡基等多种语族，在各语族之下又有十多种语种、几十种方言、次方言和土语，因而各民族之间的语言存在较大差异，如汉语中的“天”，在苗语中曰“董”，在仲语中曰“论闷”；汉语中的“下雪”，在苗语中曰“饶邦”，在仲语中曰“下平”（《安顺府志》）。在这个多民族杂居的社会里，文化虽然具有丰富性，但同时也带来一些问题，由于有不少民族不通汉语，如安顺归化厅（今紫云）的洞苗“男女俱衣青蓝布，好披蓑，留发成髻，不通汉语”（《安顺府志》），严重阻碍了各民族之间的文化交流。康熙四年（1665）贵州总督杨茂勋奏：“贵州一省在万山之中，苗蛮穴处，语言不通，不知礼仪，以为喜怒，以仇杀为寻常，治之之道，不得不与中土异。”② 尽管清朝政府大力提倡崇文治而正人心，对苗疆人民加以教化，在苗疆地区建立学校，设教谕，但仍有不少苗疆之地学校建设较晚，“礼让未兴，剽悍成习”，有识之士更是寥寥无几。咸丰年间，胡林翼出任黎

---

① 邵培仁．媒介地理学：正当性、科学性和学术坚守［J］．新闻记者，2006（1）：17-19.

② 中国科学院贵州分院民族研究所．清实录·贵州资料辑要［M］．贵阳：贵州人民出版社，1964：326.

平（今黎平县）知府，在与翁同书的书信中写道：

> 黎平文武绅士乡居之人，苟于学册有名者无人，林翼保甲团练册内，此中才分各有短长，贤否亦默为分别，大抵有读书人之村寨易治，而无读书者难治，乡正团长得人者一办即妥，不得其人者，屡整饬而仍不妥。永从、下江、古州无士可用，其地苗多汉少，汉人不过千百之一二。①

在清代黎平府是贵州经济比较发达的府厅之一，盛产木材（杉木、楠木等），以卖木材为主，靠清水江流域外销，以木筏顺流而下，获利甚厚。在经济较为发达的黎平府也“无士可用”，贵州其他少数民族地区的文化生态可想而知。

贵州疆域的构成极其复杂，在建立行省之前，主要分属于湖广、四川、云南诸行省，播州（今遵义）、瓮安、黄平一带属于四川行省，威宁、赫章、安顺、盘州市一带属于云南行省，贵阳、铜仁、黔南、黔东南属于湖广行省。明永乐十一年（1413）建立行省，所管辖之地主要以东西驿道为主，即从今天的湖南经镇远、贵阳、安顺，进入云南这条驿道，形成一个狭长地带，不足今日贵州疆域的一半。后来由于政治需要，清王朝将周围各行省的州县与贵州接近的区域划为贵州管辖，如雍正五年，云贵总督鄂尔泰奏：

> 广西、贵州交界地方犬牙相错，惟红水一江，天之所以限黔、粤也。议以红水江为界：江以南属之广西，江以北属之贵州。凡广西西隆州所属罗烦、册亨等四甲，及泗城府所属上江、长坝、桑郎、罗斛等十六甲俱在江北，应请割隶贵州。②

又雍正六年（1728），改四川的遵义、绥阳、桐梓、仁怀四县及正安一州为贵州管辖。贵州这种因从附近各行省“析地”而置的疆域状况不仅使贵州各府州县的管辖范围犬牙交错，“插花”地界颇多，而且使贵州的民族情况更为复杂，不同文化、不同地域的民族汇聚于贵州。“插花”之地尤以安顺为

---

① 胡林翼．胡文忠公遗集：卷54［M］//续修四库全书：第1540册．上海：上海古籍出版社，1995.

② 中国科学院贵州分院民族研究所．清实录·贵州资料辑要［M］．贵阳：贵州人民出版社，1964：1206.

甚，即府州县所管辖的地方相互交错，“有所属乡邦去治三四百里者，有城门之外即为邻属者，有此州之地并入他县，他县之地并入此州者，又有管辖之地中多隔越或距境一二百里，或隔三四州县”（《续黔书》），此种“插花”之地的弊端则是“民之输将以不于其近而于其远，期会不时，资斧既竭，远来负米，劳费可矜，士之应试，其弊亦然”①。然而这种“插花”之地现象主要是根据各民族的族系及其居住区域划分而成，并没有促进贵州各民族之间的相互交流，反而在管理方面带来不便，更是劳苦了求学之人，若要参加乡试，远者要走三四百里，不仅耗费体力，开销也大，真可谓劳民伤财，其结果就是，不少偏僻之地的人们不得不放弃读书之机会。贵州省处于万山之中，众多少数民族依山而居，形成了相对独立的民族自然村落。由于各自然村落之间或阻于高山，或碍于沟壑，且各民族之间在文化、语言之间存在较大差异，缺乏统一的沟通语言，从而使各民族之间的相互往来较少，形成众多“孤岛文化”。

如此复杂的人文环境，无疑对晚清时期贵州的图书传播产生了重要影响。一方面，由于众多少数民族不通汉语，阻碍了大量汉学图书在少数民族地区的传播。尽管清政府在贵州少数民族地区广设学校，尤其是咸同“苗乱”之后众多义学的设置，加强了少数民族地区对汉语的学习，然而，由于少数民族众多，人们汉语能力的普及和提高有限，大多少数民族地区的图书传播主要是启蒙教育教材、普通读物，而众多传统的汉学经史子集未能在此区域内广泛传播。另一方面，由于少数民族地区掌握汉语能力的人才有限，很少有人能将少数民族古籍翻译成汉文，从而使众多少数民族古籍只能局限于在本民族内传播。

---

① 胡林翼．胡文忠公遗集：卷 54［M］//续修四款全书：第 1540 册．上海：上海古籍出版社，1995.

第二章　晚清时期贵州的刻书机构及其刻书内容

图书作为一种文化载体，它的出版是为了适应文化市场的需求，同时也成为推动社会文化发展的重要媒介。然而，图书是已经物态化的精神产品，它的这一物态化性质并非自身固有，而是由出版机构所赋予，从而能使其脱离作者而独行于世。因此，研究图书传播，固然绕不开对出版机构的研究。贵州古代的刻书较晚，始于宋代而发展于元代，而到了明永乐十三年（1415）建立行省后，贵州的刻书有了较大发展，现存明代官署所修的《贵州图经新志》、嘉靖年间的《思南府志》《普安州志》以及万历年间的《铜仁府志》都是珍贵遗产。在清代以前，贵州刻书主要是以官署刻书为主，主要刊刻地方志书，而私家刻书、仿肆刻书难得一见。而至清代，在清政府提倡稽古佑文、崇尚文治的语境之下，贵州刻书开始兴盛。清代贵州刻书可分为两个阶段：一为清初至第一次鸦片战争，此阶段的贵州刻书事业仍以官署刻书为主，主要刊刻地方志书和朝廷钦定书籍，私家刻书也开始出现，如康熙四十三年（1704）于准刊刻于成龙所撰《政书》八卷、道光六年（1826）许乃普刊刻了蔡世远所编的《古文雅正》14 卷、道光八年（1828）清平陈法刊刻了自己所著的《河干问答》等，但此时期的私家刻书并未形成风气，仿肆刻书更是少见。二为第一次鸦片战争后的晚清时期，该时期的贵州刻书事业有了较大发展，形成了以官刻、私刻和坊刻并行发展的格局。

第一节　官刻机构及其刻书

清代，在稽古佑文、崇尚文治思想的指导下，官署刻书较之明代有过之而无不及，尤以内府武英殿刻书为盛，聚集巨资和大量人力刊刻各类书籍，各地方官署也成立相应的出版机构，或刊刻地方志书、文献，或翻印内府所颁布的钦定、御制书籍。晚清时期，国势衰微，财力不支，又加之内忧外患交困，中央官署刻书日益减少，代表官方意志的图书刊刻之重任便落到了地方官署这里，除了地方各府、州、县署和教育机构刻书外，在同光年间，各地方还成立了官书局，使官刻机构有了进一步的发展。贵州虽地处偏隅，不仅有传统的府、州、县署官署刻书机构及教育机构刻书，也成立了官书局，对促进当时贵州的文化传播起到了不可忽视的作用。

一、府、州、县署刻书

由于贵州地处偏隅，书籍罕至，士子不仅无书可读，也不知如何读书。鉴于此种环境，客籍文人前往贵州做官之时，他们或动用公帑，或捐俸筹资，于官署刊刻图集。据咸丰《安顺府志·职官志·贺长龄传》载，贺长龄于道光十六年（1836）出任贵州巡抚，道光二十五年（1845）离任，抚黔九载。在此期间，“校刊钦定春秋、左传读本，龙川陆锡璞诗书精义汇钞，礼记精义钞略，黄忠端公孝经辑注，陈文恭公四书直解，陆清献公年谱，俾偏陬偏壤之土”①。其实，贺长龄在贵州任巡抚期间所刊书籍远不止这些，民国《贵州通志·宦迹志》载有罗汝怀撰《贺长龄传》：

> 所辑书如《皇朝经世文编》百二十卷，学术治书皆备，风行海内。《孝经辑注》《劝学纂言》、望溪先生《左传义法举要》，皆刊行黔省。所刻书如《诗书礼记精义》《左传读本》《公谷摘抄本》、陈文恭《课士直解》、李立候《浙暖存愚》。所重刻如顾氏《日知录》、方氏《周官辨》，

① 常恩，邹汉勋.（道光）安顺府志·艺文志［M］. 安顺市地方志编纂委员会，点校. 贵阳：贵州兴顺出版贸易公司彩印厂印刷，1996：398.

皆以黔中偏远，书籍罕至，故广为刊布，以惠来学。卒使黔士蒸蒸向学，风气丕变。①

在上述刊刻书中，有一部分书现已无法查找，但仍有部分刻书如《左传义法举要》保藏至今，该书由方苞撰，王兆符传述，1 卷，卷末有民国五年（1916）霁青亲笔书写的跋，贵州师范大学图书馆和贵州省博物馆皆有保存。又《钦定春秋左传读本》（英和等撰，贺长龄辑评）在清末时期由遵义官书局重印，铅印本，共 30 卷，现存于遵义市图书馆。不仅在贵阳官署有刻书，在各州县官署也有刻书，如道光《大定府志·文征二》载有大定府知府黄宅中《校刊〈圣域述闻〉成书发所属州县檄》一文，其中有云："兹本府刊刻《圣域述闻》一书，先后为次一遵《大学》成式，札发该学收存备案，遵照查明东西两庑为次安放神牌，以照诚敬。"② 签署日期为道光二十九年正月二十日。为了更进一步说明府州县署刻书，将现存晚清时期贵州官署刻书附于下，如表 2-1 所示：

表 2-1 晚清贵州府、州、县署刻书现存书目

序号	书名及卷（册）	作者	刻书时间	刻书机构	馆藏地点
1	《左传义法举要》1 卷	方苞撰 王兆符传述	道光中	贵州巡抚署贺长龄刻	贵州师范大学图书馆；贵州省博物馆
2	《史记菁华录》6 卷	姚苧田辑	道光二十三年	贵州巡抚署贺长龄刻	贵州师范大学图书馆
3	《四书翼注论文》12 卷	郑献甫撰	光绪五年	黔南节署刻	贵州省博物馆；贵州师范大学图书馆

① 刘显世，谷正伦，修，任可澄，杨恩元，纂．（民国）贵州通志·宦迹志［M］．冯楠，点校．贵阳：贵州人民出版社，2003：88.

② 黄宅中，修，邹汉勋，纂．（道光）大定府志·文征：卷 52［M］．毕节地方志编纂委员会，点校．北京：中华书局，2000：1032.

续表

序号	书名及卷（册）	作者	刻书时间	刻书机构	馆藏地点
4	《韵史》2 卷 附《韵史补》1 卷	许適翁撰； 《补》 朱玉岑撰	同治十一年	贵州县署刻	贵州大学图书馆；贵州师范大学图书馆
5	《春秋丁祭仪制录》 1 卷	王正玺辑	光绪元年	遵义县署刻	遵义市图书馆
6	《平平言》 4 卷	方大湜撰	光绪二十五年	黔省课吏局刻	贵州省图书馆；贵州省博物馆
7	《四比堂稿》 10 卷	魏际端撰	光绪五年	黔南课吏总局刻	贵州省图书馆；贵州师范大学图书馆；遵义市图书馆
8	《刺字条例》 1 册	刚子良手抄	光绪二十一年	黔南抚署铅印	贵州师范大学图书馆
9	《律法须知》 2 卷	吕芝田撰	光绪九年	贵州县署刻	贵州省博物馆
10	《补元和郡县四十七镇图说》1 卷	庞鸿书撰	清末	贵州调查局铅印	贵州师范大学图书馆；贵州省博物馆
11	《贵州全省地舆图说》4 册	官修	宣统元年	贵州调查局石印	贵州省图书馆；贵州大学图书馆；
12	《小学集解》6 卷	张伯行辑注	光绪十年	贵州藩署刻	贵州省图书馆
13	《小儿脐惊风合编：新订》1 册	鲍云韵辑	同治十二年	黔县署刻	贵州省图书馆；贵阳中医学院图书馆
14	《黔南三书院课艺初编》4 卷	黎培敬编	同治十一年	黔南官署刻	贵州省博物馆
15	《补学轩诗集》 12 卷	郑献甫撰	光绪五年	黔南节署刻	贵州省图书馆

续表

序号	书名及卷（册）	作者	刻书时间	刻书机构	馆藏地点
16	《抱影庐哀蝉集》1册	桂霖撰	光绪二十七年	贵州巡署刻	贵州省图书馆
17	《俞俞斋文稿初集》附《初集》2卷	史念祖撰	光绪十六年	黔南藩署刻本	贵州省图书馆
18	《味蔬诗话》4卷	余云焕撰	光绪三十四年	思南府署刻本	贵州省图书馆

注：该表书目根据陈琳《贵州省古籍联合目录》和《贵州省志·文物志》制。

又据杨绳信《中国版刻综录》载，贵筑县署于光绪十七年（1891）刊段桢龄所撰的《味道集》，黔南节署于光绪五年（1879）刊郑献甫所撰的《郑小谷先生全集六种》。①

晚清时期贵州各府、州、县署的刻书中，地方志占有重要的位置。雍正七年（1729），朝廷为修《大清一统志》而要以各省省志做参考资料，“严谕促修，限期藏事”②，雍正八年（1730）又颁发各府州县志六十年一修之令，从而修志成风。据《贵州省志·出版志》统计，晚清时期贵州编纂地方志书共39部，其中刻本34部、抄本5部。③这些刻本地方志，大部分是由府州县署刊刻，甚至有些地方官署还成立临时的志书局刊刻当地志书，如道光年间遵义府设志局于“莱青阁”，道光二十一年（1841）刊刻由平翰修，郑珍、莫友芝纂的《遵义府志》48卷；光绪十八年（1892）黎平府志书局刊刻了俞渭修、陈瑜所纂的光绪《黎平府志》，该书八卷首一卷，15册，配图，现存于贵州省图书馆；光绪二十五年（1899）湄潭县志局刊刻吴宗周修、欧阳曙纂的《湄潭县志》，在卷末有《局申告白》，并列出了湄潭县承办志局之人（郑泉、冯培元、陈燎、周缉熙、钟灵、杨云彩六人）。

---

① 杨绳信．中国版刻综录［M］．西安：陕西人民出版社，1987：192-200.
② 梁启超．中国近三百年学术史［M］．北京：东方出版社，2007：325.
③ 贵州省地方志编纂委员会．贵州省志·出版志［M］．贵阳：贵州人民出版社，1996：265-279.

二、官书局

同治、光绪年间，饱经太平天国战乱之后的晚清社会，藏书古籍多毁于兵燹，刻书板片也多成灰烬，以曾国藩、左宗棠、李鸿章为代表的一批督抚大员为了重振文教，相继设局刊书，大量刊印经史子集。江苏巡抚马新贻、浙江巡抚丁日昌、浙江学政鲍源深等重要大臣向朝廷请旨设局，刊刻钦定、御纂之书及五经读本颁发各学，“敕下各督抚转饬所属府州县，将旧存学中书籍设法购补，俾士子咸资讲习，并筹措经费，择书之尤要者循例重加刊刻，以广流传”①。朝廷也援引江苏学政鲍源深上奏的《请购刊经史疏》颁发一道圣旨，要求各省督抚“将旧存学中书籍广为购补，并将列圣、御纂、钦定经史先行敬谨重刊，颁发各学，并准书肆刷印，以广流传”②。在以曾国藩、左宗棠等中兴名臣设局刊书和朝廷圣旨的双重影响下，各省纷纷成立官书局。在此背景之下，地处偏远的贵州也不例外，成立了贵州官书局、遵义官书局等。

贵州官书局

贵州官书局于光绪二十一年（1895）由严修创办，地址设在贵阳资善堂，因此又叫资善堂书局，亦称贵阳官书局。据何仁仲主编的《贵州通史》（卷三）记载：

> 光绪二十一年（1895），严修捐养廉银千金，成立贵州官书局（附设于贵阳资善堂内），聘请绥阳举人雷廷珍为书局董事。③

至于贵州官书局成立的时间则有另一说法，如贵州省地方志编纂委员会编纂的《贵州通志·出版志》载：

> 贵州官书局，清光绪二十二年（1896）由贵州学政严修倡议并集资开设，地址在贵阳资善堂（今慈善巷），故又称资善堂书局。④

---

① 鲍源深．请购刊经史疏［M］//陈弢．同治中兴京外奏议约编：卷五．上海：上海书店出版社，1984.

② 官修．大清十朝圣训·穆宗毅·文教：卷 13［M］．新北：文海出版社，1965：195.

③ 何仁仲．贵州通史：卷 3［M］．北京：当代世界出版社，2003：618.

④ 贵州地方志编纂委员会．贵州省志·出版志［M］．贵阳：贵州人民出版社，1996：6-7.

同为贵州地方史料，对贵州官书局成立的时间为什么会存在差异，一为1895年，一为1896年，时间出入达一年之久。其实，严修前往贵州视学的赴任途中，在与武陵知县谭芝云交谈时，谭氏建议在贵州成立官书局，仿照天津书局之例，购运图书至贵阳销售，并指出了运输路线，通过水运从海入江道常德至镇远，再通过人挑马驮的方式运至贵阳。此建议正合严修之意。严修于光绪二十年（1894）十一月二十六日至贵阳，到贵阳之后便与贵阳知府文仲瀛商议成立官书局，并草拟书局章程，拟购书局书目。次年七月初九，“午后赴资善堂看新到局书”，八月十二日，“拟书局章程，约数百字，至晡乃成”，八月二十三日，“《先正读书诀》印成，送抚、藩、绍前辈，黄廉访、文观察、严绍光、李章式，唐、邵、黄、严、文五处，并配《书目》各十本”（《蟫香馆使黔日记》）。从这三则日记来看，官书局已经开始运行，不仅有购运图书和刊刻书籍的活动，而且从草拟的书局章程来看，对书局设立的地址、经费、人事、销售策略以及图书价格都做了相关规定，具备一套完善的管理制度。因此，笔者认为，将贵州官书局成立的时间确定为1895年更贴近实际。至于《贵州省志·出版志》将书局成立的时间确定为光绪二十二年（1896），也不是毫无根据，所依据的材料显然是《清实录·德宗实录》中所记载朝廷批复贵州官书局成立的时间，即光绪二十二年（1896）二月下：“贵州巡抚嵩昆奏，拟在省城设局刊书，请饬江南等省书局，刷寄所刊经史子集每种十部，以作样式。允之。”① 在此明确了批复成立贵州官书局的时间为1896年，因此《贵州省志·出版志》以朝廷批复时间为贵州官书局的成立时间。这一批复还引起部分学者的误会，认为贵州官书局的创办人为嵩昆，如梅宪华《晚清的官书局》一文就认为贵州官书局于光绪二十二年（1896）由嵩昆创设于贵阳。因此，范慕韩主编的《中国近代印刷史初稿》一书中称，贵州官书局于“光绪二十二年（1896）嵩昆创设于贵阳。一说光绪二十一年（1895）贵州学政严修倡立”②。关于贵州官书局的创办者，多种材料已经证实为严修。在上奏成立贵州官书局的奏折上签字时，由于该事项是由学政严修提倡、主办，因此严修的签字在前，而作为贵州巡抚的嵩昆也要在该奏折

---

① 官修．清实录·德宗实录：卷386［M］．影印本．北京：中华书局，1987：36.

② 范慕韩．中国近代印刷史初稿［M］．北京：印刷工业出版社，1995：203.

上签字，于是就签在严修之后。签完后，严修看着奏折就笑，嵩昆不解。严修便指着两个人的签名，将两个人的姓连起来读就是“严嵩”，并打趣说不要误以为是奸臣，随后两人又开怀大笑。这一则故事足以说明，贵州官书局创办者为严修。

关于晚清贵州官书局成立的时间和创办人的两种说法，虽然持论不一，但两种说法并不矛盾，只不过所依据的材料不同而已。其实在朝廷批复之前，贵州官书局就已经开始经营了。尽管朝廷之前颁发过相关谕旨，建议各省设立相应的出版机构刊刻图集而振兴文教，然这则谕旨只不过是一纸空文，朝廷并无任何资金方面的资助。因此，各省成立官书局只要上奏，朝廷皆一一允之。且因严修见贵州“士无恒产、家鲜藏书，闻见不闳，志局亦陋”（《蟫香馆手札》），正是在这一情景之下，贵州官书局先经营后上奏，以便尽早解决贵州士子无书可读的现状，从其奏折中可知一二。

（奴才）再思士林之趋向，视学校为转移，学校之修明，与人心相维系。读书所以明理，致用必在通经。……惟兵燹后，藏书悉毁，仅余断简残编。每届考试，不过零星书贩，书少价昂，且多系洋版缩本，难资讲诵，以致潜修多士，见闻太隘，学识不广，诵读积穷年之苦，生平多未见之书。（奴才）目睹情形，随与贵州学政严修并在省司道面商，拟在省城开设书局，先刊六经读本，续刊有关实学诸书。近年以来，如江南、江苏、浙江、江西、湖北各省书局，刻本精博，蔚为大观。相应请旨下江南等省督抚，将局刻经史子集等书每种刷寄十部，以作式样……①

该奏折上奏时间在《光绪朝朱批奏折》中为光绪二十二年八月二十八日，但根据朝廷的批复和严修《蟫香馆使黔日记》来看，上奏时间应为光绪二十一年八月。朝廷批复的时间为光绪二十二年二月，其说明该奏折在此之前。又据严修《蟫香馆使黔日记》载：

光绪二十一年六月二十四日，澄兄新购《蚕桑实济》二册，马主山年伯刻于粤西者也。开首有奏稿一件，奏请设官书局，并请旨饬吴、浙、

① 中国第一历史档案馆. 光绪朝硃批奏折：第 104 辑［M］. 北京：中华书局，1996：564-565.

川、楚、粤，凡六局，将经史等书及五局遗规各印十部，由粤西运领，其书价由各省报销。余见之甚喜，本日席上与中丞言之，拟即援案奏请。

从此条日记中的“本日席上与中丞言之，拟即援案奏请”可知，奏请时间应在此时间附近，因此，《光绪朝朱批奏折》中的时间疑为光绪二十一年八月之误，特加以说明。

关于贵州官书局的刻书，人们一般以刻书较少，影响不大之语一笔带过，即便是专门研究晚清官书局的专著也很少提及贵州官书局的刻书，如吴瑞秀在《清末各省官书局之研究》一书中认为，根据嵩昆的奏折，“此仅云及拟在省城设书局，不知是否正式设局刻书”①。又邓文锋所著《晚清官书局述论稿》一书中以“主要业务为从外省购运图书、组织翻印销售”一笔带过。甚至在《中国出版通史·清代卷下》中认为，“贵州、云南虽有奏报，但并未出书”②，这与事实不符。贵州官书局虽然主要是从省外官书局购运图书进行销售，但自身也有刻书，是集购运、刊刻、销售于一体的出版发行机构。其实早在20世纪90年代，贵州本土学者刘泳唐撰写了《严修创办官书局》一文，以严修的《蟫香馆使黔日记》为材料对贵州官书局的刻书做了梳理，认为该书局刊刻了《先正读书诀》《书目答问》《尊经阁记》《算书》《算学会》《提要总序》等书籍。③ 又肖先治在《贵州的版刻书业》中列举了贵州官书局刊刻的《光正读书诀》（为《先正读书诀》之误，笔者按。）《书目答问》《算法须知》《书算》等书。④ 然贵州官书局的刻书远不止这些，笔者根据严修的《蟫香馆使黔日记》《严修自订年谱》《贵州省古籍联合目录》等材料，在《贵州官书局出版发行考述》一文中对其进行过考察，其至少刻有以下13种书：《先正读书诀》《书目答问》《四库提要总序》《算法须知》《书算》《四书正蒙三辨》《四库全书总目提要四部类序》《輶轩语》《黔书》《续黔书》《各省官书局书目》《尊经书院记》《幼学操身》等⑤，并有部分保留至今，

① 吴瑞秀．清末各省官书局之研究［M］//潘美月，杜洁祥，编．古典文献研究辑刊：第11册．新北：花木兰文化出版社，2005：41.

② 汪家熔．中国出版通史·清代卷：下［M］．北京：中国书籍出版社，2008：76.

③ 刘泳唐．严修创办官书局［J］．贵州文史丛刊，1993（5）：62-67.

④ 肖先治．贵州的版刻书业［J］．贵州文史丛刊，1994（5）：29-33.

⑤ 李明勇．贵州官书局出版发行考述［J］．现代出版，2017（5）：57-61.

现将现存书附于下。

《四书正蒙三辨》7册，佚名辑，刻本时间不详，现存于贵州省图书馆。

《黔书》二卷，田雯撰，光绪二十三年刻本，该书卷首前有贵阳书局印，现存于贵州省图书馆、贵州大学图书馆。

《续黔书》八卷，张澍撰，光绪二十三年刻本，2册，该书卷首前有贵阳书局印，现存于贵州省图书馆、贵州大学图书馆。

《各省官书局书目》一卷，黔省提督学辑，光绪二十一年刻本，现存贵州省图书馆、贵州师范大学图书馆。

《四库全书总目提要四部类叙》一卷，官修，光绪二十二年刻本，现存贵州大学图书馆、贵州师范大学图书馆。

《先正读书诀》周永年辑，光绪二十一年刻本，1册，现存贵州省图书馆、贵州师范大学图书馆。

遵义官书局

遵义官书局于光绪三十一年（1905）由遵义知府袁玉锡（字季九）所创办，采用由田庆霖赴日本购回来的铅印印刷机、铸字铜模等先进设备，是贵州最早采用铅印技术的印刷厂。① 遵义官书局成立的时间也存在不同说法，据《贵州省志·轻纺工业志》载，光绪三十二年（1906），袁玉锡派田庆霖到日本购买铅印机一台和全套汉字铅模，创办了贵州第一个机器印刷厂——遵义官书局，地址在今遵义市官井路遵义市第十一中学旁。② 然而在范慕韩主编的《中国印刷近代史初稿》中认为，遵义官书局“成立于光绪二十四年（1898）前，规模很小，只承印遵义中学堂讲义”③，持这一说法的还有2012年出版的万启盈所编《中国印刷工业史》。虽然在贵州大多数史料中皆认为遵义官书局于1905年成立，但其他之说也不得不考虑。笔者在收集遵义官书局所刊印之书时，在遵义史志专家李连昌老师处获得了光绪二十九年（1903）由遵义官书局所印（明）《郑元直辑》、（清）叶丁日补的《古今人物论证编》，该书有“南通钟秀山樵藏”等字样，即王国维所藏，并夹带有王国维二女之像，如图

① 贵州地方志编纂委员会．贵州省志·出版志［M］．贵阳：贵州人民出版社，1996：7.

② 贵州地方志编纂委员会．贵州省志·轻纺工业志［M］．贵阳：贵州人民出版社，1993：579.

③ 范慕韩．中国印刷近代史初稿［M］．北京：印刷工业出版社，1995：203.

2-1、图 2-2 所示，现由李连昌老师捐给了遵义市博物馆。

图 2-1 遵义官书局刻本《古今人物论正编》

图 2-2 《古今人物论正编》扉页

杨绳信所编著的《中国版刻综录》也收录了遵义官书局于光绪二十九年（1903）所刊印的《古今人物论证编》，不过书名为《古今人物论证》。① 从该书可以断定，遵义官书局成立的时间可以确定为 1903 年之前，创办人也非袁玉锡，因为袁玉锡是在光绪三十年（1904）才到遵义府任知府。

遵义官书局也并非“只承印遵义中学堂讲义”，也刊刻有一定的书籍，据《贵州省志·出版志》载，“遵义官书局的铅印本，有清宣统元年（1909）印制的郑珍《樗蚕谱》等”②。据笔者所搜集的资料，遵义官书局所刊印的书籍保留至今的除了《古今人物论证编》和《樗蚕谱》外，还有以下书籍。

《草堂读史漫笔》二卷，（清）吴孟坚撰，光绪三十四年（1908）遵义官书局铅印本，2 册，现存于遵义市图书馆。

《贵州通省公立中学堂总览》，佚名编，宣统元年（1909）遵义官书局铅印本，现存贵州省图书馆。

《高等小学堂章程》佚名辑，光绪三十三年（1907）遵义官书局铅印本，1 册，现存于遵义市图书馆。

《礼记辑论》，残本，作者不详，宣统元年（1909）遵义官书局铅印，由

① 杨绳信. 中国版刻综录［M］. 西安：陕西人民出版社，1987：206.

② 贵州地方志编纂委员会. 贵州省志·出版志［M］. 贵阳：贵州人民出版社，1996：7.

遵义陈腾旧藏，陈死后流入遵义史志专家李连昌之手并捐给贵州省博物馆。

《钦定春秋左传读本》，30卷，（清）英和等撰、贺长龄辑评，清末由遵义官书局重印，铅印本，现存于遵义市图书馆。

《贵州铁路教科书》，佚名辑，1册，宣统元年（1909）铅印，在孔夫子旧书网一个昵称叫“芷香阁”的人在北京朝阳区开设的“芷香阁书摊”进行销售，有图，书后有“宣统元年九月下旬排印，印刷部遵义府官书局，每本定价票银六分”等字样，因售价8000元，嫌昂贵未买。

黔南官书局

关于黔南官书局的史料甚少，《贵州省志·出版志》载，“黔南官书局的雕版刻印本，先有清光绪二十七年（1901）张镇校刻的《书经旁训》四卷和张铭（贵阳）等校的《四书正蒙辨句兼附字辨疑字辨增旁训》等”①，其后各家之说，皆援引《贵州省志·出版志》之语，并未对黔南官书局做进一步的深入研究，其成立的时间、地点以及创办人等相关信息不得而知。根据笔者深入调查发现，黔南官书局应该为贵州官书局之别称，理由如下：

其一，在贵州府州县的刻书中，有黔南节署本，如（清）郑献甫的《愚一录》《四书翼注论文》，又有黔南抚署刻本，如（清）刚子良手抄的《刺字条例》铅印本。然而抚署明显为巡抚署，贵州当时的巡抚署在贵阳，同样，节署是节度使官署之简称，也在贵阳。从而可以推理出当时人们习惯将贵州称为黔南，故《黔南丛书》之中的“黔南”也有代表贵州之意，收集了贵州众多著名文人的著作；周鹤所辑的《黔南六家诗选》，选取了黔人杨文照、袁思韠、颜嗣徽、钱衡、洪杰、陶墫六人的诗歌，“然六人者同生长筑邑，旧日皆习姻娅友朋”②。之所以选择这六家诗而没有选贵州其他诗人作品是因为他们各有所宗，自成面目，独精所诣，故“黔南”一词也有贵州之意。

其二，从黔南官书局和贵州官书局所刊印的《四书三辨旁训》来看，更能说明黔南官书局就是贵州官书局。笔者将这两个版本的《四书三辨旁训》从贵州省图书馆古籍部借出来仔细做了对比，发现两个版本惊人的相似。

① 贵州地方志编纂委员会．贵州省志·出版志［M］．贵阳：贵州人民出版社，1996：7.

② 周鹤．黔南六家诗选自序［M］//刘显世，吴鼎昌，修．任可澄，杨恩元，纂．贵州通志·艺文志．黄永堂，点校．贵阳：贵州人民出版社，2003：863.

图 2-3　黔南官书局刻《四书三辨旁训》封面

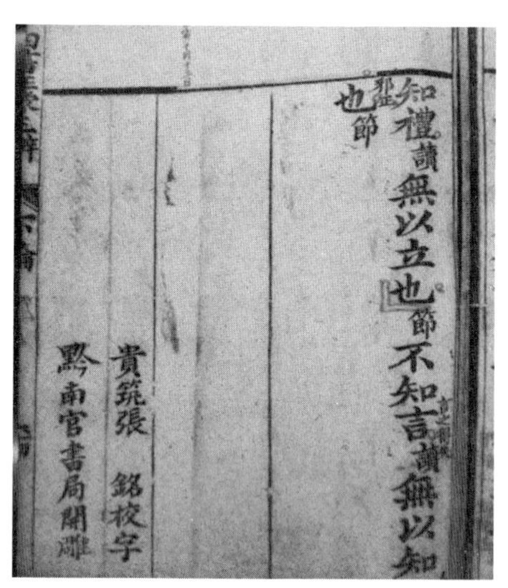

图 2-4　《四书三辨旁训》落款

图 2-3 所示的《四书三辨旁训》为黔南官书局所刻印，该书共 8 册，图中所展示的其中《下论》一册。此本的落款如（图 2-4）所示，为“贵筑张铭校字”“黔南官书局开雕”，封面有“胡绍铨题签”的字样。但这一套书的另外几册在落款上并不是“黔南官书局”，而是“黔省官书局”“贵阳官书局”“黔中官书局”的字样。同样，被认为是贵州官书局刻印的《四书三辨旁训》共有 7 册，如图 2-5 所示，封面处有“抚黔使者嵩刊行”，而在扉页上则有“光绪乙未秋重刊于黔南书局，版藏大文堂承印”的字样，说明该书是按照当时贵州巡抚嵩昆所刊本重刻，并以黔南书局之名代替严修所创办的官书局。此书的《中庸》册，由黄平的李怀瀛校字，独山李本仁校讹，黔省官书局开雕，如图 2-6 所示。又在《上孟下》这一册书中的落款为“贵筑张铭校字，黔南官书局开雕”，还有在《论语》册的落款为“贵筑张铭校字，刚源李本仁校勘，黔中官书局锓版”，落款同样也不是统一的刻书机构。

这两个版本《四书三辨旁训》唯一的区别在于：黔南官书局本有红色笔将书中具有标点符号的地方或阅读时需要停顿之处进行了标注，从标注的地方来看，只是便于记住在阅读之时应该在某处停顿而已，而贵州官书局刻本没有。更多的是相似之处：第一，两个刻本上皆有手写“罗登先本”字样。第二，两个本子的落款都不统一，“黔省官书局”“贵阳官书局”“黔中官书局”“黔南官书局”在两个本子中都有。第三，从书的内容上看，贵阳官书局刊本和黔南官书局刊本在正文旁的小字注释上也具有一致性。第四，从版式设计、用纸以及字体来看，两本书如出一辙，应出于同一出版机构的一套书。

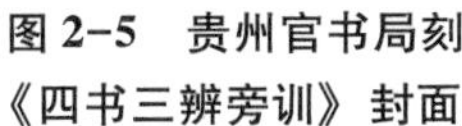

图 2–5　贵州官书局刻《四书三辨旁训》封面

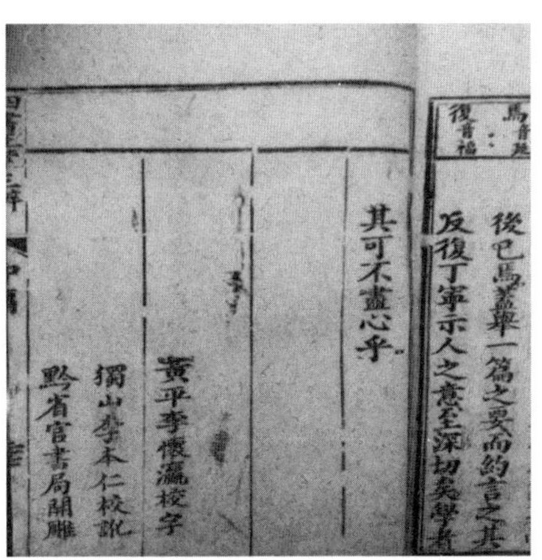

图 2–6《四书三辨旁训》落款

其三，从刊刻时间来看，黔南官书局和贵州官书局刊刻的时间基本是严修在贵州视学期间，即光绪二十一年（1895）至光绪二十三年（1897）之间。据陈琳所编《贵州省古籍联合目录》显示，黔南官书局共刻有 3 本书。1.《四书正蒙辨句兼附字辨疑字辨增旁训》，佚名辑，光绪二十一年（1895）贵阳黔南书局刻本，8 册，书名页题：《四书三辨旁训》，现存于贵州省图书馆；

2.《四书旁训》，《大学》1 卷，《中庸》1 卷，《孟子》4 卷，佚名辑，光绪二十一年（1895）黔南书局重刻本，现存于贵州师范大学图书馆；

3.《尔雅郭注正蒙》11 卷，（晋）郭璞注，（清）张镇校刊，光绪二十三年（1897）贵阳黔南书局刻本，4 册，现存于贵州省图书馆。

这 3 本书所刻时间皆为严修在贵州视学期间，与笔者所查阅的相关资料相符，至于《贵州省志・出版志》中所言，黔南书局于 1901 年所刊张镇所校的《四书旁训》，笔者至今未查到该本书。

人们之所以会把黔南官书局单独列出来，视为与贵州官书局、遵义官书局并列为独立的书局存在，究其原因，主要是人们忽略了“黔南”这一词的历史演变。其实，“黔南”一词，在古代并非指称贵州的一个州县，而是贵州的代名词，这已经得到了众多学者的认同。如王燕玉在《“黔”字所系的地望沿革》一文中考察了贵州与“黔”字的关系，并认为在历史上与“黔”字有关的地望，如战国时期的黔中地、秦代的黔中郡、唐代的黔州都督府、宋代的黔南路、清代的黔西府等，都是“贵州省简称黔、代称黔中和黔南的来源根据”①。田维华在《概论贵州省源于黔南路的历史沿革及思南宣慰司的由来》一文中具体考察了“黔南”是贵州的代名词的由来。唐代在四川彭水设立黔州都督府，称彭水以南的乌江中上游为“黔南”，并设置“黔南”50个羁縻州，以土人为官。至宋徽宗时代，崇宁二年（1103）提出“南开黔中”，即取缔黔南路上的50个羁縻州各自为政的局面。于大观元年（1107）田祐恭（田宗显第14代世孙）奉诏入朝领旨开置黔南路，平定泸南（今泸州）晏州夷之战后，建立起了方圆两千里的新区，并以集大成而贵、以合和为贵之意命名为贵州，这就是“黔南”为贵州代名词的历史由来。② 清代人们继续沿用“黔南”一词指代贵州，故在贵州众多历史文献书籍中，皆以“黔南”作为贵州的代名词，如《黔南丛书》《黔南职方纪略》《黔南识略》中的“黔南”皆为贵州之意。即便在官府刻书中所标注的刻书机构，也用“黔南”一词指代贵州，如（清）郑献甫的《愚一录》《四书翼注论文》有黔南节署刻本，（清）刚子良手抄的《刺字条例》有黔南抚蜀刻本。黔南官书局中的“黔南”一词，同样是指称贵州，而不是今天贵州的一个州县，因而黔南官书局便是贵州官书局的别称，才致使黔南官书局、贵州官书局、贵阳官书局、黔中官书局替换使用。今天的黔南州成立于1956年，在此之前，历史上并无将黔南作为一个州县而独立存在。

正是人们忽略了“黔南”一词的历史演变，误将黔南官书局中的“黔南”一词理解为今天贵州的一个州县，才致使黔南官书局得以独立地存在。如肖先治在《贵州的刻板书业》中就认为，严修不仅成立了贵州官书局，而且“督促各府、州、县办官书局，故此，遵义、安顺、黔南、黄平等，都曾办有官书局”。很明显，这里所说的“黔南”是作为贵州的一个州县出现的，因而该文接下来分别对贵州官书局、贵阳官书局、遵义官书局、黔南官书局

① 王燕玉．贵州史专题考［M］．贵阳：贵州人民出版社，1986：164.

② 张学立，肖远平．区域文化的互动与发展研究：以贵州为例［M］．贵阳：贵州民族出版社，2015：93-99.

的刻书分别罗列出来。至目前所搜集的资料来看，《贵州的版刻书业》一文是最早将黔南官书局作为一个独立存在的出版机构的文献资料。肖先治作为《贵州省志·出版志》编纂委员会主要成员，他的这一观点无疑也体现在《贵州省志·出版志》之中，尽管在该书中没有将贵州官书局和贵阳官书局分开而论，但仍将黔南官书局视为独立存在的州县书局，至今人们仍然沿用这一观点。如李素华在《贵州官书局述略》一文中就认为，严修除了创办贵州官书局外，还倡导各府县设立官书局，其中“黔南（官）书局雕版影响较大，而遵义官书局（又称遵义府官书局）以铅印本流传甚广，是贵州最早使用铅印技术的印刷厂”①。

通过对黔南官书局的考证，黔南官书局就是贵州官书局之别称。因此，黔南官书局所刻之书也属于贵州官书局所刊刻。

三、教育机构及其他官刻书

地方教育机构由于与教育活动密切相关，一些教育机关、书院、中学堂也刊刻书籍。这些机构多为政府创办，因此所刻书籍也纳入官刻书籍之中，且不乏精本存在，是官刻书中不可忽视的部分。雍正十一年（1733）后，贵州各地大力提倡办书院、建学堂，不少书院有刻书活动，例如，道光年间贵山书院所刊的《相台五经》堪称海内外精本，咸丰二年（1852）莫友芝于遵义湘川书院讲舍刊刻了《郘亭诗钞》，郑珍为其作序。尤其是在光绪年间，经过咸同时期贵州各族人民大起义之后，众多书院、学宫藏书被毁于兵燹，士子无书可读，于是教育行政机构及各学校、书院刊刻了不少书籍，现存晚清时期贵州教育机构所刊刻的书籍有：

《相台五经》，九十三卷，（魏）王弼等注，道光贵阳贵山书院刻本，28册，存于贵州省图书馆。子目：《周易》十卷，（魏）王弼注；《尚书》，十三卷（汉）孔安国注；《毛诗》二十卷、《礼记》二十卷，（汉）郑玄注；《春秋经传集解》，（晋）杜预注。

《字学举隅》，（清）黄虎痴原辑，龙启瑞等重订，宣统元年（1909）贵州学务公所石印本，1册，现存贵州师范大学图书馆。

---

① 李素华．贵州官书局述略［J］．兰台世界，2016（14）：152-154.

《劝学篇》二卷，（清）张之洞撰，光绪二十四年（1898）、二十七年（1901）贵州学署刻本，1册，现存贵州省图书馆。

《奏定学堂章程》，（清）张之洞等编，光绪二十九年（1903）贵州学务处铅印本，现存贵州省图书馆。

《光绪·毕节县志》，十卷卷首一卷，（清）陈昌言修、徐延燮纂，光绪五年（1879）毕节学宫刻本，8册，有图，贵州省图书馆、贵州师范大学图书馆、贵州省博物馆皆有所藏。

《光绪·黔西州志》，六卷，（清）白建鋆修，谌焕模纂，光绪十年（1884）黔西学署刻本，4册，有图，贵州省图书馆、贵州省博物馆、遵义市图书馆皆有所藏。

《女学》，六卷，（清）蓝鼎元撰，光绪三十年（1904）贵州仁怀厅中学堂刻本，2册，现存贵州省图书馆。

《山蚕讲义》六章，（清）余铣辑，宣统三年（1911）遵义艺徒学堂石印本，1册，现存贵州省图书馆、贵州省博物馆。

《周易戒问》，六卷，（清）文天骏撰，光绪十一年（1885）黔南文氏家塾刻本，6册，现存于贵州省图书馆、贵州师范大学图书馆。

《蚕桑白话》，（清）陈干材、徐谦山编，光绪三十一年（1905）贵州蚕桑学堂刻本，现存贵州省图书馆。

以上各条皆参照陈琳所编的《贵州省古籍联合目录》，皆为现存之书。在其他文献材料中也有显示晚清时期贵州教育机构所刻之书，如杨绳信《中国版刻综录》载，贵阳学署于光绪二十九年（1903）刊刻了赵惟熙所辑的《贵州校士录》①，《贵州省志·出版志》载光绪三十一年（1905）贵州蚕桑学堂还刊刻了《蚕桑白话》等书作为教材②，何明扬撰《贵州版史研究》载，贵州学署于光绪十五年（1889）重刻佚名编的《御虚阶功过格》③。可以看出，晚清时期贵州教育机构所刻之书还有不少散落于民间。就现存刻书而言，与府州县署刻书相比，教育机构因受限于资金而刻书相对较少，所刻书籍也是

① 杨绳信．中国版刻综录［M］．西安：陕西人民出版社，1987：192.

② 贵州省地方志编纂委员会．贵州省志·出版志［M］．贵阳：贵州人民出版社，1996：6.

③ 何明杨．贵州版史研究：贵州近现代史研究文集（三）［M］．贵阳：云岩印刷厂，1997：7.

一些篇幅较短的书籍。

晚清时期，贵州刻书机构繁多，但每个机构的印刷数量有限。除了所列举的机构外，还有一些具有官方性质的机构出版了一些书籍。如光绪十二年(1886)，贵州矿务总局为了鼓励商民积极投资贵州青溪铁厂，拟定了《贵州矿务札文》刊载于各报，向各界宣传筹建青溪铁厂的宗旨、经营管理措施以及今后的发展前景。① 又据陈琳的《贵州省古籍联合目录》记载，贵州善后局刻有曾国藩辑的《武备辑要》六卷，光绪二十七年（1901）刻本，贵州省图书馆存 1、2 卷；光绪三十三年（1907）贵阳通志局铅印（日）高田早苗撰，钱良骏译的《新译国家学原理》，1 册，存于贵州省图书馆。

第二节　私家刻书

私家刻书由来已久，两宋时期就已趋于发达，至明清时期达到极盛阶段。清代，私家刻书盛行，大多数著名文人都将自己的著作进行刊刻，以广泛流传。乾嘉时期，考据之风兴起，不少藏书家、校勘学家将自己所喜欢的前人作品刊刻公布于世。光绪年间，经过长达 10 年之久的太平天国运动后，众多图书毁于战火，又值西方列强入侵，日益没落的清政府既无财力也无闲暇时间大量刊刻图籍，为此，一些政府要员、饱学之士提倡私家刻书。张之洞《书目答问》云：

> 凡有力好事之人，若自揣德业学问不足过人，而欲求不朽者，莫如刊布古书一法。但刻书必须不惜重费，延聘通人，甄择秘籍，详校精雕，(刻书不择佳恶，书佳而不雠校，犹糜费也。）其书终古不废，则刻书之人终古不泯，如歙之鲍、吴之黄、南海之伍、金山之钱，可决其五百年中必不泯灭，岂不胜于自著书、自刻集者乎？（加入就此录中，随举一类，刻成丛书，即亦不恶。）且刻书者，传先哲之精蕴，启后学之困蒙，亦利济之先务，积善之雅淡也。②

① 何仁仲．贵州通史·清代的贵州：卷三［M］．北京：当代中国出版社，2003：590.

② 张之洞．书目答问［M］．上海：商务印书馆，1933：77-78.

张之洞的“劝人刻书说”对当时产生了较大影响，使私家刻书在此之后达到了极盛阶段，正如学者叶德辉所言，“文襄昌此言，故光绪以来，海内刻书之风几视乾嘉时几倍”①。由此可见，晚清时期私家刻书已风靡一时。在这样的大背景下，贵州不少学人和官宦也积极投到刻书行列之中，要么刊刻自己作品或前人经典著作，要么刊刻乡贤著述。然而，刻书不仅需要有“好事之人”，更要“不惜重费”，据《郘亭日记》所载刊刻《黔诗纪略》一事：同治九年（1870）六月初九日致信于唐炯，“鄂生四兄大人左右：承三月朔重安军次惠书，并《黔诗纪略》刻资五百两（苏州银号协同庆会兑九七平），于五月二十九至江宁舍祥第许……所来刻资，若在黔蜀，已宽然有余，而在东南，仅能就功之半，以数省皆开局刻书，而手民经乱消落，造就不及之故。所不足者，舍祥第及黎莼斋当任之。”② 由此可知，刊刻《黔诗纪略》一书的费用即便在贵州、四川之地也近五百两，而在南京等地刊刻则需千余两。刻书所需费用之大，对贵州文人来说难以承担，从而使其不少作品未刊而失传。即便如此，贵州文人克服种种困难，在亲戚、朋友及官宦的帮助下，也刊刻有不少书籍。现将当时贵州著名文人的私家刻书罗列如下。

一、郑珍家刻本

郑珍（1806—1864），字子尹，号柴翁，又号巢经巢主、子午山孩，晚号五尺道人，遵义人，清代朴学大师。郑珍一生著作颇丰，部分作品由自己刊刻流行于世，常有“望山堂刻”字样，故又称为望山堂刻本。望山堂是郑珍在遵义西乡所建住宅的楼名，于道光二十二年（1842）建成，请遵义郡守黄乐之为其命名。“望山，子之志也，名之定久也，数可违哉!”③ 故以望山堂命其名。其家刻本有：

《巢经巢经说》一卷，《巢经巢诗钞》九卷，两书皆为郑珍著，于咸丰二年（1852）家刻本。据凌惕安《郑子尹（珍）先生年谱》载，咸丰二年，“先生编次丙戌以后，壬子以前诗九卷，付子知同写以付梓”“同时刻者，尚

① 叶德辉．书林清话［M］．李庆西，标注．上海：复旦大学出版社，2008：8.

② 张剑．莫友芝年谱长编［M］．北京：中华书局，2008：513-514.

③ 郑珍．望山堂记［M］//郑珍．郑珍全集：第6册．黄万机，等点校．上海：上海古籍出版社，2012：502.

有《经说》一卷”①。又翁同书《巢经巢诗钞序》云：“子尹所造尤深，足称经诗祭酒，词坛老宿。今年刻其诗九卷，经说一卷，求序于余……咸丰二年，八月望日，常熟翁同书。”② 咸丰二年所刻的《巢经巢经说》和《巢经巢诗钞》都称其为望山堂刻本。

《说文逸字》二卷，郑珍著，咸丰八年（1858）望山堂刻本。《说文逸字》于咸丰八年正月脱稿，郑珍并为其作序，于当年秋刻成。孙殿起在《贩书偶记》中也载有郑珍《说文逸字》的版本情况，有咸丰戊午年望山堂精刊本。③

《播雅》（原名《遵义诗钞》），二十四卷，郑珍辑，咸丰三年（1853）由唐树义出资，郑知同写刻，称为望山堂刻本，莫友芝为其写序。

《母教录》，一卷，道光年间望山堂刻本，版毁于遵义民乱，后由赵恺重刻。赵恺在《母教录跋》中有记载：“《母教录》一书，望山堂原刻，黄白号之乱板毁于火。世平后，此书之流传者已如麟角凤啄，仅落人间，欲求一识，几不可得矣……忽于乡中人家获示秘藏，如睹景星庆云之快。”④ 赵恺见郑珍所著《母教录》一书在世间流传很少，难得一见，便重刻之。

郑珍由于受到资金短缺困扰，又加之其子郑知同在事业上无所成就，故家刻书不多，所著著作大多后来由邦人所刊刻，郑知同主要是负责收集、整理和校对的相关事宜。

二、独山莫氏家刻本

莫友芝（1811—1871），字子偲，自号郘亭，又号紫泉，贵州独山州人，家住兔场上街，遵义府教授莫与俦第五子，著名藏书家、小学家、目录版本学家、金石学家、书法家。友芝幼小读书草堂之后，有田、有池、有圃、有山、有伏溪，又与密竹相连，偶有清风徐来，在竹叶开阖间，隐约可见山影，

---

① 凌惕安．郑子尹（珍）先生年谱［M］．香港：崇文书店，1975：158.

② 郑珍．巢经巢诗钞序［M］//郑珍．郑珍全集：第6册．黄万机，等点校．上海：上海古籍出版社，2012：39-40.

③ 孙殿起．贩书偶记：卷四［M］．北京：中华书局，1959：82.

④ 郑珍．母教录［M］//郑珍．郑珍全集：第6册．黄万机，等点校．上海：上海古籍出版社，2012：632.

便以晋代诗人谢玄晖之“竹外山犹影”之诗句，向父亲莫与俦请以“影山”为草堂名，父亲笑而允之。① 故莫友芝读书、刻书、藏书之所皆以“影山草堂”为其名。莫友芝的刻书有：

《郘亭诗钞》，六卷，咸丰二年（1852）刻于遵义湘川讲舍，郑珍为其作序，刊出后莫友芝又送予翁同书作序，该序和黄统序一起补刊于同治五年版的《郘亭诗钞》中，这两种刻本皆存于贵州省图书馆。

《中庸集解》，二卷，（宋）石𡼖辑，道光二十九年（1849）刊。国家图书馆、上海图书馆均藏有莫友芝校刊的《中庸集解》，题曰：“道光己酉仲秋，莫氏影山草堂据宋卫正叔本校刊。”② 莫友芝也著有《校刊中庸集解序》，其云：“校既竣，同人趋付之梓，以广其传。因后举《辑略》所删，及删而《集编》引为《辑略》者，各注当条之下，欲使学者读一书而得二书之益云尔。”③ 该书全名为《十先生中庸集解》，2 册，贵州省图书馆、贵州师范大学图书馆皆有藏。

《张杨园先生集》，二十六卷，道光二十一年（1841）刊。莫友芝撰有《校刊张杨园先生全书序》：“道光己亥，以遵义郡乘之役，假书王氏，始得见朱刻全集本，念昔者思读之难，谋重梓，公同志。以白先君子，色喜曰：‘吾向欲雕《人谱》《呻吟语》等书，以其本易得，辄止。所拳拳杨园数十年矣！好雠之，亦以毕吾志。’辛丑冬末，雕竣，而先君子以初秋见背，逐不及一见，痛哉！”④ 在此还需说明，该书由莫友芝与郑珍一起刊刻，并著有《重刻杨园先生全书序》，其云：“余成童之年，舅氏云楼黎公令桐乡归，从受业，乃始见《杨园先生全集》，读而爱之……去年任纂辑郡志，多借人家旧藏书，因获先生《全集》。莫君友芝，同志友也，遂谋同节著书俸刻之。越二年，刻成。”⑤

① 莫友芝．影山草堂本末［M］//莫友芝．莫友芝诗文集：下册．张剑，陶文鹏，等编辑点校．北京：人民文学出版社，2013：654.

② 张剑：莫友芝年谱长编［M］．北京：中华书局，2008：105.

③ 莫友芝．莫友芝诗文集：下册［M］．张剑，陶文鹏，等编辑点校．北京：人民文学出版社，2013：558.

④ 莫友芝．校刊张杨园先生全书序［M］//莫友芝．莫友芝诗文集：下册．张剑，陶文鹏，等编辑点校．北京：人民文学出版社，2013：570.

⑤ 郑珍．郑珍全集：第 6 册［M］．黄万机，等点校．上海：上海古籍出版社，2012：459.

《唐写本说文解字木部笺异》，不分卷，同治三年（1864）刊。据《莫友芝年谱》载，同治三年四月，“《唐写本说文解字木部笺异》刊成，莫彝孙作《谨述》”①。其实，该书为曾国藩为莫友芝刊，严格意义上来讲是不能算莫氏刻本。该本存于贵州省图书馆、贵州省博物馆。

同治十年（1871）莫友芝去世后，生前所著著作大多还未刊刻，通过其次子莫绳孙的整理以及莫祥之（友芝九弟）、黎庶昌等人的帮助下，刊刻了莫友芝生前的大部分著作。光绪三年（1877）二月初七，莫绳孙在致黄彭年的信中云：

> 适有吴仲远兄转饷之便，寄上已刊之《黔诗纪略》《说文木部笺异》《诗钞》《遗诗》《宋元旧本书经眼录》各六部，《黔诗纪略》为吾乡文献之书……是书先君未定之稿，草草付雕，恐不免舛谬，尚祈正之。至先君《说经》者均未有成书，《文稿》则于甲寅之乱散失，今拾集残剩约得百首，尚未付刻。此外尚有《知见书目》一种，乃专纪刊版恶劣、时代，盖随时笺记于简明目录中者，侄另录为十六卷，因当时非有意撰述，体例间有出入，而东南人士以为目录家有关考证之书，家叔亦拟刊行，俟刻成再当寄上。②

从莫绳孙写给黄彭年的这封书信来看，在光绪三年已经刊刻了《黔诗纪略》《唐写本说文解字木部笺异》《郘亭诗钞》《郘亭遗诗》《宋元旧本书经眼录》等书。在此，有必要说明，《黔诗纪略》为同治十二年（1873）遵义唐氏梦砚斋金陵刻本，虽刻于同治十二年，但是至同治十三年（1874）十月始得印刷面世，送予黄氏之本为刷印之册，非莫绳孙刻。《郘亭诗钞》《唐写本说文解字木部笺异》也是莫友芝生前所刻，而《郘亭遗诗》《宋元旧本书经眼录》由莫绳孙分别刻成于光绪元年（1875）和光绪二年（1876）。台湾图书馆馆藏光绪元年（1875）十二月十五日莫绳孙与黎庶昌的信云：“月之初六乞假回宁度岁，先君《书录》稿再呈阅，因未及来扬，恐更稽迟，现已将刘唐诸君较处更正（现在《遗诗》已毕工），欲令人写样趁刻工付梓。合《附

① 张剑．莫友芝年谱长编［M］．北京：中华书局，2008：325.

② 张剑．莫友芝年谱长编［M］．北京：中华书局，2008：549.

录》共五卷，约计七万字上下。蒙姑丈允给刻资，若有便，祈赐寄也。”① 后光绪二年有刻成《宋元旧本书经眼录》的相关记载。在光绪三年，莫绳孙又刻成《郘亭遗文》和《贞定先生遗集》。至莫祥之死后，莫绳孙的生活益难，常忙于谋差之路，后来不得不靠卖家藏书籍过日子，莫友芝未刊著作便暂时搁浅，《知见传本书目》也是在宣统元年（1909）日本田中庆太郎刊印于北京。叶德辉称赞《知见传本书目》：“为目录家别开一蹊径，故在今日道丧文敝之世，读书者日见其少，好书者犹见其多，则数先生提倡之功为不小矣。”②

在莫氏家族中，莫祥芝于同治七年（1868）在金陵刊刻了郑珍的《轮舆私笺》，二卷附录一卷，贵州省图书馆、贵州师范大学图书馆皆存有该刻本；光绪元年（1875）刊刻了《毛诗要义》，二十卷卷首一卷，（宋）魏了翁撰，莫祥芝据宋本影刻，12册，贵州省图书馆、贵州大学图书馆、贵州师范大学图书馆皆有藏本。又光绪八年（1882），莫祥芝还刊有《乖岩先生集》，（宋）张咏撰，十二卷，附录一卷；同治年间，独山莫氏刊有莫与俦、莫友芝撰的《影山草堂六种》。③ 还有《国朝古文正的》，七卷，杨彝珍撰，光绪六年独山莫氏刊本，后有遵义宦懋庸的跋，藏于贵州省图书馆。又据黎庶昌《刻孙淮海先生督学文集序》云，道光、咸丰年间，莫友芝搜集乡贤孙应鳌著作时，收集了《易谭》四卷、《四书近语》六卷、《左粹题评》十二卷、《教秦绪言》一卷、《幽心瑶草》一卷、《孔学精舍诗稿》六卷，“光绪四年，子偲之第祥之汇刊为《文恭遗书》，别辑《杂文》一卷，附于其后，余皆不可复得”④。由此可知，莫祥芝还在光绪四年（1878）刊有明代贵州著名文人孙应鳌所著的《文恭遗书》。

三、遵义黎氏家刻本

黎庶昌（1837—1898），字莼斋，遵义人，著名散文家，与张裕钊、薛福

---

① 张剑．莫友芝年谱长编［M］．北京：中华书局，2008：549.

② 叶德辉．郘亭知见传本书目序［M］//叶德辉．叶德辉文集：上卷．印晓峰，点校．上海：华东师范大学出版社，2010：10.

③ 杨绳信．中国版刻综录［M］．西安：陕西人民出版社，1987：494.

④ 黎庶昌．拙尊园丛稿［M］//黎庶昌．黎庶昌全集：第1册．黎铎，龙先绪，点校．上海：上海古籍出版社，2015：59-60.

成、吴汝纶同为“曾门四弟子”。曾两次出使日本，其间搜采中土逸集，辑为《古逸丛书》，由个人出资刊刻，于光绪十年（1884）秋竣工，黎庶昌著有《刻古逸丛书序》一篇，其云：

> 古书之不亡，古人之精神自寄之，岂余所能增重。而独至搜辑之书，似若默以畀余者，固不敢不勉也。书凡二百卷，二十六种，刻随所获，概还其真，无复伦次。经始于壬午，告成于甲申，以其多古本逸编，遂命之曰《古逸丛书》，而别目叙条如左。①

该书在贵州省图书馆、贵州大学图书馆、贵州师范大学图书馆（存66卷）、贵州省博物馆（存56卷）、遵义市图书馆皆有藏本。除此之外，在出使日本期间，黎庶昌还刊刻了《黎氏家集》，共124卷，光绪十四至十五年（1888—1889）黎氏日本刻本。该书主要收录了黎氏家族的作品，也含有贵州莫庭芝、章永康等人的作品：黎安理《长山公自书年谱》一卷，《梦余笔谈》一卷；黎恂《蛉石斋诗钞》四卷；黎恺《石头山人遗稿》一卷；黎兆勋《侍雪堂诗钞》六卷，《葑烟亭词》四卷；黎庶焘《慕耕草堂诗钞》四卷，《琴洲词》二卷；黎庶蕃《椒园诗钞》七卷，《雪鸿词》二卷；黎庶昌《丁亥入都纪程》二卷；莫庭芝《青田山庐诗钞》二卷，《青田山庐词钞》一卷；郑珽《悦坳遗诗》一卷；章永康《瑟庐遗诗》一卷，附莫庭芝《黔诗纪略后编》；丈雪通醉《丈雪和尚语录》一卷。该书光绪十四年（1888）刻本，10册，存于贵州省博物馆、遵义市图书馆（为11册）；光绪十五年（1889）刻本，9册，存于贵州省图书馆。此外，在出使日本期间还刊刻了孙应鳌的《督学文集》，并著有《刻孙淮海先生督学文集序》，其《序》中有云：“今年夏，庶昌偶于日本友人中村正直家，获先生《督学文集》四卷，取以与《杂文》校，增多八十余篇，首末完备。虽不能复还《汇稿》旧观，庶几先生遗文粗具于是。乃举而刻之，将使吾黔人士由先生之书，以推知先生志业，讲明而昌大之，使圣学复明于时。”② 落款时间为光绪十五年，在黎庶昌第二次出使日本期间。

---

① 黎庶昌．拙尊园丛稿［M］//黎庶昌．黎庶昌全集：第1册．黎铎，龙先绪，点校．上海：上海古籍出版社，2015：246.

② 黎庶昌．拙尊园丛稿［M］//黎庶昌．黎庶昌全集：第1册．黎铎，龙先绪，点校．上海：上海古籍出版社，2015：60.

遵义黎氏还刻有《苏邻遗诗》，二卷，李鸿裔撰，光绪十四年（1888）黎氏日本刻本，1册，贵州省图书馆、贵州省博物馆皆有存；《息影山房诗钞》，四卷，黎兆祺撰，光绪九年（1883）日本刻本，3册，贵州省图书馆、贵州大学图书馆有存；《濂亭遗文》五卷，《遗诗》二卷，张裕钊撰，光绪二十一年（1895）遵义黎氏刻本，现贵州省图书馆、贵州师范大学图书馆皆有保藏。

四、遵义唐氏刻本

遵义唐氏是指唐树义、唐炯父子。唐树义（1793—1854），字子方，遵义人，嘉庆二十一年（1796）举人，官湖北布政使，咸丰四年（1854），与太平天国军战于金口，船破落水而亡，谥号威恪。其子唐炯（1829—1908），字鄂生，遵义人，道光己酉（1849）科举人，官至云南巡抚。家中有书房，取名“梦砚斋”，所刻书有的署有“梦砚斋”字样。旧时贵阳流传着这样一种俗语，“华家的银子，唐家的顶子，高家的谷子”，这里的“唐家的顶子”指的就是唐树义唐炯家族做官的人多。唐氏父子属于官宦之家，经济条件较好，用张之洞之语，又属于“好事之人”，因此“不惜重费”刊刻了自己的著作以及不少乡贤的作品，尤其是郑珍的著述。其刊刻本主要有：

《黔诗纪略》，三十三卷，唐树义、黎兆勋辑，莫友芝传证，同治十二年（1873）遵义唐氏梦砚斋金陵刻本，8册，贵州省图书馆、贵州大学图书馆、贵州师范大学图书馆、贵州省博物馆、遵义市图书馆皆有藏本。

《礼仪私笺》，八卷，郑珍著，同治五年（1866），唐炯刻于四川。

《郑学录》，四卷，初名为《康成传注、年谱、书目、弟子目》，郑珍著，书稿成于咸丰九年（1859），后经黄彭年补充定稿，更名为《郑学录》，由唐炯出资，于同治五年（1866）刊刻于四川绥定。此版本由郑知同参与校刻，后将书版带至遵义，至今仍存于遵义图书馆。郑知同《郑学录·跋》：“己未之春，离侍馆贵阳，逮秋还山，则先君子书成。收而读之，首传注，次书目、弟子目，而终之以年谱焉，夫然后家康成公文行历历如指掌。中间遭乱，未克付劂氏。甲子秋先君子即逝。逾年，知同挟诸遗稿走谒唐鄂生先生绥定。先生一见兹录，首欲梓行，公诸同好，逐令述先君子作书意指。”①

① 郑珍．郑珍全集：第6册［M］．黄万机，等点校．上海：上海古籍出版社，2012：558.

《梦砚斋遗稿》，八卷，唐树义撰，同治四年（1865）唐炯刻于四川绥定，附王柏心等撰《昭忠录》一卷，贵州省图书馆、贵州省博物馆、贵州师范大学图书馆（残）均有藏本。

《成山庐稿》，八卷，唐炯撰，光绪五年（1879）自刻本，贵州省图书馆、贵州省博物馆皆有藏本。

《成山老人自撰年谱》，六卷4册，唐炯撰，宣统二年（1910），现遵义市图书馆有馆藏。在卷一前有自序，其云："丙戌夏，余系部狱已更，再冬罪，且不测。徇儿辈，请粗述平生艰难险阻情状。今年夏，病重复取而删节整理，写为六卷，藏于家，以示子孙。若夫怀挟恩怨、虚构事迹、颠倒是非自信无有，而其时之得失，籍可考见，他日史氏不无取焉。光绪三十年冬十月成山老人唐炯自题。从自序不难看出，《成山老人自撰年谱》成书于光绪三十年（1904），然而书后有其独子唐尔镛宣统二年（1910）'识'。"（《成山老人自撰年谱》）

又黄彭年《重刻弟子职集解后序》云，"曩客西蜀，曾辑《弟子职考证》一卷毕，今抚军唐炯公刻于权绥定守时"（《陶楼文钞：卷九》），从而可知唐炯在四川绥定时还刻有《弟子职考证》，然此书是否现存不可知。

五、贵阳高氏刻本

贵阳高氏主要是指高培谷（1836—1896），字怡楼，贵筑县（贵阳市原附属县，1958年撤销）人，高以庄子，官至资州知府。其祖父高廷瑶，乾隆五十一年（1786）举人，官至广州知府，人称"广州公"，回贵阳之后广置田产，故有"高家的谷子"之说。伯父高以廉，字心泉，号风樵，"叙功累保至分省补用道，加布政使衔"，平生好施予，不足称信以成之，"友爱至笃，为怡怡楼以居，克称其名"①。心泉、秀东兄弟与当时郑珍、莫友芝、黄彭年皆友善，并这三大文人对怡怡楼都有所描述。如郑珍《怡怡楼记》云："高心泉、秀东兄弟家贵筑学宫之前，宅后有楼名怡怡焉。庳而洁，佚而通，明致

① 黎庶昌．拙尊园丛稿［M］//黎庶昌．黎庶昌全集：第1册．黎铎，龙先绪，点校．上海：上海古籍出版社，2015：191.

而不华。上刊图集，可卧可繙，可坐玩。”① 其刊刻书籍有：

《怡怡楼遗稿》，不分卷，高以庄著，光绪元年（1875）刻，存于首都图书馆。

《巢经巢后集》，六卷，郑珍著，光绪二十年（1894），贵阳高氏刻于四川资州官廨，有黎庶昌序，存于贵州省图书馆。

《凫氏为钟图说》，一卷，郑珍著，光绪十九年（1893）高培谷刻于四川资州，贵州省图书馆、贵州省博物馆、贵州师范大学图书馆皆有藏。

《巢经巢遗文》，五卷，郑珍著，光绪二十年（1894）高培谷刻于资州官廨，贵州省图书馆、贵州省博物馆均有藏。

《巢经巢诗钞后集》，四卷，郑珍著，有黎汝谦《巢经巢诗钞后集引》一篇。该集所收录之诗为咸丰壬子年（1852）以后迄郑珍之殁（1864）十三年间的诗，共为两册。郑知同将遗稿带入军中不慎遗失一册。在光绪庚寅年（1890），黎汝谦于贵阳陈夔龙处所见其钞本，因当时黎汝谦去日本留学，故没有及时刊印。到光绪癸巳年（1893）从日本返回，才从陈夔龙处获得钞本准备付梓。然该本因前后年岁颠倒而不可读，于是黎汝谦重新按照编年编订，共四卷。从黎庶昌处所知，贵阳高氏（高培谷）在四川资州正在刻郑珍文集，因此将此寄往高氏一并刻之。②

《蕉心阁词》，周继熙撰，光绪二十六年（1900）贵筑高氏成都刻本，1册，现存于贵州省图书馆。

六、贵阳陈氏刻书

陈田（1850—1922），字崧山，贵阳人，著名学者、藏书家，代表作主要是《明诗纪事》二百余卷。好藏书，其藏书楼为“听诗斋”，所刻书故有“听诗斋”字样。其弟陈矩（1851—1939），字衡山，贵筑人，清末著名诗人，曾随遵义黎庶昌出使日本，从日本回来后因平定叛乱有功得荐知县，后任成都知府。1913年回贵阳后任国学讲习所长、贵州通志局编纂。一生喜欢刻书，

---

① 郑珍．郑珍全集：第6册［M］．黄万机，等点校．上海：上海古籍出版社，2012：513-514.

② 郑珍．郑珍全集：第6册［M］．黄万机，等点校．上海：上海古籍出版社，2012：383-384.

刻有灵峰草堂丛书行于世。陈氏所刻书有：

《明诗纪事》，二百零七卷，陈田辑，光绪二十三年至宣统三年（1897—1911）陈氏听诗斋刻，38 册，存于贵州省图书馆。

《中说》，十卷，（隋）王通撰、（宋）阮逸注，光绪十六年（1890）贵阳陈矩据宋本影刻，贵州省图书馆、贵州师范大学图书馆均收藏。

《洪度集》，（唐）薛涛撰，光绪三十二年（1906）陈矩校刻本，1 册，贵州省博物馆藏。

《灵峰草堂集》，四卷，陈矩辑，光绪十九年（1893）刻本，3 册，贵州省图书馆藏。

《翰林学士集》，一卷，（唐）许敬宗辑，光绪十九年（1893）贵阳陈氏刻，国家图书馆藏。

《二李唱和集》，（宋）李昉、李至撰，光绪十五年（1889）贵阳陈矩日本仿宋刻本，1 册，贵州省图书馆、贵州民族大学图书馆皆有藏。

《凫氏为钟图说补义》，郑珍撰，陈矩补义，光绪二十九年（1903）成都刻本，附《天全石录》陈矩著，灵峰草堂丛书，贵州省图书馆、贵州师范大学图书馆均收藏。

《孟子外书补注》，四卷，陈矩补注，光绪二十四年（1898）刻本，灵峰草堂丛书，贵州省图书馆收藏。

《孟子弟子考补正》，一卷，陈矩补正，光绪二十四年（1898）刻本，灵峰草堂丛书，贵州省图书馆收藏。

七、贵阳颜嗣徽家刻本

颜嗣徽（1835—1902），字义宣，号望眉，贵筑人。幼勤于学，经史子集无不潜心研读，同治九年（1870）解元，历任广西阳朔、苍梧、迁江知县，后任归顺直隶州（治今广西靖西县新靖镇）知州。曾刻印如下书籍：

《望眉山草堂全集》，十一卷，计诗八卷、文三卷，颜嗣徽著，光绪十九年（1893）刻于贵阳文蔚堂，扉页有贵阳赵以炯题识的“望眉草堂全集”，贵州省图书馆收藏。

《望眉山草堂文集》，八卷，颜嗣徽著，陈文锦评点，光绪四年（1878）文蔚堂刻本，贵州省图书馆、贵州省博物馆均有收藏。

《望眉草堂诗集》，六卷，颜嗣徽著，钱衡评点，光绪六年（1880）刻本，贵州大学图书馆、贵州民族学院图书馆均有收藏。

《望眉山人自订年谱》，一卷，颜嗣徽著，光绪十九年（1893）刊，附于《望眉草堂全集》内。

八、遵义华氏刻本

遵义华氏是指华联辉家族。华联辉（1832—1885），字圣坞，既崇儒学，又贾以盐业，成为贵州巨富，以“人者万物皆备于我，上当博施济众，充满乎仁圣立达之量，次亦宜存心利物，求有济于世，庶几吾儒性善之旨”① 的信念，刊刻图籍分发乡里朋好。据《续遵义府志·人物志》载，华联辉“刻《课子随笔录》以教乡里子弟，又刻《六事真言》广饷朋好”。因赠送书籍较多，刊刻又不便，他曾派同乡一人去上海学先进印刷技术，但所派之人出于私心，到上海之后不学印刷而去学修钟表，竟不返黔，试图大规模刻书之志未能实现便去世。其子华之鸿（1871—1934），字延仪，继承先父敬恭桑梓之遗志，不惜斥巨资于1909年创办了贵州第一家具有现代印刷技术的贵阳文通书局。关于文通书局的刻书，在后面坊刻中将进一步说明。遵义华氏刻有：

《樗茧谱》一卷，郑珍撰，莫友芝注，光绪七年（1881）遵义华氏泸州刊本，贵州省图书馆、贵州省博物馆、遵义市图书馆皆有藏。

《六事箴言》，叶玉屏辑，光绪三十三年（1907）遵义华氏铅印本，1册，存于贵州省图书馆。

《五朝名臣言行录》，（宋）朱熹等纂，光绪二十九年（1903）播州华氏刻本，12册，现存于遵义市图书馆。

《宋名臣言行录》七十五卷（《前集》十卷、《后集》十四卷，（宋）朱熹辑；《续集》八卷、《别集》二十六卷、《外集》十七卷，（宋）李幼武撰），光绪二十九年（1903）播州华氏刻本，12册，贵州省图书馆、贵州大学图书馆、贵州师范大学图书馆、遵义市图书馆皆有藏本。

以上各家刻本只是当时贵州家刻本中较为出名，刻书也影响相对较大之

---

① 黎庶昌．拙尊园丛稿·特用知府华君墓志铭［M］//黎庶昌．黎庶昌全集：第1册．黎铎，龙先绪，点校．上海：上海古籍出版社，2015：85.

几家，并所列刻书大多为现有保藏之本，因此这只是晚清时期贵州家刻本之部分而已，还有不少贵州文人和官宦以及绅商也刊刻有不少书籍。如郑珍学生胡长新（1819—1885），字铭三，莫友芝又字之曰子何，胡秉均子，贵州黎平人，道光丙午年，1835 年科举人，发江苏知县，以母老之由改为教职，任贵阳府教授，后掌管黎阳书院，刻有《三忠合编》，六卷，何莹庵等编，胡长新等辑，咸丰四年至同治二年（1854—1863）刻本，胡长新作有序，该书现存于贵州省图书馆、贵州大学图书馆。又据莫庭芝《清故奉直大夫铜仁府教授推升翰林院典簿胡郡墓志铭》载，胡长新"所刻《儒门法语》《育英源》《文庙祀位》《昌峰论古录》《上里诗系》《育婴语》《医法征验录》《验方》等书，皆有裨于人心世道"，又以黎平山多田少，适于养蚕，"刻有《放养山蚕法》并《蚕桑保养》各一卷"①，可见胡长新所刻之书不少。贵阳戴光远于道光二十八年（1848）刻《四书说约》，三十三卷，（明）鹿善继撰，4 册线装，前有"范阳鹿善继伯顺补著，（男）化麟仁卿补，（胥）宋从龙云卿补订"，后有"戴光远自堂书"等字样，（《四书说约》）现存于贵州师范大学图书馆。遵义蹇氏于同治十年（1871）刻有《四种遗规约钞》，陈宏谋编，4 册，现存于贵州省图书馆。

晚清时期贵州的私家刻书远不止目前我们所见之书，由于年代久远，不少刻书或散失殆尽，或至今未发现其本。据光绪《黎平府志·艺文志》载，除了胡长新刊有《三忠合编》外，当时黎平还刻有如下书目：

《孝经》一卷，光绪元年郡人左大用重刻，板存左大用家，彭应珠有序。

《历代纪元汇考》一卷，万斯同原编，同治十一年袁开第重刻，板存胡生同家。

《儒门法语》一卷，常州彭定求原编，同治九年郡人捐资重刻，板存黎阳书院。

《昌峰论古录》十六卷，孙丙章原辑，光绪十年邓在镛重刻，板存黎阳书院。

《佩文广韵汇编》二卷，句容李元祺原辑，光绪四年重刻，板存胡生

---

① 黎庶昌．全黔国故颂·儒林传［M］//黎庶昌．黎庶昌全集：第 3 册．黎铎，龙先绪，点校．上海：上海古籍出版社，2015：2041.

同家。

《梦庐诗钞》四卷，靖州蒋尚梓著，同治二年郡人姜吉瑞刊，板存吉瑞家。

《双桂轩唱合集》一卷，袁开第集，同治十二年刊，板存胡生同家。

《澹虚轩唱和集》一卷，袁开第辑，光绪四年刊，板存胡生同家。

从所列黎平府刊刻的书籍来看，有不少刻书板片存于黎阳书院或胡生同家，这里面就有很大一部分为胡长新所刻，胡长新晚年主讲黎阳书院，他所刻之书得到他儿子胡生同的大力支持及学生彭应珠的帮助，故所列之书与莫祥芝所撰《墓志铭》中部分重合。所载刻本，现已无从查找，但由此也可见贵州晚清时期私家刻书之一斑。

第三节　坊刻书

坊刻是刻书系统中的重要一类，或翻刻前人著作，或刊刻自己所编纂书籍，将所刻之书销售于市场，是书籍流通的重要渠道。刘国钧在《中国古代书籍史话》中认为，坊刻书籍是我国最早的印本，唐代刊本都是坊刻，五代时仍以坊刻为主，“宋以后虽然官刻本和家刻本不断增加，但就书籍的总生产量看，坊刻本的比重很大，只因缺乏详细记载，提不出确实统计数据而已”①。坊刻虽然出现较早，但对落后的贵州来说，坊刻出现较晚，直到晚清时期在市场经济的催生下才真正地繁荣起来，成为当时文化传播的中坚力量。但由于缺乏详细的历史记载，具体有多少坊刻，以及出版多少书籍已经无法得知，只能通过历史文献中的零星材料加以考察。

晚清时期贵州的刻坊主要是以“堂”进行命名，如“某某堂”，它们既刻书，也销售书，甚至有些还自己编纂书，如现代人们所说的集编辑、出版、发行为一体的出版机构，但在当时的贵州这种集编辑、出版、发行于一体的出版机构很少。书坊刻书范围较广，品种杂，主要有诸如历书、年画、戏曲唱本之类的民间用书，也有蒙童读物、科举考试用书以及课艺试贴，还有一

① 刘国均．中国古代书籍史话［M］．北京：中华书局，1962：101.

些资金雄厚的书仿刊刻正史类书籍。

一、家荫堂刻本

家荫堂由贵阳青岩人周际华创办于道光年间，刊印蒙童读物、古籍经典对外销售，也刻印本人著述。周际华，乾隆三十七年（1772）出生于贵阳，字石藩，开泰县（今锦屏县）教谕周奎之子，嘉庆辛酉年（1801）进士，以内阁中书用，然以家母病为由，改为教职，先后任遵义府、都匀府教授，道光二十六年（1846）卒，终年74岁。有子六人，其中周琐、周颚、周灏皆为进士。家荫堂刊刻的书籍有：

《学庸指掌》，三卷，王瑞堂撰，周际华增订，道光年间家荫堂刻本，共3册，现存于贵州大学图书馆。

《二十二史感应录》，二卷，彭希涑辑，清末家荫堂刻本，1册，现存于贵州省图书馆。

《从政录》，一卷，周际华撰，咸丰八年（1858）家荫堂刻本，1册，现存于贵州省图书馆。

《共城从政录》，一卷，附《莘原从政录》一卷，周际华撰，道光十九年（1839）家荫堂刻本，现存于贵州省图书馆。

《海陵从政录》，一卷，周际华撰，道光十九年（1839）家荫堂刻本，现存于贵州省图书馆。

《省心录》，周际华撰，道光十八年（1838）家荫堂刻本，1册，现存于遵义市图书馆。

《家荫堂省心录》，一卷，周际华撰，道光十九年（1839）家荫堂刻本，现存于贵州省图书馆。

《感深知己录》，一卷，周际华撰，道光十九年（1839）家荫堂刻本，现存于贵州省图书馆；《感深知己录》一卷、《尺牍》一卷、《诗集》十八卷、《渭川剳存》一卷、周际华撰，清咸丰八年（1858）家荫堂刻本，1册，现存于贵州省图书馆。

《六事箴言》，叶玉屏辑，附王孚尹辑《续录》，道光年间家荫堂刻本，2册，现存于贵州省图书馆。

《风檐世草》，周灏辑，咸丰八年（1858）家荫堂刻本，1册，现存于贵州师范大学图书馆。

《一瞬录》，周际华撰，道光十九年（1839）家荫堂刻本，2册，现存于贵州省图书馆。

《家荫堂诗钞》，周际华撰，道光十九年（1839）家荫堂刻本，2册，现存于贵州省图书馆。

又据《贩书偶记》载，《大学指掌》一卷、《中庸指掌》二卷，甘泉汪氏撰，周际华增订，道光辛丑年（1841）家荫堂刻本。① 《中庸指掌》今在贵州也有保存本，1册，存于贵州师范大学图书馆。

家荫堂在道光十九年（1839）还刊刻了《家荫堂汇刻》，周际华撰，存4册，包括《海陵从政录》一卷、《省心录》一卷、《感深知己录》一卷、《一瞬录》一卷、《家荫堂尺牍》一卷、《家言》一卷。肖先治的《贵州的版刻书业》中将家荫堂列入坊刻之列，认为“对外售书，也刻印本人著述”②，虽然看似更像家刻本，但对外售书来讲，列入坊刻就理所当然。在黎庶昌拙尊园藏书中，也藏有家荫堂所刻的7册书。③

二、熊大盛堂

熊大盛堂是由熊延杰在道光年间在贵阳黑羊箐（今大十字百货大楼北面）开设的书铺，刻印古板书籍，如《四书五经》《大题文府》《声律启蒙》之类，并曾撰写《四易经》刻印发行，其子熊晴岚、孙熊幼难继承开设书店，书铺一直坚持到民国时期。④ 熊大盛堂所刊刻之书除了以上所提及的书籍之外，还刊刻了以下一些书籍：

《尚书离句》，六卷，钱在培辑解，道光十六年（1836）熊大盛堂刻本，3册，现存于贵州省图书馆。

《史记菁华录》，六卷，姚苧田辑，道光十三年（1833）贵阳熊大盛堂刻本，4册，贵州省图书馆、贵州师范大学图书馆皆有藏本。

---

① 孙殿起．贩书偶记［M］．北京：中华书局，1959：50.

② 肖先治，何明扬．贵州的版刻书业［J］．贵州文史丛刊，1994（5）：29-33.

③ 黎庶昌．拙尊园书目［M］//黎庶昌．黎庶昌全集：第8册．黎铎，龙先绪，点校．上海：上海古籍出版社，2015：5372.

④ 肖先治．贵州的版刻书业［J］．贵州文史丛刊，1994（5）：29-33.

《四书正蒙》，十九卷，（宋）朱熹集注，道光八年（1828）贵阳熊大盛堂刻本，8 册，现存于贵州省图书馆。

《东莱博议》，四卷，（宋）吕祖谦撰，清末贵阳熊大盛堂刻本，存 1 册（第一卷），现存于贵州师范大学图书馆。

《诗经精义汇钞》，四卷卷首一卷，陆锡璞汇钞，道光二十年（1840）贵州熊大盛堂刻本，6 册，现存于遵义市图书馆。

《钦定春秋左传读本》，三十卷，英和等撰，贺长龄辑评，道光二十五年（1845）贵阳熊大盛堂刻本，16 册，贵州省图书馆、贵州大学图书馆皆有保藏。

《增补天文纪略》，熊延杰辑，光绪二十四年（1898）贵州熊大盛堂刻本，现存于贵州师范大学图书馆。

《宋叶文康公礼经会元》，四卷，（宋）叶时撰，（清）许元淮节本，道光二十年（1840）熊大盛堂刻本，4 册，现存于贵州省图书馆。

《孝经旁训》，孙传征撰，咸丰十一年（1861）贵阳熊大盛堂刻本，1 册，现存于贵州省图书馆。

《小学注钞》，六卷，（宋）朱熹撰，清末贵州熊大盛堂刻本，4 册，现存于贵州省图书馆。

《春秋公羊传摘抄》一卷，《春秋谷梁传摘抄》一卷，合 1 册，（清）贺长龄评选，道光二十六年（1946）黔省熊大盛堂刻本，现存于湖南省图书馆。①

以上列举各书皆为保藏至今的刻本，贵阳熊大盛堂所刊刻的图书远不止这些，如据《中国古籍总目·集部》记载，有《三娘教子》二卷，清黔省熊大盛堂玉记刻本；《柳荫记》八卷，清末熊大盛堂玉记刻本；《谋财伤命》，清末民初黔省熊大盛堂刻本；《双上坟》六卷，黔省熊大盛堂玉记刻本，四本书皆现存于国家图书馆。②

三、黔省大文堂刻本

关于黔省大文堂的基本情况，如由何人所创、开设时间及地点都无史料

---

① 湖南图书馆. 湖南图书馆古籍线装书目录·经部［M］. 北京：线装书局，2007：97.

② 中国古籍总目编纂委员会. 中国古籍总目·集部：第 7 册［M］. 北京：中华书局，2012：3753，3590，3591.

记载，然而大文堂所刊刻的书至今仍有保存，有的还在市场上进行拍卖。据陈琳《贵州省古籍联合目录》载，黔省大文堂刻有如下图书：

《春秋经传集解》，三十卷，附《春秋年表》一卷，《春秋名号归一图》二卷，（晋）杜预集解，（唐）陆德明音义，清末黔垣大文堂刻皮纸印本，8册，现存于贵州师范大学图书馆。

《左传句解汇：评点春秋纲目》，六卷，韩菼撰，清光绪八年（1882）黔省大文堂刻本，6册，现存于贵州省图书馆。

《吕新吾先生社学要略》，（明）吕坤撰，清末贵阳大文堂刻本，1册，现存于贵州省图书馆。

《龙文鞭影》，二卷，（明）萧良友撰，光绪八年（1882）黔省大文堂刻本，2册，现存于贵州省博物馆。

《唐诗三百首》，六卷，蘅塘退士编，光绪十一年（1885）黔省大文堂刻朱墨套印本，4册，现存于贵州省图书馆。

在“孔夫子旧书网”上，有《三千字文音义》拍卖，在该书的封面上有“光绪癸卯夏月新锲”“黔省张大文堂藏版”等字样。又有《绘像增广贤文》，封面上署有“光绪甲辰仲冬新锓”“黔省张大文藏版”，书后落款为“光绪甲辰清仲月晴岚氏手书”。由此不难看出，黔省大文堂与熊大盛堂两家书坊之间相互来往，所刊刻之书有部分至今仍散落于民间。

四、贵阳文通书局

贵阳文通书局由华之鸿创办，其名以“文以载道，通达心灵”之意而得之，是贵州第一家民营出版机构，于光绪三十四年（1908）创办。华之鸿选派遵义官书局的田庆霖从日本购买了先进的铅印、石印印刷设备，水运至重庆之后，通过人抬马驮的方式运到贵阳，并于宣统三年（1911）正式投产印刷，“为贵阳有现代方法经营印刷所之嚆矢”①。虽然贵阳文通书局的出版活动主要是在民国时期，但在铅印印刷正式投产之前，“仍以印制雕版刻字的《菜根谭》《六事箴言》等书，供应市场销售”②，正式投产后印刷的第一部书

① 张肖梅．贵州经济·贵州印刷业之发展过程［J］//贵州出版史料：第3期，内刊，1988.

② 何长风．贵阳文通书局［M］．贵阳：贵州教育出版社，2003：30.

籍便是郑珍的《播雅》，二十四卷，8 册 564 页，宣统三年铅印本，贵州省图书馆、贵州省档案馆、贵州师范大学图书馆、遵义市图书馆皆有藏本；《庄谐》一卷，仲民撰，宣统三年铅印本，存处不详；《四书正蒙辨句兼附字辨疑字辨增旁训》佚名辑，清末贵阳文通书局铅印本，2 册，现存于贵州师范大学图书馆；《史记菁华录》六卷，姚苎田辑，清末贵阳文通书局铅印本，存 1 册，现存于贵州省图书馆、贵州大学图书馆；《赵注孙子》四卷，（春秋）孙武撰，（清）赵虚舟注，清末贵阳文通书局铅印本，2 册，现存于贵州省图书馆；《古文观止》十二卷，吴乘权、吴大职选，清末贵阳文通书局铅印本，4 册，现存于贵州大学图书馆、贵州师范大学图书馆（存卷 5—6、9—10）。① 由于贵阳文通书局所刊印的书有很多未署名刊印时间，只在书页旁注有文通书局印的字样，因此，它在清末时期刊印的书籍数量已经很难确定了。

五、遵义坊刻

遵义不仅是贵州的交通要地，更是贵州的文化重镇。东汉时期，正安尹珍学于许慎，学成后以经义教于乡里，成为贵州教育之拓荒者。到了清代道光年间，莫与俦改职为遵义府教授，培养了一大批文人志士，更有如郑珍、莫友芝等全国著名的大家。至晚清时期，遵义文化教育达到了前所未有的程度。随着文化教育的快速发展，各种图书的市场需求日益加大，官刻、私刻书籍远不能满足社会需求，从而坊刻开始兴盛。据《遵义地区志·文化志·文学艺术志》介绍，晚清时期遵义地区的坊刻规模较大的有 4 家，其中以天生堂书坊为首，刊印的主要读物有四书五经《大学》《中庸》《论语》《孟子》《诗》《书》《礼》《易》《春秋》和《灶王经》《六字真经》《皇经》《桃园明圣经》等。② 诚然，在当时的坊刻书中，为了满足文化市场之需求，主要以四书五经为主，兼及一些唱本、劝善之书。然而，这一说法也过于笼统，难以体现晚清时期遵义地区刻坊面貌。笔者在收集材料过程中，得到遵义史志专家李连昌老师的帮助，他将其收藏的遵义晚清时期坊刻书籍任余翻阅，其中涉及天生堂、文兴堂、有余堂、名扬堂、富文堂、文明堂、如乐堂、义诚

---

① 陈琳. 贵州省古籍联合目录［M］. 贵阳：贵州人民出版社，2007.

② 遵义市地方志编纂委员会. 遵义地区志·文化志·文学艺术志［M］. 贵阳：贵州人民出版社，2004：153.

堂等10来家刻坊。它们不仅售书，也刊刻一些蒙童读物、通俗唱本等之类书籍。

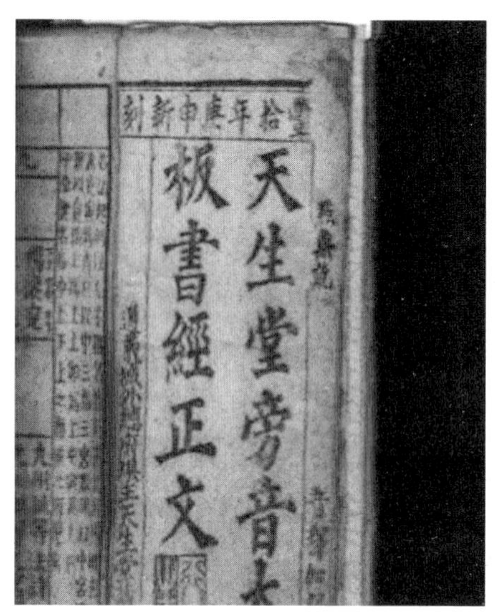

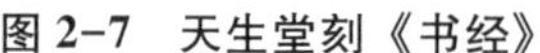
图2-7 天生堂刻《书经》

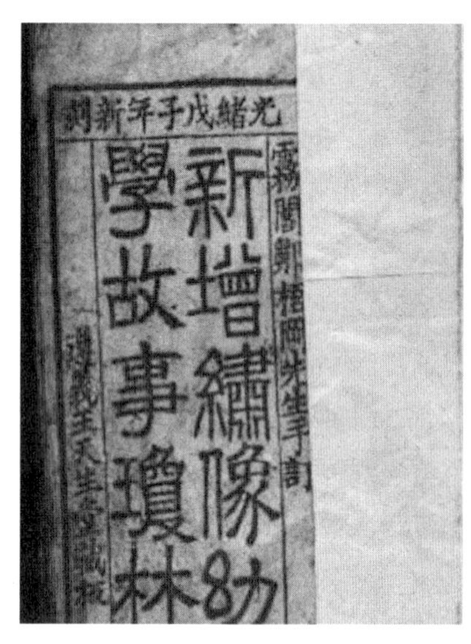

图2-8 天生堂刻《幼学琼林》

1. 天生堂

天生堂是王天生在遵义城外总府坝（今河滨公园对面）开设的书坊，主要以木刻刻印四书五经、千字文等蒙童读物，以及一些通俗小说如《琵琶记》《蟒蛇记》，是文人墨客常去之所。当地文化名人郑珍与该书铺还有一段故事。遵义知府平翰聘郑珍、莫友芝纂修《遵义府志》，其雕版、印刷、发售，皆由天生堂等书铺经办，因此铺主王天生非常敬重郑珍，他有时间也常去该书铺。郑珍到书铺后就用书铺里面的纸笔练习写字，写完之后就丢进废纸篓，由铺内小伙计收走烧掉。郑珍去世后，世人将他的书法作品视如珍宝珍藏，而该书铺对郑珍的作品片纸未留，后悔莫及。① 根据笔者搜集，天生堂书铺所刻之书现存的有：咸丰十年（1866）刻有《书经》，光绪戊子年（1888）刻有《幼学琼林》，如图2-7、图2-8所示。又据《中国古籍总目·集部》载，遵义天生堂还刻有《绣像二度梅》，四卷，四十四回，清惜阴堂主人撰，现存于

① 唐斌．遵义掌故1［M］．遵义：遵义市政协宣教文卫委员会，1999：83.

戏剧研究院。①

2. 文兴堂

文兴堂的具体信息，贵州史料很少记载。据笔者所搜集的文兴堂刻书所知，该坊刻的主人为周文兴，该堂设在遵义城外总府坝，刻有：《周易离句旁训解》三卷，首页有“高明鉴之，货真价实”之字样；《诗经》，在每卷卷首皆著有周文兴的字样，如“周文兴堂校本诗经大雅卷六”，并书后也标注“周文兴堂校本”；《增订易经旁训》，书后落款有周文兴堂字样。如图 2-9、图 2-10 所示。

图 2-9　文兴堂刻《周易离句旁训解》

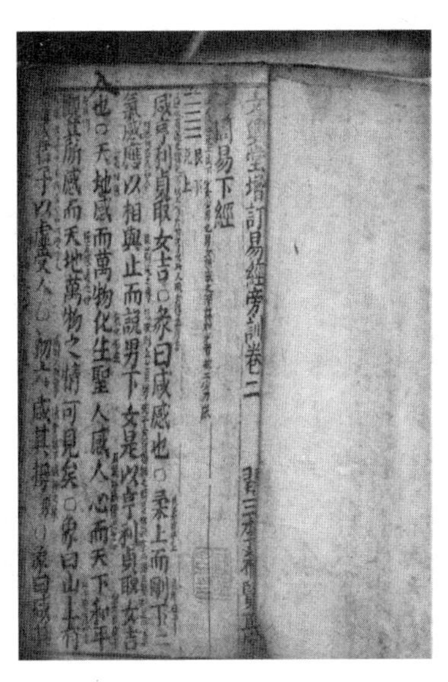

图 2-10　文兴堂刻《增订易经旁训》

3. 富文堂

富文堂堂主为周富文，设立地址不详，刻有《孟子》《诗经》《纲鉴易知录》《方氏宗谱》等书。

除以上三家书坊刻书外，还有文明堂刻有《四书旁训》，李希贤校订；义诚堂于光绪丙戌年（1886）刻有《声律启蒙》；有余堂刻有《四书增补圈点旁训》；如乐堂刻有《四书》；名扬堂刻有《增补注释千家诗》。以上所列举

① 中国古籍总目编纂委员会. 中国古籍总目·集部：第 7 册［M］. 北京：中华书局，2012：3774.

书目，皆为现存书目，由遵义李连昌老师收藏。图 2-11、图 2-12、图 2-13 为遵义书坊刊刻的部分图书。

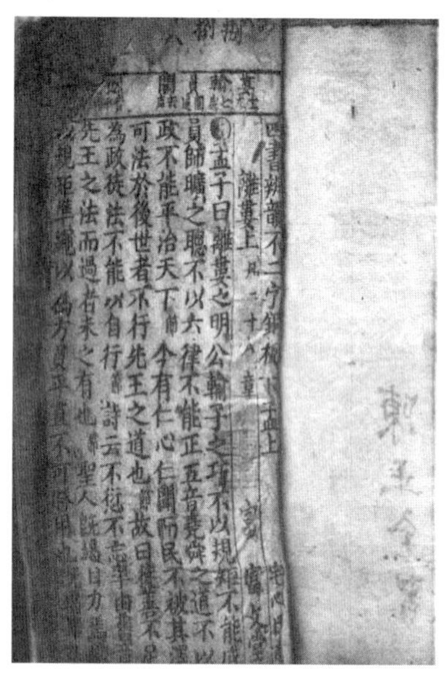

图 2-11　乐堂刻《四书》

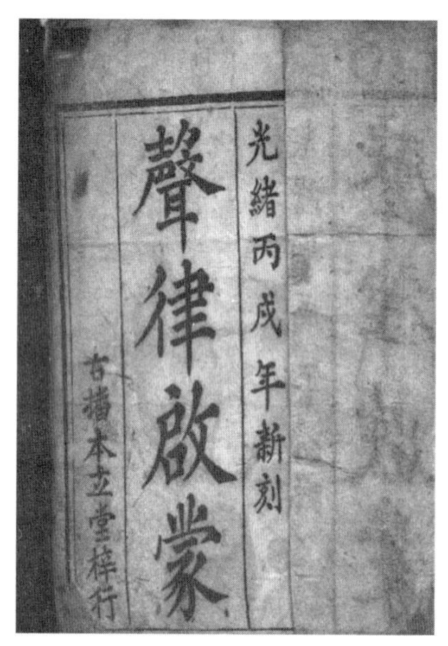

图 2-12　义诚堂刻《声律启蒙》

图 2-13　名扬堂刻《增补注释千家诗》

六、安顺坊刻

安顺地处贵州腹地，东界贵阳府，西接云南曲靖府，交通发达，处于滇黔驿道，为滇南之门户，因此，文化较为发达，是古代贵州的文化重镇。鸦片战争爆发后，海禁大开，在道光、咸丰年间，英国将烟种运进云、贵两地，安顺则是烟土产量最富之区，由于处于交通要塞，鸦片成为最大的出口货品，南由贞丰、南笼运销至两广，东由镇远、洪江运销至两湖，北由毕节或遵义销售至四川，使安顺的经济获得了快速的发展。随着经济的快速发展，商业兴盛，书坊已初具规模。正如绪论中引《续修安顺府志》所言，咸同时期，安顺已是书铺林立，有中和堂、传经堂、大文堂、至德堂、忠恕堂、会林堂等，这些书铺主要刊刻四书五经、蒙童读物进行销售。在云南的年销售额达 3 万金，在附近诸县的年销售额也是 10 余万元，从销售金额来看，安顺刻坊刻书不少。

在安顺各刻坊中，至宝堂、中和堂最为有名。安顺至宝堂是一家历史较为悠久的刻坊，在编撰、刊刻、装订各环节皆由家里人操作，物美价廉，尤能远销云南等地。在乾隆癸亥年（1743）就刊刻有（清）余诚编注的《重订古文释义新编》8 卷，线装，现存于昆明市图书馆。① 至晚清时期，安顺至宝堂在道光二十四年刻有《胎产心法》，被《中医古籍珍本集成》收录，② 该书又于光绪二十一年（1895）由安顺至宝堂重刻。又据苏国有的《南滇医圣·兰茂》一书记载，安顺至宝堂在清末民初之际，还刻有兰茂所著的《声律发蒙》一书。③ 由此可以看出，安顺至宝堂从清代初期开始，直至民国初期仍然存在，具有近 200 年历史。安顺中和堂也较为出名，经营年代也较久远，直到民国初期仍然经营，据《大方县志》载，毕节大方杜伯华（1901—1946），擅长绘画，主要以国画为主，在民国期间，“曾为安顺‘中和堂’绘百蝶图，观者无不誉为珍品。当时曾有‘杜牡丹’‘杜蝴蝶’之美称”④。在

---

① 李先绪，宋绮．云南图书馆历史现状研究［M］．北京：长征出版社，2001：61.

② 周仲瑛，于文明．中医古籍珍本集成·妇科卷［M］．长沙：湖南科学技术出版社，2014：6.

③ 苏国有．南滇医圣·兰茂［M］．昆明：云南人民出版社，2014：51.

④ 贵州省大方县地方志编纂委员会．大方县志［M］．北京：方志出版社，1996：892.

现存藏书中，安顺中和堂于光绪十一年（1885）刻有杨懋勋所撰的《云程万里》，现存于贵州省图书馆。遗憾的是，经过晚清、民国时期的战乱，晚清所刻之书散遗严重，十不存一，难以观安顺刻坊全貌。

第四节 晚清时期贵州刻本的特征

刻书并非一件易事，它需具备一定的经济条件、文化生态和媒介技术，才能使刻书活动得以顺利展开。然而，由于经济条件、文化生态和媒介技术的不同，所刻书籍呈现出时代、地域之特征。例如，在用纸方面，宋代刻本多用麻纸而清代刻本多用竹纸；在版式上宋代多采用左右双栏，而元代刻本大多为四周双栏、黑口、花鱼尾。① 即便在同一时代，不同地域之间的刻本也存在较大差异，例如，晚清时期各地方官书局的刻书，金陵书局版框宽大，字体稍扁，浙江、江苏、淮南等书局则采用通行的方体字，版框略小，而江西、山西的局刻本版式较金陵字体更加宽扁，纸墨低劣，不为人所重。② 基于此，对某一时期特定地域的刻本特征的把握有必要分别从历时性和共时性的视角对其进行考察，从而呈现其自身之独特性。

一、历时性视角下的晚清贵州刻本特征

贵州在明永乐十一年（1413）才建立行省，即贵州承宣布政使司，正式成为明王朝直隶的十三布政使司之一。在建立行省之前，由于受到经济、文化条件的限制，出版书籍不多。直到建立行省之后，由于汉族人口的大量移入，学校教育的不断兴起，推动了贵州经济文化的发展，从而为贵州的图书出版事业创造了有利条件。因此，贵州到了明代，其刻书才初具规模，处于“兴起和逐步发展的阶段”③。进入清代之后，由于经历了清初时期的“三藩之乱”，导致贵州刻书事业一段时间的停滞不前，但经过“康乾盛世”，贵州

① 张润生，胡旭东，等．图书情报工作手册［M］．哈尔滨：黑龙江人民出版社，1988：203.

② 孔毅．清代官书局刻书述略［J］．文献，1992（1）：231-245.

③ 刘汉忠．贵州古代刻书［J］．贵州文史丛刊，1992（1）：45-48.

的经济文化获得了较快发展，刻书事业也随之兴盛。到了晚清时期，随着文化教育的进一步发展，虽然经过咸同时期贵州各族人民大起义的战乱，但至光绪年间，贵州的版刻书业依然达到了极盛。纵观这一时期的刻书，与以往贵州的刻书相比，呈现出以下几个特点。

1. 刻书内容丰富多样

在晚清以前，贵州刻书主要以官刻为主，从而使刻书的内容受到极大限制，或为士子诵读之经典，或为朝廷颁布之书，或为地方志书。然而，晚清之后，出现了官刻、私刻、坊刻并行发展的局面，不仅刊刻前贤著作、地方文献以及经典文献，同时私家著述、家谱、年谱、通俗读物也刊刻了不少，如道光二十年（1840）刻有《杨芳自编年谱》、光绪年间刻有《遵义沙滩黎氏家谱》、宣统二年（1910）刻有《成山老人自撰年谱》、光绪年间遵义天生堂刻有《柳荫记》《二度梅》等通俗读物，刻书内容较之以前更加丰富多样。

2. 丛书刊刻的出现

中国丛书之刊刻，始于宋代，宋人刻有《儒学警悟》《百川学海》，实为丛书之滥觞。至明代，丛书刊刻获得了较快发展，不仅有陈继儒所辑《宝颜堂秘籍》229 种的综合性丛书，也有监本《古今说海》的专门性丛书。清代后，丛书编纂更是空前繁荣，除官修大型丛书如《四库全书》外，私刻丛书也大量出现，鲍廷博所辑的《知不足斋丛书》、卢文弨辑的《抱经堂丛书》、张海鹏辑的《学津讨原》、伍崇曜辑的《粤雅堂丛书》等，都是卷帙浩繁的丛书。然而，丛书之刊刻需耗巨资，对经济落后的贵州来说，在晚清之前很少见有丛书刊刻。但到了私家刻书盛行的晚清时期，私刻丛书也开始出现，如黎庶昌刻有《古逸丛书》23 种、《黎氏家集》17 种；杨调元在光绪年间刊有《训纂堂丛书》6 种；贵阳家荫堂周氏在道光咸丰年间刻有《家荫堂汇刻》11 种；贵阳陈矩在光绪年间刻有《灵峰草堂丛书》8 种；光绪年间贵阳熊湛英刊有《黔志四种》等。晚清时期贵州丛书汇刻出现，尽管所刻丛书数量远不如发达地区浩繁，然而对贵州刻书来说是一个显著特点。

3. 刻本质量参差不齐

在晚清以前，贵州刻书主要以官刻为主，一般具有较强大的经济支撑，从而在校勘、刻工方面都较为精湛。如宁波天一阁收藏的明代贵州方志中，明嘉靖十六年（1537）纂修的《思南府志》刻印精审，“此书其文楷体，近欧体，沿袭元代风，下端为小黑口，字迹清丽，刻技精湛，为贵州刻工袁方所刻，是贵州刻品中的一流珍品”①。随着晚清时期贵州刻书的兴盛，刻书机构也纷繁复杂，除了官刻机构外，私家刻书达到极盛，坊刻也蓬勃发展。官刻机构由于有政府资金的支持，一般刻本都较为精湛。一些私家刻书的质量也很好，如郑珍所刻的望山堂刻本，很多都是写刻本，不仅字体优美，而且校勘精审。如咸丰二年（1852）所刻之《巢经巢诗钞》，是郑知同写刻本，而孙殿起认为望山堂刻本《说文逸字》是精刊本。不过，有些私家刻书的质量难以恭维，如陈矩在光绪年间随从黎庶昌出使日本，在此期间，收集了不少中国秘籍，辑为《灵峰草堂丛书》，虽然其中多为珍本，但在校订之时多有疏略，李独清以“二李（李沆、李至）和诗覆宋本，新镂说孟久亡书。东瀛随使多珍秘，校订当时亦太疏”② 对其进行评价。而刻坊由于以盈利为目的，所刻之书大多采用较为低劣的纸张，由于这种纸张吸墨效果较差而使版面不清洁，如遵义富文堂所刻的《孟子》，用墨太黑，并且排字也不工整。

二、共时性视角下的晚清贵州刻本特征

刻书事业受经济、文化和印刷技术的影响，在同一时期，因各地域之间在经济、文化和印刷技术方面存在的差异必然导致刻书事业出现地域之间的特征。贵州曾是一个经济文化落后的地方，印刷技术的更新也较为滞后，因此，贵州刻本有其自身的独特性。就晚清时期而论，贵州的刻书与周边几个省份相比较，呈现出以下几个特征。

1. 晚清贵州刻本篇幅较短

刻书既需要人力，也需要财力，如果是刊刻那种卷帙浩繁之书，则需要更多的人力和财力。然而，当时的贵州地瘠民贫，经济文化落后，由于受到经济文化条件的制约，无论是官刻、私刻还是坊刻，主要选择一些篇幅较短的图书进行刊刻，很少刻印那些卷帙浩繁的大部头书，上百卷以上之书屈指可数，只有黎庶昌刊刻的《古逸丛书》200 卷、陈田刊刻的《明诗纪事》207 卷、道光二十年（1840）刊刻周作辑修、邹汉勋等纂的《贵阳府志》88 卷卷

---

① 贵州省地方志编纂委员会．贵州省志·出版志［M］．贵阳：贵州人民出版社，1996：2.

② 李独清．洁园集·幽心梦影录：卷五［M］．昆明：云南人民出版社，2013：348.

首1卷、余卷20卷，共119卷。除百卷以上刻书之外，篇幅较长的有：道光年间贵山书院仿刻（宋）岳珂《相台五经》93卷、光绪二十九年（1903）播州华氏刻《宋名臣言行录》75卷、道光二十九年（1849）刻《大定府志》60卷、咸丰元年（1851）刻《安顺府志》54卷卷首1卷、道光二十一年（1841）刻《遵义府志》48卷卷首1卷、道光十七年（1837）刻《农政全书》60卷，在10卷以下者居多，这不仅不能与经济文化发达的江浙一带相较，即便与同属于西南地区的四川、云南省份相比，其刻本篇幅都偏短。相比之下，晚清时期四川省的出版机构规模要比贵州大得多，刊刻了一些篇幅较长的书籍，100卷以上者如道光年间刻杨升庵撰《升庵外集》100卷、孙澍等辑的《古棠书屋系列丛书》18种153卷等10多种，更有光绪十年（1884）成都志古堂刻王应麟所著的《玉海》200卷100册，光绪三十四年（1908）许涵度校刊（宋）许梦莘著的《三朝北盟会编》250卷40本，以及重刻《旧唐书》200卷、《太平广记》500卷这样的鸿篇巨制①，这样的长篇巨著在贵州刻本中几乎是难得一见的。

云南刻书虽然不如四川之多，但刊刻的鸿篇巨制也比贵州刻本要多得多，如光绪间刻有《云南通志》242卷、《续云南通志》194卷；同治十二年（1873）成立的云南官书局刻有《孝经衍义》100卷、《御批历代通鉴辑览》120卷、《世宗谕旨》159卷；咸同年间鸿蒙室所刻的《鸿蒙室丛书》36种，近160卷。除了100卷以上的书籍，云南官书局所刊印的《御纂医宗金鉴》90卷、《礼仪义疏》82卷、《古文渊鉴》64卷、《唐宋文醇》58卷等书篇幅也较长。②

晚清时期贵州刻本书篇幅偏短是经济文化落后的必然结果，不少文人受经济所困，又咸同时期，贵州爆发各族人民大起义，战乱频仍，民不聊生，文人自然也颠沛流离，多数文人的创作因无力刊刻而被湮没，保存得较好者便以抄本形式传承下来，到了光绪以后，才由后人所刊刻。贵州文人经济的困窘和流离失所的现实，是造成私家刻书不但不多，而且篇幅较短的原因所

---

① 四川省地方志编纂委员会．四川省志·出版志：下册［M］．成都：四川人民出版社，2001：521-564.

② 云南省地方志编纂委员会．云南省志·出版志［M］．昆明：云南人民出版社，2000：55-62.

在。郑珍一生常为衣食所困，正如其诗所言："日出起披衣，山妻前致辞。瓮余二升米，不足供晨炊。仰天一大笑，能盗今亦迟。"后在咸同战乱期间，更是颠沛流离，居无定所。其子郑知同一生也是为生计而四处奔波，先为四川姚瑾元校订《说文考异》，因久而不就遭姚氏厌薄。郑知同则自负其学，携稿南游，无所遇而往湖北按察使黄彭年处，不合遂西而归，馆于贵州候道补袁开第所。后张之洞督两广，开广雅书局，聘知同为总纂，此时郑知同将郑珍所著《汗简笺正》《亲属记》及自己所著《说文本经答问》原稿本刊于书局，并与《礼仪私笺》《轮舆私笺》一并辑在《广雅丛书》之中而得以流传。不仅郑珍父子如此，莫友芝父子一生也非常困窘，莫友芝大多著作都是由黎庶昌出资刊刻，莫绳孙晚年更是靠出售家藏书籍救济。在如此这般生活困境之下的贵州文人，刊刻书籍实非易事，刊刻卷帙浩繁之书更是望尘莫及。晚清时期的贵州政府也经济拮据，财政历来靠外省进行援助，然而晚清时期内忧外患的局势，常常省外援助不能按时到位，致使贵州财政日益困难，进而影响到图书出版事业。如贵州官书局成立之时，资金主要是由官绅捐助，严修则捐俸一千金而助成之。由于资金薄弱，使贵州官书局刻书不多，所刻之书也是那些篇幅较短的实学之书。其他官署机构也是主要刊刻地方志书，即便刊刻正史类书籍，也是选择那些篇幅较短的经典而已。

2. 贵州刻本字体较为圆润，多用本省皮纸，质地柔软，但颜色偏暗

贵州棉皮纸被认为"色灰白色，不大漂亮，但薄度适中匀称；棉性大，纤维粗，质地松软，能持久延年。因为用此纸印出来的书不甚美观，故未被广泛采用；只有在清末时，在云贵一带的印本书，一部分采用此纸"①。贵州所造皮纸主要由构皮所制，构皮的纤维比竹纸纤维稍微粗一些，密度不及竹纸，这是事实，但贵州皮纸最大的优点在于它的柔软性，用该纸所刻的图书不易破损，也不易吸引蠹蟫，有利于图书的长时间储存。因此，贵州皮纸受到一些刻书家的欢迎，不仅出售四川、云南一带，而且湖南一带刻书也采用之。如《清代名人书札》中，湖南徐树均致陕西朝邑阎敬铭函中，在谈到光绪年间湖南传忠书局刊刻《资治通鉴》一事之时，涉及刻书的用纸：

① 白淑春，蒋银凤，白放良．古籍装修知识及其操作技艺［M］．银川：宁夏人民出版社，2014：189.

> 其纸以贵州皮纸为上，福建三堆三种俱佳，宝庆官堆质厚而价廉，均可用。宝庆毛边，即毛胎纸也，质太松，不耐翻阅。①

从此则材料不难看出，贵州皮纸还是得到人们认可的，它比福建官堆纸更佳，毛边、毛汰纸就更不能与之相提并论了。贵州皮纸由于质地柔软，具有较强的吸水性，用该纸刻印出来的书的字体就显得较为圆润，从而没有诸如广雅书局所刻之书以及五局合刻的《二十四史》那样纤细。但由于贵州皮纸吸墨性强，如果用墨过当，则会出现漏墨现象，从而影响页面的清洁。

不过，贵州皮纸也非按照统一的造纸工艺制成，而是各个体造纸户按照自己的一套工序而成，从而在质量上参差不齐。尤其是在纸张颜色上，只有上乘质量的皮纸才是洁白色，稍微次一点的皮纸颜色就偏暗，呈灰白色，若加之用墨处理不好，出现透墨、漏墨等现象，书面颜色就偏暗，影响美观。而晚清时期只有少数贵州刻本用质量上乘的皮纸，大多刻书用一般皮纸，因纸呈灰白色，加之黑色的墨，页面偏暗。一些坊刻用较差的夹皮纸，页面更加难看。

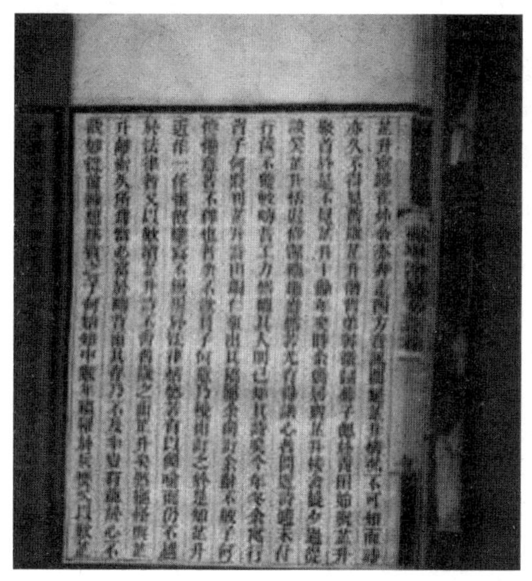

图 2-14　1901 年广州刻本《夷牢溪庐诗钞》

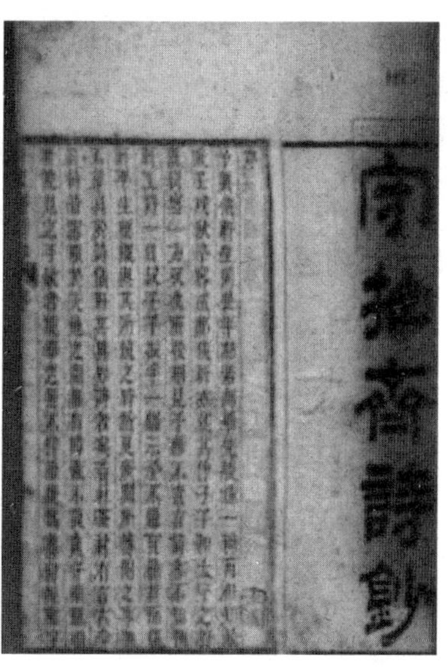

图 2-15　1864 年刻《守拙斋诗钞》

① 寻霖，刘志盛. 湖南刻书史略［M］. 长沙：岳麓书社，2013：556.

图 2-16　遵义有余堂刻《四书》

以上三图中，图 2-14 为光绪二十七年（1901）广州刻本遵义黎汝谦撰的《夷牢溪庐诗钞》，采用的是竹纸；图 2-15 为同治三年（1864）刻遵义李蹇臣的《守拙斋诗钞》，采用的是贵州棉皮纸；图 2-16 为清末遵义有余堂刻的《四书》，使用的是贵州夹皮纸。通过这三本刻本书的比较不难看出，图 2-14 略偏淡黄，字体偏扁，并且书旁有碎纸片脱落的迹象，但版面比图 2-15、图 2-16 更加明亮清晰，反观图 2-15，图 2-16，经过 100 余年的储存纸张较为完好，并且字体较为圆润，但版面偏暗，不如图 2-14 美观。

第三章　晚清贵州图书的流通方式

图书流通是图书生产向图书消费的转移，是图书传播活动的重要环节。出版机构刊刻的书籍必须通过流通环节才能得到社会的利用，进而实现图书的信息传播功能和自身的社会价值。在商品经济条件下，图书又是一种特殊的商品，可以通过流通的方式实现其经济价值。从而可见，图书流通过程是图书社会价值和经济价值得以实现的过程。然而，在古代图书流通的方式中，商业性交易只是其中的一种，还有朝廷的赐颁、文人之间的相互赠予等非商业性的方式。因此，图书流通有狭义和广义之分。狭义的图书流通主要是指一种具有商业性的交易行为，而广义的图书流通则主要是指图书在时间和空间两个维度的延伸，“既指图书市场上的商品性交易，也包括图书以各种方式进行的非商业性的传递交流”①。

第一节　图书交易

图书交易是图书流通最为普通的一种流通方式，是商品经济发展的结果。晚清时期，随着市场经济的进一步发展，图书交易活动也变得更加活跃，京城琉璃厂书肆更是全国闻名，成为当时文人们寻求古旧书籍的最大场所。图书交易方式的渠道也多种多样，“有固定店铺、书摊、流通售书、考市、书

① 李瑞良．中国古代图书流通史·前言［M］．上海：上海人民出版社，2000，1.

船、图书租赁、邮寄等渠道”①，清代图书的繁荣景象可见一斑。即便在地处偏隅的贵州，图书交易也不乏，不仅有刊售合一的书坊售书，也有了专门销售图书的书铺，在考试之际也有零星书贩，他们或自己刊刻图籍进行销售，或从省外购运图书进行代销，也有不少贵州文人前往文化发达之地选购自己所需之书，这都加大了当时贵州的图书流通。

一、刊售合一的书坊、书局

古代大多数书坊既是刻书机构，也是图书销售的主体，一般前为售书书铺，书铺后为刊刻图书之所，是一种集刻书和售书于一体的图书出版发行单位。在晚清时期贵州刻坊中，大多数都集刊刻与图书出售于一体，贵阳大盛堂、家荫堂、大文堂等都有售书的固定书铺，尤其是大盛堂、大文堂，主要销售文化市场需求较大的书籍，如蒙童读物、四书五经之类。如在贵州省图书馆存的光绪二十三年（1897）刻本《尔雅郭注正蒙》十一卷，（晋）郭璞注，张镇校勘，在该书的扉页上注有“大文堂印行发售”的字样。遵义府较大的天生堂、富文堂、文兴堂几家书坊也都集刊刻和销售于一体，销售所刻的三字经、百家姓、千字文之类的蒙童读物以及四书五经、通俗唱本诸书。有些书坊通过一些特殊的文字说明来吸引购买者，如文兴堂所刊的《周易离句旁训解》的扉页上刊有“货真价实”的字样，并在所刊的《幼学琼林》书末注有“文兴堂发兑”的标识以示该书的销售处。安顺地区的图书贸易市场也较为繁荣，不仅“东西两街，书铺林立”，而且也将所刊的四书五经远销云南，年售额 10 多万金。

当时贵州的书局也是贵州图书销售的重要机构，而且有些还具有一定的官方背景。在贵阳，售书种类较多的贵州官书局，地址设立在资善堂，前后厅堂三楹，前厅为原贵阳知府文仲瀛售书的书铺，后继续发售图书，后面厅堂主要用于刊刻书籍。贵州官书局不仅出售自己所刊刻的书，而且还以《各省官局书目》为参照，从省外各大书局大量购买局本经史子集进行销售，后来根据梁启超的《西学书目》选购一些介绍西方社会政治文化的图书，如李提摩太的《泰西新史览要》《事实新论》，魏源的《海国图志》，马建中的

① 孙文杰．清代图书市场研究［D］．武汉：武汉大学，2010：26.

《适可斋纪行》等。另外，贵州官书局还购运了康有为的《公车上书》、郑观应的《盛世危言》这样一些维新派书籍和数学、化学、物理、天文、医学等自然科学书籍。并且严修亲自拟定书局章程，对书局的销售策略进行了规划，并规定书价从廉。由于书局建于省城，贵州山高路陡，交通不便，所售之书难以覆盖各地，于是拟定一法：

> 将现刻各局书目，每周县各寄一本，与之函商，其本地旧有书院，或别有公款关涉学校者，因地制宜，抽拨一款，不拘成数，视所寄书中，愿购某书，即开列清单，派人到局运取；或本局无此书，亦设法代为运购，仍约定日期，派人来取，其脚价各由公款开销。①

通过以上的销售方式，使书局的书籍销售至贵州各州县学校、书院，销售甚畅。据严修《蟫香馆使黔日记》载：

> 光绪甲午年十二月二十三日，拟购书局书目、价目，用白纸缮清，凡书三十四种，为册九千有奇，价一千串有奇。(卷二)
>
> 光绪丙申年七月二十三日，松携来善后局详稿，为书局赴各省咨取官书也。余为增入上海局书八种，又湖北局《旧五代史》。(卷六)
>
> 光绪丁酉年七月二十七日，官书局送来新到书二十三种，共五十六部。(卷八)
>
> 光绪丁酉年正月二十八日，复威宁学官周少轩、赵仲权信，言收到买书费百一十金，与商买书事并写书目一本。(卷七)
>
> 光绪丁酉年四月十三日，点玉屏书院议购书目交玉峰。(卷七)
>
> 丁酉年四月十四日，曹刺史问前次托购之书，又续寄新场书院购书目。(卷七)

以上共选择了严修的六条日记，前三条主要是书局购书的情况，后三条则为对当时书局售书情况的记录。从这六条日记不难看出，贵州官书局当时不仅大量购运了省外书局局本图书，而且销售的图书种类多、数量大，就威宁县学一次购书的金额就达 110 金，同时销售范围也广，涉及威宁、玉屏、

① 严修．严修年谱［M］. 高凌，雯补．严仁曾，增编．济南：齐鲁书社，1990：84.

新场（今金沙）的各县县学、书院以及个人代购。

贵阳文通书局在清末时期也刊刻了一些书籍进行销售。文通书局厂房于1910年竣工，仍以雕版刊刻《菜根谈》《六事箴言》等书供应市场，1911年铅印设备投入使用后，首先刊刻了郑珍的《播雅》，后陆续印刷出版了《古文观止》《庄谐》《唐诗三百首》《千字文》《幼学琼林》等书进行销售。由于所出版的书籍字迹清晰、版式规范、款式匀称，深受购买者的喜欢，并销售至邻近省市。① 由于文通书局大部分所印的书籍只在中缝中间有“贵阳文通书局印行”的字样外，并无刊刻的时间记载，因此，在晚清时期，贵阳文通书局究竟印刷了多少书籍进行销售现已无从查考。此外，遵义官书也印刷一些书籍和中学生课本、讲义进行销售。

二、专门售书的书铺

晚清时期，随着市场经济的进一步发展，行业的专门化程度进一步加深。就图书出版行业而言，在市场经济的推动下，出现了专门的刻字铺和售书行业。就售书行业来看，既有专门售书，也有将图书作为非主营商品进行代售的书铺，但后者缺乏史料的记载而难以查考。即便在这时期的贵州，虽然经济文化落后，但图书出版发行行业的专门化现象也开始出现，如出现了专门的刻字铺和书铺。刻字铺当时贵阳有孔天成、张荣兴、王锦云等刻字铺，而专门售书书铺有资善堂、抱经堂等。

资善堂书铺。文仲瀛在任贵阳知府时，曾借银700两给城中商人在资善堂临街铺面设立书铺，代售湖北书局所出版和发售的图书。② 这一时期资善堂的当街店铺是一家专门售书的书铺，至于经售的具体书籍却无史料记载，后来在严修视学贵州期间，经与文仲瀛商量之后，该书铺才成为贵州官书局发售图书之所。据《蟫香馆使黔日记》载，光绪甲午年十二月二十一日，与仲嬴太守议设局购书，仿津局例。由于严修所记日记很简约，只是记录了当时一些重要事情，事情的原委并没有记载。所以严修与文仲瀛商议的具体细节，我们不得而知，但在严修草拟的《谨议设立官书局章程》中记载：“文仲瀛观

① 刘泳唐，刘仲勉. 文通书局概述［J］//贵州出版史料：第4期，1988.

② 马骏骐. 贵州文化六百年［M］. 贵阳：贵州人民出版社，2014：336.

察在首府任内，曾经借款交城绅代运湖北局书，在资善堂寄售"，"资善堂现售之书，系文观察借款试办。借则需还，且止六七百金，为数太俭"。① 这些资料所显示的信息，与《贵州文化六百年》中所记载资善堂的相关信息基本一致。

抱经堂书铺。抱经堂创办于光绪年间，创办人为湖南邵阳何友莲。书铺最早设在贵筑贯珠桥旁，主要经售木刻古书、线装书。其书籍来源主要是雇人从湖南将木刻书籍通过人挑马驮运至贵阳，有时甚至是将书页扎成捆运至贵阳，自行按照书页顺序将其装订成册再行发售。销售的书籍有三字经、千字文、百家姓、千家诗、四书五经等启蒙读物，也有一些唱本、小说的通俗读物。② 该书铺进入民国后，由其子何勉堂经营，一直延续至中华人民共和国成立后。

三、贵州文人的省外购书

贵州作为一个文化落后之地，地偏且穷，中原书贾很难一至，本省图书刊刻又较少，偶尔有书贩卖书，也是书少价昂，能够购买之人寥寥无几，即便像郑珍这样的文人，有时也望而止步。

> 壬辰春，书贩至，有礼书数种，急欲购读。议价三金矣，计无所措，舍之，以告母，母曰："彼能欠乎?"对曰："虽春放夏收，然尔时终无出。"母曰："但尔时收，我珥金环易一，足酬之，其一仍可化双珥也。"珍于是得读礼书数种。③

郑珍道光十二年（1832）春想购买几种礼书因无钱而舍去，郑母（黎孺人）知道后，用自己的金耳环换取，郑珍才获得了这几种礼书。书价"三金"，并用了一对金耳环购得此书，从这些信息不难看出，当时贵州书价之昂贵可想而知，郑珍如此，其他人又何尝不是。不仅价昂，而且书少，本地的图书交易大多以蒙童读物、四书五经和通俗图书为主，即便贵州官书局代销

---

① 严修．严修年谱［M］．高凌雯，补．严仁，增编．济南：齐鲁书社，1990：83-84.

② 何明扬．贵州版史研究［M］．贵阳：云岩印刷厂，1997：67.

③ 郑珍．母教录［M］//郑珍．郑珍全集：第6册．黄万机，等点校．上海：上海古籍出版社，2012：622.

了大量的经史子集和西学图书，也不过是一些普通版本和实学之书，并不能满足贵州的文化需求，从而贵州士子或出于收藏之目的，或出于治学之需求，在外出之际不遗余力地寻求自己所需图籍。道光年间，遵义黎恂任浙江桐乡知县期间，在这号称人文渊薮之地以“廉俸万金购置书籍”（《贵州省志·人物志》）运回贵州遵义，储藏于锄经堂。道光十九年（1839）春，郑珍、莫友芝在京参加考试，也不忘去琉璃厂寻找珍本、善本书。郑珍对此有其描述：

> 艰辛四十传，尘垢至京师。外极行路难，内极慈母悲。随人携柳篮，试罢精更疲。日日琉璃厂，烂纸纵所窥。热处不解忧，嘲驷理亦宜。(《巢经巢诗集》卷五)
>
> 莫五璃厂回，又回璃厂路。似看街书鼠，寂寂来复去。(《巢经巢诗集》卷四)①

在第一首诗中，郑珍描写了当时他与莫友芝在京师考试完毕之后，即便身心非常疲惫，也天天逛琉璃厂书肆。第二首诗则形象地描写了莫友芝在琉璃厂书肆来回往返的情形，将其比喻为“街书鼠”，非常形象生动。此次莫友芝在琉璃厂购得了乡贤陈法所著之《易笺》，又买得《吕氏家塾读诗记》上半残本。② 莫友芝在道光二十七年（1847）又赴京参加会试，前往琉璃厂书肆寻求古籍秘本，与时任翰林院侍讲学士的曾国藩不期而遇，并于虎坊桥置酒订交，成为一时佳话。

> 丁未会试，公车报罢，与曾文正公国藩邂逅与琉璃厂书肆。始未相知也，偶举论汉学门户，文正大惊，叩姓名，曰：“黔中固有此宿学耶！”即过语国子监学正刘椒云传莹，为置酒虎坊桥，造榻订交而去。③

订交之后，莫友芝与曾国藩常有书信往来，后来莫友芝成为曾国藩的幕僚，为其收集流失的殿本图书。此次莫友芝在琉璃厂所购之书无记载，却在

① 郑珍．郑珍全集：第6册［M］．黄万机，等点校．上海：上海古籍出版社，2012：114-121.

② 张剑．莫友芝年谱长编［M］．北京：中华书局，2008：33.

③ 黎庶昌．拙尊园丛稿·莫征君别传［M］//黎庶昌．黎庶昌全集：第1册．黎铎，龙先绪，点校．上海：上海古籍出版社，2015：187.

京期间收获泰山李斯刻石十残字的拓片。莫友芝不仅自己外出寻觅古籍珍本，而且还委托好友购买书籍，如道光二十年（1840）三月二十日，长子庚儿生，此时友人晋虚谷帮他购买的《通志堂经解》到了，因为价格不菲而一时无法成购，友芝的妻子夏芙衣认为，生子时有经书来贩是好兆头，于是以首饰购买之。此书为莫与俦在京时的亡友之物，莫老先生不胜感慨，并写诗记之。①

黎庶昌在出使日本期间，不仅收集各种古籍珍本汇刊成《古逸丛书》，而且还购买了大量佛经置于遵义的禹门寺，并撰有《禹门寺置佛藏记》：

> 距吾居里许，有寺曰禹门。国初时蜀僧丈雪暨吾宗策眉九十翁相继居之，飞楼湧殿，踵事加辟，遂为坛场胜境。旧有北本佛经全藏，同治以还，兵兴寺扰，经卷散轶不完。光绪七年，余奉使日本，遇坊肆间有翻刻南藏本佛经全帙，遂以千金购制寄储，使与寺藏经楼之名相称……经凡六千七百七十一卷，总二百八十一函，别匮庋弆，令僧颛司之，其唐慧琳《一切经音义》百卷，中土久逸，颇存《苍》《雅》故训，为考据之学者亦将有取乎此也。②

由于贵州地处边陲，书籍罕至，不少文人购书于省外，例如，陈田购各种明刊本书籍撰写了长达200余卷的《明诗纪事》，陈矩在随黎庶昌出使日本期间也搜罗秘籍，刊成《灵峰草堂丛书》，等等。贵州文人在省外所购买的书籍在贵州的流通，无疑促进了当时贵州的文化发展。

四、图书价格

晚清时期，图书价格较为复杂，不仅因制作方式（如刻本与抄本、纸的选择）的不同而图书价格各异，而且地域之间的不同也导致价格的差异。在地处偏远的贵州，图书价格普遍高于中原地区，其原因主要有二：一是贵州刻书较少，图书生产严重不能满足市场需求；二是运购图书基本上采用人挑马驮的方式，运输成本极高。因此，贵州之地书贾罕至，书少价昂。然而，每种书的具体价格在史料中少有记载，只能从一些零星的资料中窥见当时贵

① 张剑．莫友芝年谱长编［M］．北京：中华书局，2008：42.

② 黎庶昌．拙尊园丛稿・禹门寺置佛藏记［M］//黎庶昌．黎庶昌全集：第1册．黎铎，龙先绪，点校．上海：上海古籍出版社，2015：121-122.

州图书大概的价格情况。贵州官书局所销售之书，严修以书价从廉的原则，在原价上酌加三成进行销售。尽管如此，也有不少寒士无购买能力。因此严修将书价再次进行调整：

> 一、发商之项，所如息银，作为局中常年经费。一、各州县购买者，仍照原价加三成。以上两项，俱有赢余。一、远近士子来局购取者，照原价加一成。以前有余，补此不足。①

又根据贵州官书局所印行的《各省官局书目》一书记载了省外各官书局的图书价格，如金陵书局的价格：

1. 《三国志》，8本，每部制钱：小料半宣纸3200文；大料半宣纸3700文；官堆纸1800文。

2. 《晋书》，20本，每部制钱：小料半宣纸7200文；大料半宣纸9200文；官堆纸4400文。

3. 《南北史》，32本，每部制钱：小料半宣纸10600文；大料半宣纸13800文；官堆纸6000文。

4. 《宋书》，16本，每部制钱：小料半宣纸5200文；大料半宣纸6700文；官堆纸2900文。

5. 《魏书》，20本，每部制钱：小料半宣纸6300文；大料半宣纸8300文；官堆纸3600文。

6. 《齐梁陈北齐周五史》，24本，每部制钱：小料半宣纸7800文；大料半宣纸10000文；官堆纸4600文。

7. 《校史记札记》，2本，官堆纸每部制钱600文。

8. 《读史镜古编》，6本，官堆纸每部制钱700文。

根据上述信息，我们不难推算出贵州官书局所销售书的价格。发售给书商和各州县则“酌加三成”，以一部《三国志》为例，贵州官书局所售价格则为小料半宣纸4160文，大料半宣纸4810文，官堆纸2340文，而寒士前往贵州官书局购买的价格则为小料半宣纸3520文，大料半宣纸4070文，官堆

---

① 严修．严修年谱［M］．高凌雯，补．严仁曾，增编．济南：齐鲁书社，1990：84.

纸 1980 文。光绪二十一二年（1895、1896），一两银子在江南地区能兑换 1200 文，① 如果买一本小料半宣纸的《三国志》，即便是士子前往贵州官书局购买也需要近三两银子，而当时贵州知县、教授的岁俸才四十五两，每一个月约三两八钱，② 等于每一个月的俸银买一本《三国志》便所剩无几。这还是贵州官书局的售价，因其售价从廉，可见其他书铺的销售价格更高。

虽然我们现在已经不能具体了解当时贵州各图书的具体价格，但我们能确定的是晚清之前的图书价格普遍偏高，一般文人较少买得起，无论是郑珍以三金购买几种礼书但因无力购买而由母亲以耳环置换之，还是莫友芝购《通志堂经解》以妻首饰交换获得的例子都可以证明这一点。但自从晚清时期贵州出版事业的兴盛和大量省外图书的引进，图书市场趋较为活跃，大大改善了过去书少价昂的局面，正如严修离任后贵州学界所立的《严学使范孙去思碑》所言，贵州官书局"购各种书籍于资善堂而以贱价售之，士虽贫如黔娄，亦得手置一编"③。

晚清时期，一些贵州图书在省外的销售也很好，尤其是郑珍、莫友芝、黎庶昌的著作以及黎氏所刊刻的《古逸丛书》，一时成为图书销售者和购买者多年寻求的图书。莫棠在《郘亭知见传本书目跋》中云：

> 十余年中，访书者视此目为津梁，售书者挟此目为轩轾，而新见之书，溢于此者，正复未已……则古今典册流转之绪，刊钞存佚之源，皆可贯穿而得，在目录一家之言足称渊薮。④

《郘亭知见传本书目》为莫友芝生平所见四部传本书目，后经其次子莫绳孙整理为十六卷，共四册，初只有缪荃孙和莫棠得其副本，莫棠在跋中所言与事实相符，当时访书者、售书者皆以获得此书为喜。宣统元年（1909）由日本田中庆刊印于北京，从而在市场上畅销，莫绳孙为此还特写信与莫棠、

---

① 黄冕堂．中国历代物价问题考述［M］．济南：齐鲁书社，2007：12.

② 《贵州六百年经济史》委员会．贵州六百年经济史［M］．贵阳：贵州人民出版社，1998：227.

③ 严修．严修年谱［M］．高凌雯，补．严仁曾，增编．济南：齐鲁书社，1990：110.

④ 莫友芝．郘亭知见传本书目：第 1 册［M］．傅增湘，订补．北京：中华书局，2009：14.

缪荃孙问其究竟。在宣统元年（1909）十一月十日致缪荃孙的信中云：

> 先征君《知见传本》，尊处及从第楚生处两副本以外，别无钞录。有知此书者每屡商恳刊行，因尚未详校，且体例间有出入，未允其请，因此书海内藏书之家及书［肆］莫不欲家置一编，销行之广，固不待言。夏间至申浦，有人持示刊本，定价每部六两，常州董康序言得之日本田中太郎，散记中盖虑著述之家与之论板权，乃假外人以挟制国之术，以为抵制著述家之地步。①

虽然莫绳孙在此是在追问田中从何而得其版本，但其中的信息表明此书刊刻之后，便在市场上畅销，并且售价较高，“每部六两”。在周振鹤所编的《晚清营业书目》中，记载了山东书局、广雅书局等销售郑珍、莫友芝和黎庶昌作品的价格，现列举如下：

山东书局：《仪礼私笺》二册，郑珍著，售洋一元三角；《持静斋藏书纪要》二册，售洋二元；《续古文辞类纂》十六册，售洋三元五角；《古逸丛书》四十九册，售洋六十元。

广雅书局：《仪礼私笺》八卷，二册，郑珍著。本槽纸售洋八角，南扣纸售洋七角；《轮舆私笺》二卷，一册，郑珍著，本槽纸售洋四角五分，南扣纸售洋三角；《说文本经答问》二卷，一册，郑知同著，本槽纸售洋七角，南扣纸售洋五角；《汉简笺正》八卷，四册，郑珍著，本槽纸售洋二元八角，南扣纸售洋二元三角；《亲属记》二卷，一册，郑珍著，本槽纸售洋一元五角，南扣纸售洋一元。②

单从以上这些材料很难获得有用信息，但如果将当时所售其他书籍做比较，我们就会发现。从山东书局所买的其他书价来看，（清）王闿运所著《论语训》2 册，售洋一元四角，（清）方东树的《汉学商兑》四册，售洋九角。王闿运是晚清时期著名的经学、文学大师，影响甚大；方东树则是清代中期著名思想家，是姚鼐的得意门生，为姚门四杰之一。若就从图书的价格来看，郑珍的《仪礼私笺》与王闿运的《论语训》相当，而远比方东树的《汉学商

① 张剑．莫友芝年谱长编·谱后［M］．北京：中华书局，2008：571.

② 周振鹤．晚清营业书目［M］．上海：上海书店出版社，2005.

兑》高得多（因为此书为四册），从而可见郑珍著作在晚清时期还是较为畅销的。而黎庶昌所刻的《古逸丛书》（多册）则售洋六十元，根据以上各书的价格来看，这个售价在当时是很高的。虽然不能通过价格来衡定一书的价值，但也是以另外一个视角来审视当时图书的流通情况。

第二节 藏 书

藏书看似与书籍流通并没有太大关系，其实藏书情况不仅能反映当时的图书流通状况，同时藏书自身也是图书流通的一种特殊形式。“藏”只是一种手段，“用”才是其目的，正如桑良至在《藏书文化与诸种文化的关系》一文中所言，藏书是“人们将附有信息的媒体，进行整理、典藏，以备来日方便使用”①，也正是在用的过程中使图书所承载的信息得以传播，从而实现其自身的价值。当然藏书本身也有价值，能将典籍进行传承，实现图书在时间维度的延伸，然而最终还是要落在“用”这一活动上，进行一种文化传承和文化再创造。清代，在提倡稽古佑文、崇尚文治的制度下，藏书活动达到了极盛，形成了官府藏书、私家藏书、书院藏书和寺院藏书四大系统。尽管在晚清咸同年间大量藏书被毁于兵燹，但在同光年间，各种刻书机构相继成立，有些刻书机构还采用西方先进印刷技术，加速了图书生产，使这一时期的藏书有所恢复。贵州虽然经济文化较为落后，但到了晚清时期，学宫藏书、私家藏书、书院藏书也较为丰富。

一、学宫藏书

中国古代学校之设，常政教合一，学校既是施教的场所，也是政治活动之“宫廷”，故常以学宫之名统称地方学校。然古代惟官才有学，而民则无学，因此，学宫实乃地方官学之称。至明清之时，各府、州、县官学均称学宫，并逐渐形成一定规制。“清代学宫，通常以大门为戟门，二门为棂星门；入棂星门为泮池，池上有石桥，过桥为大成门，再进即大成殿，即孔子亨殿；

① 徐良雄．中国藏书文化研究［M］．宁波：宁波出版社，2003：31.

大成殿后有奉祀孔子先世的崇圣殿，殿后为尊经阁，乃藏书之所。”① 然贵州学校发展较晚，至明永乐十一年（1413 年）置省之时，才有三学，即贵州、播州两尉学和思州府学，学宫之有藏书也较晚，并且多为断简残编，田雯在《贵阳府学藏书碑记》（《贵州府志·余编卷八》）一文中说得很清楚，其云：

> 今天下儒术昌，吏治修，凡郡县各有学，独以黔则兴废半焉……贵阳有学，明万历间黔抚郭公青螺于平播后创之，而黔学之有藏书也，亦自青螺始……余自戊辰入黔，见夫士之进退周旋者，佩先王之教，沐圣天子造士之泽，亦群思争自濯磨。无入载籍寥寥，见不过一二断简残帖，可覆酱瓿已耳，而吴越之书贾从不重趼一至焉。

田氏所论，大致勾勒了明末清初时期贵州学校的藏书情况。然而在崇尚文治之背景下，朝廷陆续颁布上谕，要求将四书五经以及钦定、御纂诸书颁发至各学，由尊经阁存储之。如康熙四十一年（1702 年），将御制《训饬士子文》颁发至各学宫，雍正三年（1725 年）谕准，将《圣谕广训》《御制朋党论》颁发各省学政刊刻印刷，赍送各学。乾隆元年（1736 年）颁圣祖仁皇帝《律书渊源》于直省书院及所属各学，又命各省督抚以公帑购《十三经》《二十一史》交各学教官官藏尊经阁；九年（1744 年）又命各省督抚藩司刷印从前御纂诸书每种两部颁之各学，其《御纂三礼》俟告成后再行颁布；二十九年（1764 年）颁御纂《周易述义》《诗义折中》《春秋直解》各一部于直省庋藏学宫。（《贵州府志·学校上》）经过清代前期各朝所颁布至学宫之书，到晚清时期，贵州各学宫藏书日渐丰富。贵阳作为贵州省城，府学藏书尤为丰富，据道光《贵阳府志·学校上》载，道光末年贵阳府学藏有如下书籍：圣谕广训一部，训饬士子文一部，钦定书经传说汇纂二部，诗经传说汇纂二部，春秋传说汇纂二部，御纂日讲四书解义一部，朱子全书一部，性理精义一部，御制朋党论一部，驳吕留良四书讲义一部，驳钱名世诗一部，钦定三礼义疏一部，御纂周易述义诗义折中一部，春秋直解一部，钦定明史一部，御纂资治通鉴纲目三编一部，御纂乐善堂诗初集一部、二集一部、文初集一部，钦定四书文二部，乡会墨选一部，钦定学政全书一部，先贤先儒位

① 郜林涛，黄仕荣. 中国学校历代制度通考［M］. 太原：北岳文艺出版社，2008：4.

次册一部，祭各坛庙祝文一部，祭祀乐章一部，祭祀仪注一部，祭祀图一部，乡饮酒仪注一部，笙诗乐谱一部，周易注疏一部，尚书注疏一部，毛诗注疏一部，周易注疏一部，仪礼注疏一部，春秋左传注疏一部，公羊注疏一部，谷梁注疏一部，论语注疏一部，孝经注疏一部，孟子注疏一部，尔雅注疏一部，史记集解一部，汉书、后汉书、三国志、晋书、宋书、齐书、梁书、陈书、后魏书、北齐书、周书、随书、南史、北史、唐书、五代史各一部，宏简录一部，续宏简录一部，皆须发之书。相台五经一部，近思录一部，周易观篆一部，黔书一部，贵州通志一部，五经集注一部，皆官绅捐购之书。方兴纪要一部，道光二十六年总督贺长龄购留，又有古文雅正、白眉故事、了凡纲鉴各一部。①

贵阳府学学宫总共藏书 74 部，藏书来源有三：一为“须发之书”，64 部；二为官绅捐购之书，7 部；三为官员离任时所留之书，1 部；四为其他来源，3 部。从所藏之书的各种来源来看，绝大部分为朝廷颁发之书，近占其中藏书之九成，其他来源的藏书较少。不仅省城的贵阳府学藏书丰富，各地州县的府学藏书也实为可观。遵义作为贵州之文化重镇，遵义府学学宫尊经阁藏书也颇为丰富，据道光《遵义府志》载，遵义府学尊经阁共藏书 53 部，并对每一部书的由来做了一定介绍，如所贮藏之“十三经注疏各一部，奉颁旧贮。嘉庆间，署教授刘玉麟假之知府，失《易》《书》《孝经》《论》《孟》，前教授鄢国栋买补存贮，尚缺《周礼》。道光十一年教授莫与俦增买”。② 即便在较为偏远的毕节地区，虽然学宫藏书不如贵阳、遵义之多，但亦不少。据道光《大定府志》载，大定府学宫藏有：

《二十一史》五十二套五百本，《十三经注疏》十二套一百一十二本，《钦定周易经折衷》《钦定书经传说汇纂》《钦定诗经传说汇纂》《御纂日讲四书》《御制驳吕留良四书讲义》六本，《圣谕广训》一本，《上谕》二部共三十四本，《御纂文庙乐章》一本，《钦定先贤先儒位次》一本，《钦定御饮酒礼仪注》一本，《钦定学政全书》八本又一部一本，

① 注：原文中就有两处“《周易注疏》一部”。另外，原文在史部每书后皆有“一部”字样，本次所引将在全部史部书籍后改为“各一部”。

② 平翰，郑珍，莫友芝.（道光）遵义府志·学校：卷二十三［M］//郑珍.郑珍全集：第 4 册.黄万机，等点校.上海：上海古籍出版社，2012：767-768.

> 《钦定磨勘简明条例》一本，《钦定朱子全书》《钦定四书文》一部，《钦定乡会墨选》一部，《御制平定准葛尔碑文》一道，颁发各坛庙《祝文》二本。（以上见《大定志稿》）《御纂周易述义》一部，《御纂诗义折衷》一部，《御纂春秋直解》一部，《钦定明史》一部，《御纂性理精蕴义》一部。①

咸同年间，随着太平天国运动的爆发，民心受其蛊惑，朝廷为了正人心、绝邪说，曾将御纂《性理精蕴》《圣谕广训》为各学讲学之本，勒令各直省将军、督抚、学政要求地方文武官员广泛刊刻，以广流传，即便是穷乡僻壤之地，也应家置一编。同治元年（1862 年），又奉上谕将钦定《四书韵文》颁布至各省，责成各官绅于学宫书院认真宣讲，并选各学生员分赴城市乡镇家喻户晓（《续遵义府志·学校志》）。

然而，咸同年间贵州爆发了大规模的农民起义，对于学宫藏书是一大浩劫，起义军每到一处便焚经堂、毁学校，致使大多学校的藏经阁被毁，所藏书籍也随之化为灰烬。经过长达二十年的咸同战乱，贵州学宫藏书已经大不如前，偶有藏书，也是一些残简断篇而已。随着光绪年间贵州社会趋于稳定，不少前来贵州任职之官吏见贵州士子无书可读，或捐廉俸、或动用公帑，从外地购买经史子集存于学宫，供士子阅览。然此时的学宫藏书已经大不如前，清末时期因取消科举制度，学宫随之也被废除。

国家之兴在于人才，人才之兴在于学校。学宫作为古代教育传播儒学之所，更为培育人才之地，其藏书呈现出以下几个特点：一是学宫藏书来源主要为政府所颁发，多为儒家经典和朝廷钦定、御纂之书，是清朝地方政府的藏书之所；二是学宫藏书具有普遍性，在各府、州、县官学皆设有藏经阁；三是具有实用性，学宫藏书不仅在于教化，使人们熟知礼法，也为国家培养人才服务。由于学宫藏书所呈现之特点，注定了它流通的性质，不仅满足了教授、教谕的教材之需，而且为学校生童提供了重要的学习资源。

---

① 黄宅中，邹汉勋．（道光）大定府志［M］．毕节地方志编撰委员会，点校．北京：中华书局，2000：434.

二、私家藏书

贵州私家藏书最早起始于明代，据刘汉忠《贵州私家藏书汇考》载，在明代正统年间，宋昂（字从頫，号省斋），于正统七年（1442 年）代袭贵州宣慰使司，廉价自持，益崇儒业，多市经籍以惠土司。① 然而，贵州私家大规模藏书是直到清代道光年间才出现。黎恂（1785—1863），字迪九，一字雪楼，晚号拙叟，遵义人，长山公黎安理之子，嘉庆庚午年（1810 年）举人，甲午（1814 年）进士，分发浙江，官桐乡知县，尝曰："人以进士为读书之终，我以进士为读书之始，诚得寸禄，了三径，资事亲，稽古，吾志也。"② 性惜藏书，在浙江桐乡任职期间，以廉俸万金购书数十箧，于道光元年（1821 年）因丁忧归而携至遵义，存于锄经堂让家族子弟及门人参阅，造就了一大批人才，如郑珍、黎兆勋、黎庶昌等。自此以后，贵州私家藏书更加繁荣，藏书上万卷者也不少。在范风书所著《中国私家藏书史》中，制了一个上万卷书藏书家简表，共收录全国著名藏书家 543 人，皆为具有文献记载收藏万卷以上藏书之家，其中列举了贵州遵义的黎恂、独山的莫友芝、莫棠和贵阳的陈田四人。③ 其实，在贵州上万卷书者远不止这四人，早在叶昌炽的《藏书纪事诗》中就对黎庶昌进行了介绍，还有遵义郑珍巢经巢的藏书也很丰富，并有藏书目留存下来。

郑珍巢经巢藏书

郑珍一生虽然常为衣食所忧，然而求书之性不改，通过购买、誊抄、著述之方式，藏有大量图籍。正如其著于同治元年（1862 年）的《埋书诗》云："鸠集四十年，丹黄不离案。有售必固获，山妻尽钗钏。有闻必走借，夜钞恒达旦。不独有应有，亦多见未见。"④ 郑珍自以唐代诗人卢仝为喻，家贫唯图书满屋，因居住夷牢溪之上，又若羁禽无定栖之状，故将藏书室取名为

---

① 徐良雄．中国藏书文化研究［M］．宁波：宁波出版社，2003：360.

② 郑珍．诰授奉政大夫云南东川府巧家厅同知舅氏雪楼黎先生行状［M］//郑珍．郑珍全集·文集：第 6 册．黄万机，等点校．上海：上海古籍出版社，2012：574.

③ 范风书．中国私家藏书史（修订版）［M］．武汉：武汉大学出版社，2013：268-322. 关于黎恂的官职该书为"驻日公使"，有误，出任日本公使者为黎庶昌。

④ 郑珍．巢经巢诗钞后集：卷四［M］//郑珍．郑珍全集：第 6 册．黄万机，等点校．上海：上海古籍出版社，2012：346.

“巢经巢”，并著有《巢经巢记》一文：

……余幼喜汎窥，见人家稍异者，必尽首末。稍长，每读《四库总目》，念虽不得本，犹必尽见之。裹足牂牁丛山之中，家赤贫，不给饘粥，名不到令尉，相过从不出闾里书师。齐秦吴越晋楚之都，又无葭莩之因，可藉虑蓄念也。冻馁迫逐，时有所去，去即家人待以食。归而顾担负，色喜也。解包，乃皆所购陈烂相视爽然。……然性终不可改易，迄今二十余年矣。计得书万余卷，汉魏后金石文字，暨宋元来名人真迹，又近千卷，虽不能名藏书家，吁，亦多矣……①

此篇文章作于道光二十五年（1845 年）冬，在此时郑珍藏书就已经达到了万卷之多，还有各种金石文字、名人真迹近千卷，虽然自己不承认自己为藏书家，但就所藏图籍而论，已属于藏书家之列。所以在《移书诗》中云：“家书数十箧，箧箧丹漆明。平生无长物，独此富百城。祠屋筑墓下，堂厢接前荣。万卷辉其中，俗见颇眼惊。”② 这只是郑珍藏书的早期阶段，在此之后，郑珍并未因穷困而放弃对图书收藏的爱好，继续四处收集各种真迹善本，如道光二十八年（1848 年）郑珍从贵阳往都匀的途中，经过清平县时，在明代孙应鳌家祠中获得其所著《教秦绪言》。③ “巢经巢”究竟藏了多少书以及有多少珍本，现在已无从查考，但从郑珍本人对此的描述来看，有三四万卷。同治元年（1862 年）正月十七日，遵义农民起义军烧毁了望山堂，巢经巢藏书室也未能免其难，郑珍伤心不已，便写有《埋书诗》，其中“四库所校录，浩浩七万卷。下士而窭人，只能及其半”④。从“只能及其半”可知，郑珍所藏之书有三万余卷。在这次望山堂罹难后，郑珍写信给萧光远云：

藏书未出者约八九百部，其半有钱南北可买，其半非我郘亭第之善

① 郑珍．巢经巢诗钞后集：卷四［M］//郑珍．郑珍全集：第 6 册．黄万机，等点校．上海：上海古籍出版社，2012：507-508.

② 郑珍．巢经巢诗钞后集：卷四［M］//郑珍．郑珍全集：第 6 册．黄万机，等点校．上海：上海古籍出版社，2012：224.

③ 凌惕安．郑子尹（珍）先生年谱：卷五［M］．香港：崇文书店，1975：172.

④ 郑珍．巢经巢诗钞后集：卷五［M］郑珍．郑珍全集：第 6 册．黄万机，等点校．上海：上海古籍出版社，2012：345.

搜不能得。至有三四十种，则海内无他本。①

从所引材料可知，被焚之书有占一半为珍本，并且有三十四种是孤本，这足以说明巢经巢所藏之书的价值。这八九百部书并非巢经巢全部藏书，从郑知同《敕授文林郎征君显考子尹府君行述》中记载本次劫难“藏书半烬”②之语不难看出，近还存一半，这也从另一个角度说明了郑珍藏书的数量，近两千部。郑珍去世之后，其子郑知同就巢经巢所剩之书目录手抄了一份，现存于贵州省博物馆，题为《巢经巢藏书目》。在该书中，将巢经巢剩余之书分为四类：黑漆木箱内所藏书画，有 24 种；大红皮箱内藏郑珍手迹，细分为四堆，共 151 种；小红皮箱内宝藏，并书“不可示人”以自警，共 31 种，其中大多为名人真迹书册，如《月波楼笔记》《东坡诗稿刻本家佳》《菊花赋册》等；巢经巢书目，以字号分类，分为毛字号、南字号、宋字号、范字号、秦字号、健字号、陶字号、正字号、竹字号、学字号、陆字号、董字号、子字号、欧字号、永字号、朱字号、孔字号等等，共 35 个字号，每个字号的书目也不等，如毛字号有 34 种，而南字号却只有《说郛》半部（七十二册），并记有所借出之书 15 种，共有书目 363 种，其中既有常见的二十一史类书籍，也有自己的著述，还有一些为市上少见之书。③《巢经巢藏书目》的具体藏书，民国凌惕安著的《郑子尹（珍）先生年谱》、龙先绪著的《郑子尹郊游考》皆有记录，并且王红光主编的《贵州省博物馆藏珍稀古籍汇刊》也收录了《巢经巢藏书目》一书，为此，在此就对其藏书不再一一列出。

郑珍卒后，其藏书由其子郑知同继承，在颠沛流离的生活中将藏书保存下来，光绪十六年（1890 年）郑知同死后，由长子师惠保存，而师惠死后交由郑知同的女婿王应玖保存，因王氏无子，又因民国时期战乱频繁，藏书丧失殆尽。

莫友芝影山草堂藏书

莫友芝作为著名的目录学家，藏书不仅丰富，而且也精于版本的收集，在当时影响较大。郑珍在《郘亭诗钞序》中云：“入其室，陈编蠹简，鳞鳞丛

① 凌惕安：郑子尹（珍）先生年谱：卷七［M］. 香港：崇文书店，1975：233.

② 凌惕安：郑子尹（珍）先生年谱：卷七［M］. 香港：崇文书店，1975：260.

③ 以上各种数据皆由贵州省博物馆馆藏（清）郑知同手抄本《巢经巢藏书目》统计。

丛，几无隙地，秘册之富，南中罕有其匹。”① 黎庶昌在《莫征君别传》中亦云：“君家贫，嗜古，喜聚珍本书，得多与东南藏弆家等，读之恒徹旦暮不息，寝室并废。”② 由此可见，莫友芝藏书不仅丰富，而且多珍本书，所搜唐写本《说文·木部》更是为人们称赞，因此，清末时期叶昌炽在《藏书纪事诗》中以“世上居然有唐本，千年古镜出尘埋”③ 来评价其藏书。莫友芝具体所藏书按照杨祖恺《莫友芝影山草堂藏书管窥》及《续记》两篇文章内容来看，从傅增湘《藏园群书经眼录》、邵懿辰、邵章父子所著的《增定四库种简明目录标注》和邵章的《续书录》以及其他材料中共收录150种，认为这就是莫友芝的藏书。④ 后来刘汉忠撰有《莫友芝影山草堂考证——兼与杨祖恺同志商榷》一文，指出杨祖恺所考证莫友芝影山草堂藏书以邵氏父子所著的《增定四库种简明目录标注》和《续书录》者为多，然而，其实有些非莫友芝藏书而是其经眼之书，于是便从《郘亭知见传本书目》着手，另外从其中找出了74种具有明确标注为莫友芝的藏书，加之原来《莫友芝影山草堂藏书管窥》中所列出的134种（该文共考证出150种，刘汉忠认为其中有部分为莫棠所藏，有部分只是经眼书目，实藏为134种），后考证莫友芝共藏208种。又加莫友芝《宋元旧本书经眼录·附录卷一》中的48种，以及从其他材料如傅增湘的《藏园群书经眼录》、叶昌炽的《缘督庐日记》、王重民的《中国善本书提要》以及《曾国藩日记》等材料中收集的46种，共收集莫氏藏书302种。⑤ 然而刘汉忠的考证也只是以《郘亭知见传本书目》中所明确记载为莫友芝藏本书的数据为基础，再加上其他资料的散见书目，这只是莫友芝的部分藏书。其实，刘汉忠在文中提及的莫绳孙所著《影山草堂书目》和《郘亭竹箧书目》这两本书才能体现出莫友芝藏书数量，然而因没有刊行，所以

---

① 郑珍．郑珍全集·文集：第6册［M］．黄万机，等点校．上海：上海古籍出版社，2012：466.

② 黎庶昌．拙尊园丛稿·莫征君别传［M］//黎庶昌．黎庶昌全集：第1册．黎铎，龙先绪，点校．上海：上海古籍出版社，2015：187.

③ 叶昌炽．藏书纪事诗：卷六［M］．王欣夫，补正．徐鹏，辑．上海：上海古籍出版社，1989：682.

④ 杨祖恺．莫友芝影山草堂藏书管窥、莫友芝影山草堂藏书管窥［J］．贵州文史丛刊，1988（3）：43-51；1988（4）：81.

⑤ 刘汉忠．莫友芝影山草堂考证——兼与杨祖恺同志商榷［J］．贵州文史丛刊，1990（1）：57-65.

刘氏转而求助于《郘亭知见传本书目》。

王德毅所编的《丛书集成三编》第一册收录了莫友芝的《影山草堂书目》，该《书目》对影山草堂的藏书以“号”来排序写成，共有“二十四号”。笔者将这“二十四号”所藏书目进行统计，共存书目为542种（该数据由笔者从一号至二十四号书目相加得之。），① 就此本书中记载的书目就远远多于302种。另外，莫绳孙还著有《郘亭行箧书目》，所收录的书目为莫友芝随行之书。笔者很可惜没能亲自查到此书，不能知其详细记载，然作为随行之书，应该不会超过《影山草堂书目》所藏之书，从而可知“莫氏影山草堂藏有3000余种之多”② 的说法有待考证。关于莫友芝藏书之质量，在《影山草堂书目》中有很大一部分书目没有记载其版本而只记载了其作者、册数，无法进行统计，但就从刘汉忠考证出来的所记载的302种版本来看，“其中唐写本1种，宋刊本6种，元刊本18种，明刊及清初精刊本70种，抄本203种，（抄本中属旧抄73种，一般以清乾隆年间以前为限。）手抄本4种”③，可知莫友芝藏书大多为明刊本和清前期精刊本、抄本，也有少量的宋元刊本，更有唐写本《说文·木部》残本，从而见其藏书质量之一斑。

关于莫友芝藏书的毁散，有不少人以莫友芝所著《影山草堂本末》一文为依据，认为影山草堂的藏书在咸同时期独山农民起事中被烧毁。然而独山影山草堂当时并未有多少藏书，莫氏所到一处皆以影山草堂为其藏书室名，独山农民起事之时莫氏主要藏书在遵义。后来成为曾国藩幕僚之后，藏书也随之前往江宁。莫友芝的藏书后由莫绳孙继承。然而，莫绳孙在晚年生活非常拮据，不得已出售了莫友芝的藏书来救济。如光绪二十四年（1898年）三月二十三日，莫绳孙致信罗质菴，言高培兰不欲加价购《唐写本说文木部残卷》，已为他人以一千五百金买去，绳孙亦以此款项得嫁一女，并济用半岁之用；又光绪三十二年（1906年）六月初三日，售卖桃花纸《十七史》给文枢堂，共百四十厚册，得千二百元，以济日用。④ 至民国初年，莫友芝的藏书基

① 莫绳孙．影山草堂书目［M］//王德毅．丛书集成三编：第1册．新北：新文丰出版公司，1997.

② 任继愈．中国藏书楼：第3册［M］．沈阳：辽宁人民出版社，2001：1580.

③ 刘汉忠．莫友芝影山草堂考证——兼与杨祖恺同志商榷［J］．贵州文史丛刊，1990（1）：57-65.

④ 张剑．莫友芝年谱长编：谱后［M］．北京：中华书局，2008：563-568.

本丧失殆尽。叶昌炽在民国六年（1917 年）五月初一的日记中记载：

> 遍观影山草堂出售群籍，皆本朝初印精本，案头浏览之书。此等书出，莫氏之书真尽出矣……《五礼通考》《读礼通考》，纸白于玉，墨光如漆，字体仿欧阳信本，须眉毕现，奕奕有神，阅之心开目明，令人不忍触手，真书中尤物也，索千元不为奢。①

此则材料不仅说明了莫友芝藏书大致毁散完毕的时间，同时“真书中尤物也，索千元不为奢”也说明了莫氏所藏之书的质量。

黎庶昌拙尊园藏书

黎庶昌作为“曾门四弟子”之一，他不仅刊刻了大量图书，也多方搜罗书籍。叶昌炽在《藏书纪事诗》中以“仙人汉节下津轻，唐写何论宋椠精。玉理金题卷子本，银钩铁画楷书生”② 对黎庶昌在日本刻印《古逸丛书》给予盛赞。黎庶昌不仅在出使日本期间不遗余力搜集中国古籍珍本，而且在国内也搜罗了大量书籍，存于拙尊园，并写有《拙尊园记》一文，其云：

> 结园居室之偏，方广不盈亩，缺墙西南隅，面山有庭三楹，集书两万卷……园成，友人莫庭芝来居之，请所以为名。余曰：“天下惟拙可以已内营，可以却外扰，动静、交养、游息，斯能适真。今撷子美诗意，命之曰拙尊，明吾志也。”③

其实在写《拙尊园记》之后，黎庶昌也收藏了不少书籍，并著有《拙尊园存书目》，今藏于北京图书馆，2015 年出版的《黎庶昌全集》已将其收录。该《书目》为黎庶昌丁忧期间（1884—1887 年）所录，分为经、史、子、集、丛书五部分，并用“凡红圈系记书之要紧与否；凡录圈系记刻本之善否”④ 做了相应的标识，共录入 3000 余种书目，三分之一以上的藏书都注有

---

① 叶昌炽：缘督庐日记［M］. 杭州：江苏古籍出版社，2002.

② 叶昌炽. 藏书纪事诗：卷七［M］. 王欣夫，补正. 徐鹏，辑. 上海：上海古籍出版社，1989：708.

③ 黎庶昌. 拙尊园丛稿［M］//黎庶昌. 黎庶昌全集：第 1 册［M］. 黎铎，龙先绪，点校. 上海：上海古籍出版社，2015：213-214.

④ 黎庶昌：拙尊园藏书目［M］//黎庶昌. 黎庶昌全集：第 8 册［M］. 黎铎，龙先绪，点校. 上海：上海古籍出版社，2015：5195.

标记。其中“要紧”之书又分为不同等级，有一个到三个红圈不等，红圈越多，就说明越“要紧”，如宋张浚紫《严易传》只画了一个红圈，段玉裁《古文尚书撰异》画两个红圈，《春秋公羊传》《春秋谷梁传》《孝经》《周易》《尚书》《毛诗》《周礼》《仪礼》《礼记》《春秋左传》画三个红圈，而胡培翚《仪礼正义》唯独画了五个红圈。善本书亦然，用一到三个绿圈进行标记，《殿板十三经注疏》、明刻《左传杜注》及《礼记注疏》《通志堂经解》等都为三个绿圈。从总体来看，经部“要紧”之书较多，而史部和集部的善本书较多。当然，所藏书中也不乏既是“要紧”之书，也是珍善本，如集部之中收录的《渔洋精华录》（四本，十卷）、《尧峰文钞》（六本，四十卷）、《午亭文编》（十六本，五十卷）、《西陂类稿》（十六本，四十六卷）这四部书皆为三个绿圈和两个红圈。① 黎庶昌收集内容十分广泛，既有贵州乡邦文献，如《黔书》《黔诗纪略》《礼仪私笺》等，也有中国历代历史、方志、著名文集、名人著述等；既有卷帙浩繁之大部头书，如《通志堂经解》56 套，500 本整，也有一卷的文人著述。

黎庶昌去世之后，家道中落，其子孙决定将其藏书进行出售。由黎尹聪（黎庶昌的独子）之子黎仲篪联系四川大学彭举、蒙文通、叶秉诚等教授，商谈出售藏书事宜。然诸位教授到黎庶昌寓所查看了全部藏书，认为具有很高的学术价值，并且大多成套，如果按照自己的需要和财力进行购买，只能购买小部分，并且会使一些成套书籍变得残缺不全，于是就联系了重庆的富豪、藏书家龚泽溥对其购买。黎氏分为两次将藏书售与龚氏：第一次是 1927 年阴历冬月，本次共出售 1160 部，17033 册，售价为大洋 5000 元；第二次是 1928 年农历三月，共出售书 566 部，4449 册，另有张裕钊信件 30 页之多，售价厂洋 1500 元。两次共售出书 1731 部，21482 册。② 每次出售之前，都将所售书列出清单，对单点交，龙铣绪将这两次购书清单合并一起，题为《拙尊园书目》。中华人民共和国成立后，龚氏财产被新政府没收，所藏书也被运至四川省图书馆，黎庶昌的藏书总算有了着落。

① 黎庶昌：拙尊园藏书目［M］//黎庶昌．黎庶昌全集：第 8 册［M］．黎铎，龙先绪，点校．上海：上海古籍出版社，2015：5233.

② 龙先绪．点校说明［M］//黎庶昌．黎庶昌全集：第 8 册［M］．黎铎，龙先绪，点校．上海：上海古籍出版社，2015：5195.

陈田听诗斋藏书

陈田喜好藏书，然他一改过去人们专嗜宋元旧本之习，重点收集明人著述，在《中国著名藏书家书目汇刻》中收录有《贵阳陈氏听诗斋所藏明人集目录》和《贵阳陈氏书目》。《贵阳陈氏听诗斋所藏明人集目录》共分为四部分：洪武至嘉隆刊本，共100部，117函，705本。万历精刊及明刊专集，共196部，224函，1422本。普通明刊本，13部，25函，193本。抄本6部，6函，20本。“总计三百一十五部，三百七十二函，二千三百四十三本。”① 另外，北京图书馆所藏的《贵阳陈氏书目》，现被北京图书馆出版社出版的《近代著名图书馆馆刊荟萃续集》第4册收录，共著录有702种书目，大多为明刊本、明人文集以及明代历史，那么该书目与《贵阳陈氏听诗斋所藏明人集目录》是何关系呢，正如刘汉忠所言，“前者是全部藏书的总目，后者专记明人集部”②。由此可见，陈田藏书总共有700余种，这也与《蕉廊脞录》中记载相符：

> 陈松山给事田辑《明诗纪事》百余卷，所收明人别集五百余种，总集二百余种。国变后，贫不能出都，乃以此七百余种之书全售于日本人。先是，张菊生闻陈书至沪，将筹二千金购之，未及议价，而先为东人所得。惜哉！③

陈氏之书虽然卖给日本人，但后来经过罗振玉，以巨资从东京购买回来，在《贵阳陈氏书目》后附有海宁赵万里跋，详细论述了陈氏所藏书的最终归处。

> 贵阳陈松山（田）给谏撰《明诗纪事》，刻未竣，而辛亥事起，给谏仓皇出都，以其版及所藏书，为质于厂肆文友堂。文友堂留其版，而以其藏书转售于日本东京文求堂田中氏，仅值三千五百金，以视近年书价，直不可同日而语。然在当日，固已为善价矣。时上虞罗叔言丈侨居

① 林夕．中国著名藏书家书目汇刊：近代卷（第15册）［M］．北京：商务印书馆，2005：503.

② 刘汉忠．陈氏“听诗斋”藏书及《明诗纪事》［J］．四川图书馆学报，1995（1）：69-72.

③ 吴庆坻．蕉廊脞录：卷五［M］．张文其，刘德麟，点校．北京：中华书局，1990：150.

> 西京，闻之，慨然以巨资购归。后又转入吴兴蒋氏密韵楼，今蒋氏书散，大半归上海涵分楼，给谏旧藏书未知尚存否？此目乃当时底薄，前后无序次，从文友堂故人处假来，亟为印行，而志其始末于此。海宁赵万里。①

贵阳陈田之藏书，虽然在辛亥革命初期便被人本田中所收购并运至日本，但有幸罗振玉又从东京以巨资购回，总算未流入他国。

贵州其他文人藏书

晚清时期，贵州藏书家还有莫棠，藏书颇丰，其藏书室为“铜井房”。莫棠还为所藏之部分书（91 种）写了跋，即《铜井文房书跋》一卷，讲述收集的过程和版本，收入《国家图书馆古籍题跋丛刊》第 26 册。据范风书根据莫棠所撰《文渊楼藏书目录》和《铜井文房书目后编》考证，莫棠共藏有 357 种，② 所藏之书主要以明刊本、旧抄本以及清代精刻本为特色。贵州私家藏书在晚清时期已经较为普遍，刘汉忠著有《贵州私家藏书汇考》一文，除了上述所列举的私家藏书外，还有广顺州的但明伦收藏颇丰，黔西史胜书“日走厂肆，搜买古籍”，黄彭年喜欢搜集书，又承其岳父刘位坦之书藏于“戴经堂”等。③ 当然，刘氏所列举的贵州私家藏书也并非是全部，还有不少私家藏书也非常丰富，如光绪《普安直隶厅志》记载：

> 范兴荣，字仲华，嘉庆戊辰恩科举人，历官湖北黄冈、江夏等县知县，升武昌府同知，罢归后，构积书楼，藏书数百种，文章自娱，吸引后进，著有《环溪草堂文集》《望余文课》行世。

从材料中“构积藏书楼，藏书数百种”之语来看，普安范兴荣的藏书数量也较为丰富，对于一个以少数民族居多、经济文化极其落后的直隶厅来说，其藏书之价值很高。由此可见，晚清时期贵州民间私家藏书仍有不少，有待进一步的发掘。

---

① 林夕．中国著名藏书家书目汇刊：近代卷（第 15 册）［M］．北京：商务印书馆，2005：530.

② 范风书．中国著名藏书家与藏书楼［M］．郑州：大象出版社，2013：390.

③ 刘汉忠．贵州私家藏书汇考［M］//徐良雄．中国藏书文化研究．宁波：宁波出版社，2003：360-372.

三、书院藏书

书院是中国古代时期重要的教学单位，是师生重要的研习之所，为此，古代书院常藏各种书籍为师生提供研习之资，从而使书院藏书成为中国四大藏书系统之一（官府藏书、私家藏书、寺观藏书和书院藏书）。清代初期，朝廷对书院采取了一些限制政策，但到了雍正年间，官方大力提倡各地新建书院，经过雍正、乾隆、嘉庆、道光四朝以后，贵州书院获得快速发展，达 175 所之多。书院藏书作为书院的一个重要组成部分，是培养人才的重要资源，受到朝廷的重视。乾隆皇帝不仅命令各省督抚以公帑购买经史之书贮存书院，令士子熟习讲贯，强调“经史，学之根柢”，并为给南巡视察过的江宁钟山书院、苏州紫阳书院、杭州敷文书院各赐颁武英殿刻本《十三经》《二十一史》。①

贵州乃地瘠民贫之地，书籍奇缺之区，书院藏书主要来自官府置办。贵州历任官吏遵照朝廷旨意，购各种经史书籍颁发至各书院，所颁书籍占书院藏书之大部分，书目与贵阳府学“须发之书”大致相同，不再赘述。除朝廷颁发之书外，历任官吏也动用公帑购置经史子集存于书院。如乾隆末年，贵州学政洪亮吉见学子无书可读，便动用公帑派人前往江浙文化发达之地购买了大批图书，如《十三经》《二十二史》《资治通鉴》《通典》《文献通考》《昭明文选》《文苑英华》《玉梅》等，散置各府书院，给省城的贵山书院尤多。② 书院藏书的另一种渠道来自社会捐助。官绅们要么出资刊刻，要么直接捐赠书籍，藏于书院之中，以资研习之用。早在康熙年间，田雯出任贵州巡抚时，便“奖学兴教，留所自购书近万卷于书院。如《通志》堂经解，诸大部书，多在其中，士子罔不欣悦”（《安顺府志・职官志》）。而在道光年间，贺长龄“留书数箱，资广见闻。又有《国朝圣训》四十一策存贵阳周小湖太守处，簿书余暇，可取观以增学识。前年刻陈文恭《课事直解》一书，析义极精，书院考课照此出题”③。同治丁卯年（1867 年），赵尔巽出任石阡知府，

① 程千帆，徐有富. 校雠广义・典藏编［M］. 济南：齐鲁书社，1998：133.

② 黄万机. 客籍文人与贵州文化［M］. 贵阳：贵州人民出版社，1992：30.

③ 贺长龄. 与大定府知府黄宅中书［M］//黄宅中，修. 邹汉勋，纂. 毕节地方志编撰委员会（道光）大定府志. 北京：中华书局，2000：1038.

“以阡地处黔边，士多英秀，苦无书籍博览，乃捐俸为买经史子集各书，贮藏书院”。(《石阡县志·名宦志》)。赵尔巽此次所购买的书籍数量较大，有80种，共计2390本（该数据由《石阡县志·学校志》中提供的书目及各书本数进行统计而成)，主要为朝廷御纂、钦定之书，如《通志堂经解》452本、《皇清经解》358本等。光绪年间，云贵总督谭均培，贵州镇远人，关心家乡教育事业，在任期间，将家中价值银4000两的藏书捐赠给镇远文明书院。①

贵州书院藏书还有另一种来源，即书院自置。书院一般都有自己的学田，如古州厅龙岗书院学田“总记坵数三百五十九坵，约田面出谷七百一十七挑半，实收租一百九十余挑，有崩坡塘田租四十挑”(《古州厅志·学校志》)。书院学田租银除师生膏火之外的余额，基本上用来添置书籍，或自己刊刻，或市场购买。贵州书院刻书较少，如道光年间宋岳珂的《相台五经》，光绪庚子年（1900年)，兴义“邑人唐续宗、李映雪等捐资刊朱子小学、训蒙诗歌、史鉴节要，木板存院任印，不取版费”(《兴义县志》)。笔山书院还“从武昌、长沙等地购置《皇清经解》正续编、《学海堂重刊·湖北丛书》《汉魏六朝百三家集》等参与经、史、子、集供师生阅览”②。

通过官府置办、社会捐助和书院自置，贵州书院藏书日渐丰富，贵州省城的贵山书院藏书最为丰富。贵山书院，原名阳明书院，为纪念王守仁在贵州的讲学而建，于明嘉靖十四年（1535年）建于贵阳。雍正十一年（1733年）贵州巡抚元展进行扩建，发帑银1000两，建学舍50余间，并购经史子集千余卷，以供诸生诵习，并将阳明书院改名为贵山书院。然而许多人便以此为依据，将贵山书院藏书定格在“千余卷”。其实，贵山书院从元展购书之后，在乾隆年间朝廷颁发了不少钦定、御纂之书（见前文学宫藏书中的贵阳府学藏书）于书院，而且在此期间安平陈法（字定斋）在贵山书院长达20年的讲学，他将书院剩余之膏火钱全用于购买书籍，曾多次派人至京师购买内府所刊之书。(清）刘祖宪撰有《陈法传》云：“先生决意归黎，掌教贵山书院。一年，所得修脯，一无所取。为置书院膏火，数派人往京师购内板书贮院中。”(《安顺府志·人物志》）后来在道光元年，陈恩泽刻《相台五经》，

① 黔东南苗族侗族自治州地方志编纂委员会．黔东南苗族侗族自治州·教育志［M］．贵阳：贵州人民教育出版社，1994：32.

② 贵州地方志编撰委员会．贵州省志·教育志［M］．贵阳：贵州人民出版社，1990：57.

并将书版置于贵山书院。从而可知，贵山书院藏书是比较丰富的，肖东发教授认为其藏有几千卷，但“由于资料所限，贵山书院藏书的具体情况不得而知”①。除了最有名的贵山书院，学古书院藏书也不少，据莫庭芝《尹先生祠记》云：

> ……前年，当道诸公尽锐意敦实学、励真儒，改正习为学古书院，以掖多士。又捐资远购图籍，就讲堂故制拓之，建楼三楹，颜曰“敬业”，度书其上，琳琅缥缃，古香四壁。②

该文作于光绪五年（1879年），可见在光绪年间，学古书院有自己的藏书楼，而且“琳琅缥缃，古香四壁”，珍本善本也不少。如严修在贵州视学期间，于丙申年（1896年）八月初六，“借学古书院《杨固集》二函，十六本，黄监院亲送”（《蟫香馆使黔日记》）。

贵州书院藏书尽管不能与文化发达地区相比，然对于一个书籍奇缺的贵州来说，实属不易。即便在较为偏远的遵义桐梓县，书院之中也存有不少书籍，据民国《桐梓县志》载：“书院原有颁发图书即地方公购图书，计经史子集共三十一种，储存一柜，光绪五年置，由学长经管。”桐梓县鼎山书院于道光二十年（1840年）由知县甘雨施建于明伦堂之左，在书院讲堂旁设有书室，供诸生阅览。鼎山书院在晚清时期贵州的书院当中实属规模较小，即便如此，其中也藏书31种，由此可见晚清时期书院藏书的普遍性。

光绪年间，随着西学东渐的影响不断加剧，维新思想书籍四处传播，贵州官书局除购买和刊刻了各种经史子集外，还有不少西方文化历史书籍、自然科学书籍、维新派思想图书以及时务报。贵阳三书院（贵山书院、正本书院、正习书院［又叫学古书院］）购置贵州官书局购买之书尤多，严修对学古书院进行改革，更名为经世学堂，自订《学古书院肄业条约》，课兼中西，将算学作为月课，并从武昌聘任贵州郭竹居讲授数学。书局所刻印的《算法须知》《算学》《微积分》等诸书，严修亲自到书院散发。此时，贵州各州县书院如新场书院、玉屏书院等也纷纷前来购买，严修亲自点交其购书单，使

---

① 肖东发．中国书院藏书［M］．贵阳：贵州人民出版社，2009：42.

② 莫庭芝．尹先生词记［M］//黎庶昌．黎庶昌全集·全黔国故颂：第3册．黎铎，龙先绪，点校．上海：上海古籍出版社，2015：1925-1926.

贵州书院藏书更加丰富多样。

晚清贵州书院藏书不仅继承了大量的文化遗产，而且也在一定程度上缓解了贵州士子无书可读的局面，在文化传播方面起到了很大的作用，从而使偏远贵州学风为之一变，人才辈出，举人、进士无数，贵山书院还培养出了贵州的第一个文科状元赵以炯。晚清时期，贵州除了学宫藏书、私家藏书和书院藏书外，还有寺院藏书，如贵阳黔灵寺、遵义禹门寺等皆有藏书，然寺院所藏佛经流通较少，故在此不再论述。

第三节　文人传播

在古代，图书流通的另一种重要形式便是文人传播，这种传播方式超越了以金钱为基础的图书交易，而是以情感为基础的图书传递，在这种图书流通方式中，图书的商品属性降低，社会属性得到了彰显。图书的文人传播主要表现为文人之间相互赠予、本地文人的输出和客籍文人的输入这三种形式，使图书这一媒介获得了空间上的无限延伸。晚清时期的贵州图书，也正因为文人在传播中扮演了重要的角色，才使一个交通不便、文化落后地区的图书流通变得较为活跃。

一、文人互赠

中国作为一个礼仪之邦，赠礼物已经成为巩固人际关系的一种重要手段。美籍汉学家周绍明认为，在汉学家中间，送礼的历史是一个被忽略的课题。即便在日益商品化的经济中，送礼在社会交往中已不再是一种边缘活动，“尤其是书籍，在送给皇帝、父母或官员的礼品中扮演了一个至关重要的角色，分别将朝廷、家庭和官场卷入到意味深长的交换关系”①。在此，周绍明强调了书籍作为赠送礼物在中国古代已经是人际交往关系中的一种生活方式。笔者虽然不太认同将这种“送礼”看作是一种“交换关系”的说法，即“为后

① 周绍明．书籍的社会史——中华帝国晚期的书籍与士人文化［M］．何朝晖，译．北京：北京大学出版社，2009：75.

来开口提要求做准备”，但突出古人将书籍作为“礼”相互赠送这一社会现象，对研究图书的传播是有很大的启发意义的。互赠图书是书籍流通的一种渠道，虽然规模不如购买大，但往往这种流通更具有指向性。如果说周绍明所说的“送礼”是文人向官员，或者是官员向皇帝送书，是一种自下而上的书籍流通形式，那么我们所讨论的文人互赠书籍则是文人之间为了增进彼此之间的感情、巩固交往关系的一种平行流通。

文人互赠书籍在晚清时期贵州的图书传播中扮演着重要角色，它不仅加强了文人之间的相互联系，同时也扩大了文人交往的范围（有些文人可能没有会过面，只是通过书籍这一纽带相互认识），进而加强了彼此之间的文化交流。据周绍明对明代杨士奇藏书的考证，杨在当官以前，共 48 部书，只有两本是印本，其余的是抄本或其他，而至 1399 年当官之后，藏书大增，达到 184 部，多为朋友或熟人赠送，也有地方政府机构为其所印，其中“至少 70%是印本”①。从杨的藏书中印本所占比例的数据表明，作为“礼物”赠予的书籍大多都是印本，而这一结论恰恰能说明晚清时期贵州文人之间相互赠送书籍较为流行的原因，即印本书的大量出现。在文化较为落后的贵州，到了晚清时期私家刻书才大规模的出现。而刻书家往往是当时的著名文人，他们的刻书是一种非商业性活动，要么刊刻自己的著述，要么刊刻乡贤著作或自己喜欢的典籍，不以营利为目的。由于书籍复制比手抄更容易，因此所刻之书很少是一版一印，而是一版多印，因而他们手中就有了不少印本书，为文人之间相互赠送书籍提供了条件。除自己所需留存之书外，其余的主要用于文人之间的相互赠予，以广流传。例如，莫友芝刊刻了《张杨园先生全集》《中庸集解》《桐野诗集》等书，这些刻本皆有赠送与他人的相关资料记载。在道光二十四年（1894 年）秋，莫友芝“曾与湘川书院山长王梦湘郊游并赠其《张杨园先生全集》”；咸丰十一年（1861 年）七月十六日，莫友芝与“高心夔、周成来畅谈，赠高心夔宋石整《中庸集解》”；同年七月十九日，又“赠高心夔《桐野诗集》”②。另外，郑珍也有赠书之活动，道光二十二年（1842 年）九月，前遵义府知府，新昌俞汝本以其父《行状》，乞为志墓，郑

① 周绍明．书籍的社会史——中华帝国晚期的书籍与士人文化［M］．何朝晖，译．北京：北京大学出版社，2009：81.

② 张剑．莫友芝年谱长编［M］．北京：中华书局，2008：71、237、238.

珍撰写完毕之后，并赠《遵义府志》一部一并邮去。道光二十七年（1847年），郑珍被派任黎平府古州厅训导，掌管榕城书院，在此期间，将所刊行的《樗茧谱》赠予学生胡长新，后长新便取其法而著《放养山蚕法》。

在赠送给其他文人的同时，郑珍、莫友芝也获得当时其他文人的书籍赠送，例如，道光十七年（1837年），贺长龄知郑珍贫，却又爱其才，故赠其《研经室集》。咸丰六年（1856年）冬，莫友芝“接到杨彝珍寄来所撰《乱定草》诗集刻本及《塔忠武行状》”，咸丰九年（1859年），莫友芝在京应试，“在京候补期间，王拯惜其不售，向其师祁寯藻盛赞友芝。祁与友芝相见后，对友芝甚为奖赞，惠赠其著《𩞄䰻亭集》并惠诗”①。又如吴庆坻在《蕉廊脞录》中记载了吴振棫赠书给陈矩的情形，其云：“先大父官黔久，尝著《黔语》二卷，可继田山姜、张介候两《黔语》之后。庆坻刊于京师，在蜀以赠陈衡山大令，刻入丛书。”②

从以上的赠书活动来看，既有贵州本地文人之间的相互赠送，也有贵州文人与省外文人之间的相互赠予，从而可见，晚清文人之间互赠书籍无疑是较为流行的一种社会行为，成为当时图书传播的一种渠道，对贵州图书传播起到了一定的推动作用。

二、本地文人的输出

晚清时期贵州随着文化教育的进一步发展，更多的贵州士子走出贵州，或做官于他乡、或谋事于省外。在省外的他们要么刊刻贵州乡贤著作，要么主动将贵州著作介绍于省外文人，成为贵州文化传播的生力军。

贵州由于经济文化落后，不但文人著作较少，而且也有不少文人的著作因无力承担刊刻费用而被埋没，即便像郑珍这样全国知名的经学大师，也因自己缺乏经济基础而有众多著述未刊行，承蒙当时在外做官的贵州士人，经过其子郑知同的整理，大部分作品才得以问世，但时至民国初年，仍有部分作品未刊。郑珍著述的刊刻在贵州私家刻书章节已大致说明，在此不再赘述，而郑知同（字伯更）一生，更为凄苦。据黎汝谦《郑伯更传》载：

---

① 张剑．莫友芝年谱长编［M］．北京：中华书局，2008：156-173.

② 吴庆坻．蕉廊脞录［M］．张文其，刘德麟，点校．北京：中华书局，1990：84.

……君父子均以经训学冠东南，人以比王氏引之、惠氏栋宇父子，而卒穷困以死。……君之学以许郑为归，一秉家法而卒，《说文解字》尤为专精。著有《述许》《转注考》等篇，《朴学斋诗文集》若干卷。丛稿鳞袭，多未卒业。为文词晦拙蹇滞，而朴雅可喜。持身无畦町，颇为时人所訾。丁卯秋，试罢归，出城数十里，为贼所得，以善辩得免。平生屡遭大险奇辱，皆为贫累，识者怜之。然一时名公巨卿，故交密戚，咸服其学而卒无一援手，坐视其老死而不获救。①

郑知同虽然一生穷困潦倒，但在张之洞所创广雅书局任编修期间，刊刻了郑珍的《郑学录》六卷、《汉简笺正》八卷、自己所著《说文本经答问》二卷与家刻本《礼仪私笺》八卷、莫祥芝金陵刊《轮舆私笺》，将其一并辑入《广雅丛书》之中。同时，郑知同也整理了郑珍的不少著作。郑知同本人也著作颇丰，著有《说文述许》《说文商义》《说文本经答问》《经义慎思篇》《愈益录》《隶释订文》《楚辞通释解诂》《六书浅说》《转注考》《漱芳斋文稿》《屈庐诗钞》等。② 然他在世期间，由于自己常年为衣食所困，除了自己刊行的《说文本经答问》《六书浅说》外，其他著作皆无刊本。

虽然贵州文人的著述多因经济落后而较少刊刻，但在省外做官之贵州士子不忍乡贤著作就此埋没，他们自出俸禄，将其部分著作刊行于世，功莫大焉。遵义唐树义、唐炯父子，刊刻郑珍著述较多，黎庶昌在出使日本期间，刊刻了黎氏家族的众多作品，所刊刻的《黎氏家集》中，也有其他贵州乡贤著作，莫友芝著作也多为黎庶昌出资刊刻。又贵阳高氏、陈氏，遵义华氏皆刊有郑珍著作。以上在外籍做官之贵州士子所刊刻乡贤著作皆在私家刻书章节中有所涉及，在此不再一一细论。张日晸（1791—1850），字东升，号晓瞻，贵州清镇人，嘉庆二十二年（1817 年）进士，改翰林院庶吉士，官至云南巡抚。道光丁酉年（1837 年）在任四川建昌巡道期间，刊有“吾乡陈定斋先生《醒心集》”③。陈夔龙（1857—1948），字筱石，贵阳人，光绪十二年（1886 年）进士，官至湖广总督，有刻书坊“花近楼”，故世人称其为“花近

① 冯楠．贵州通志·人物志［M］．贵阳：贵州人民出版社，2001：1082.

② 冯楠．贵州通志·人物志［M］．贵阳：贵州人民出版社，2001：1081.

③ 张轴新．张日晸行述［M］//黎庶昌．黎庶昌全集·全黔国故颂：第 3 册．黎铎，龙先绪，点校．上海：上海古籍出版社，2015：1556.

楼”主人。宣统三年，武昌秋收起义爆发，陈夔龙见清王朝大势已去，便以病为由辞官，结束了自己的官场生涯，寓居上海。陈夔龙对贵州文献的收集、刻印做出了不少贡献。贵州明代文人杨文骢创作刻印的《山水移》《洵美堂诗集》早已散失，但陈夔龙通过自己的声望和财力，找到了明代刻印的孤本，并大约在光绪三十二年（1906年）重刻。又在光绪二十年（1894年），刊刻了遵义郑珍的《巢经巢诗文集》8册。① 宣统三年（1911年），陈夔龙在京师刊刻了由莫庭芝、黎汝谦辑，陈田传证的《黔诗纪略后编》三十卷，22册，贵州省图书馆、贵州省博物馆皆有其藏本。

贵州文人士子走出贵州后，不仅刊刻乡贤著作，同时也主动介绍贵州文人作品，从而将贵州文人著作推向全国乃至国外。杨彝珍《黔中三君子哀辞》（《续遵义府志·艺文志》）有云：

> ……越四载，仍赴计偕，车行至荆州，遘兵乱，返，道常，投予书，副以诗一册。予读之，见与海内通贤硕夫无不交，其尤与密无间者郑君子尹。予用是并有意郑君子尹之为人，嗣获《巢经巢诗集》，读之咏叹无已，几欲俯首至地，亦如推服部亭然，遂不介而执讯与之书，具述倾奉之意。

杨彝珍（1807—1898），字性农，湖南武陵人，道光三十年（1850年）进士，选庶吉士，授兵部主事，与曾国藩、左宗棠等名臣相互往来，著有《移芝室文集》《紫霞山馆诗钞》行于世。在《黔中三君子哀辞》中讲述了他与贵州莫友芝、郑珍、黎兆勋三人之间的交往过程和深厚感情。在道光丁未年（1847年），杨彝珍与莫友芝邂逅于湖南，后友谊深厚，常有书信往来。所引部分为四年之后，即咸丰元年（1851年），莫友芝向杨彝珍介绍了郑珍及其著作。杨读《巢经巢诗集》后评价甚高，“几欲俯首至地”，于是对郑珍有“倾奉之意”。

郑珍的晚年著作《说文新附考》也是因张之洞之推荐，四川姚瑾元才将其刊刻，纳入《咫进斋丛书》之中。张之洞虽然为河北南皮人，但其父在贵州做官近三十年之久，其本人也出生于贵阳，在贵州生活达18年之久，并娶

① 何明扬．贵州版史研究［M］．贵阳：云岩印刷厂，1996：31.

贵阳石赞清之女为妻，对贵州很有感情。在四川任学政期间，将郑知同招募其幕内，并向姚瑾元推荐郑珍著作《说文新附考》，姚瑾元《序》云：

> 光绪改元，余分巡东川，校刊小学家言。适南皮张太史孝达典学蜀中，为言遵义郑徵君有考著特善；其子伯更属在幕中，常挟稿随行。怂余为剞劂，公诸世，辄诺之。逾年，伯更持本来，受而读之，则见其于文字正俗，历历指数其递变所由。虽旷衍廉篇，而逐字穷原竟委，引据切洽。第服其缕析条实，绝无枝蔓赘辞；且其间阐发文字谊例大偿，抉摘近儒师心娇饰之弊，尤为中綮。①

姚瑾元刊本《说文新附考》为最初刻本，正如姚氏《序》中所言，实乃张之洞为其言而为之。后张之洞任两广总督，创办广雅书局，聘郑知同为编修，并将郑珍多部作品辑入《广雅丛书》，这与张之洞对贵州的深厚感情密不可分。

从以上所列举之事实不难看出，晚清时期贵州文人对当时贵州的图书传播扮演着重要角色，正是因为这些文人或刊刻或推广贵州乡贤著述，才使贵州的图书传播更加广泛。

三、客籍文人的输入

前往贵州的客籍文人基本上是前往贵州任职，他们在任职期间要么动用公帑购置图书，要么捐俸购运图籍，而且还有不少客籍文人自带书籍前往贵州。古代贵州经济文化落后的声名在外，因此到贵州做官之际，客籍文人常常自己随身携带书籍，而在离任之时，有不少人因贵州书籍罕至而将所带书籍留于贵州。清代早期，田雯见贵州各学载籍寥寥，所见不过一二断简残帖，而吴越之书贾也罕见一至，“巾箱中有书若干种，凡数十百卷，皆著目留之学宫，椟藏皮载”（《贵州府学藏书碑记》），在离任之时，留自购书万余卷于贵州书院。而在道光末年，抚黔九载的贺长龄也留书数箱于黔。光绪二十年（1894 年），严修被派往贵州出任学政，深知贵州书籍奇缺，故自己带了大量书籍前往贵州。据《蟫香馆使黔日记》记载，严修出都时除了日常所需衣服

① 郑珍．郑珍全集：第 2 册［M］．黄万机，等点校．上海：上海古籍出版社，2012：136.

鞋帽外，还有书箱十四箱。又据《严修年谱》记载，所带的十四箱书，凡书有65种，其中经部7种，史部16种，子部4种，集部34种，丛书3种，类书1种，有精善本之典籍，其中属《评点史记》《读史方兴纪要》最精，也有与时事切近之书，如《林文忠集》《胡文忠集》《沈文肃政书》《左文襄奏议》和《金石萃编》，“以上五书于时事切近，有志于经济者，不可不读”①。

图书流通的价值不只是在数量层面上的增多而论，关键还在于图书信息被受众所获取，唯有如此，图书流通的传播学价值才能真正体现出来。客籍文人输入进贵州的图书，他们并未将这些书籍束之高阁，也并非独享其信息，而是将书籍流通最大化，将其置于公众场所，供更多士子阅览。严修有记云：

> 诸生好学者苦不得书，而余行笥所携，一经出棚，便须束阁，日久丛积，将饱蟫蠹。商诸广文先生，存之学舍，以供多士之讽览。②

严修所记为自己携带十四箱书的处置方法，在到贵州各地考察之时，并未将其封存保留，而是置之于学舍，便于贵州士子们阅览。

客籍文人除了自带书籍前往贵州外，他们当中还有不少文人在贵州进行创作，丰富了贵州图书。清代，前往贵州的客籍文人多有著述，田雯著有《黔书》、张澍著有《续黔书》、李宗昉著有《黔记》、吴振越著有《黔语》等，描述或记录贵州风土人情、地况地貌。所创作之作品中，最多的就是地方志书。湖南邹汉勋在贵州期间，编纂了《贵阳府志》《安顺府志》《大定府志》著名地方志。张之洞的父亲张锳在贵州任职三十余年，咸丰年间，在任兴义知府时，见乾隆年间所修《南笼府志》陈旧不堪，于是“自任增修，乃出藏书万卷，博考纂辑，复询绅士、访父老，属草焉”（《兴义府志·张瑛序》）。经过近十年准备，后聘请湖南名宿邹汉勋、江南朱逢甲等人编纂，共耗时十三年之久乃成，《兴义府志》凡74卷。客籍文人所编之志书，成为晚清时期贵州图书中不可或缺的部分。客籍文人中，也有人进行文学创作，如新昌俞汝本在贵州任职期间，与遵义郑珍、黔西张琚极为友善，创作了大量

① 严修．严修年谱［M］．高凌雯，补．严仁曾，增编．济南：齐鲁书社，1990：52-55．注：该书中只有14箱书总的种类，并无各类书的具体数字统计，该数据由笔者进行统计。

② 严修．严修年谱［M］．高凌雯，补．严仁曾，增编．济南：齐鲁书社，1990：52.

诗歌，可惜大部分被焚，现仅存《烬余存稿》，由郑珍与张琚校刊。

贵州客籍文人通过自带书籍或在黔创作，不仅增加了晚清时期贵州的图书数量，更为重要的是使贵州的图书流通更加活跃，让贵州士子获得了更多的图书进行阅读，同时也促进了贵州士子与省外文人之间的文化交流。

第四节　传抄借阅

纵观中国媒介技术发展史，大致经历了口语媒介、书写媒介、印刷媒介和电子数字媒介这几个重要阶段。我们不难发现，一种新媒介的出现或普及，往往与旧媒介之间有着较长的过渡时期，会出现一种新旧媒介技术并存的现象。自从中国在唐五代时期使用雕版印刷之后，中国的印本书越来越多，而手抄书在逐渐变少，至晚清时期，随着对西方先进印刷技术的引进，中国的图书生产已经进入到机械复制时代，所存图书已经大多以印本的形式存在。但由于我国幅员辽阔，经济文化和媒介技术的发展极其不平衡，书籍的传抄活动仍然存在，成为当时书籍流通的重要补充形式。尤其是对于经济文化落后的贵州来说，在晚清时期，不少文人士子由于受到经济条件的制约，抄书活动大量存在，少数民族地区的古籍，更是多以抄本形式在本民族内部流通。抄书活动又只有找到了相应的底本之后才能展开，而这种底本往往是通过借阅而获得，因此，谈到抄书之时必然要涉及图书借阅之情况。

一、抄书：传统流通方式的延续

晚清时期，尽管印本书已经普遍存在，但对于经济文化落后又交通不便的贵州来说，抄书仍然是图书流通的重要形式之一。由于贵州经济落后，不少贵州士子常年被经济所困，既无力刊刻图书，也无钱购买，因而只能通过誊抄的方式获得书籍。遵义郑珍家贫，常以衣食忧，又居于大山之中，与人交往较少，故获书不易，然酷爱收藏书籍，因此他是“有闻必走借，夜钞恒达旦”。道光十四年（1834 年）十二月，郑珍在湖南从桃源坐船至武陵，在半夜之时，船舷破裂，水进入船只里面，有半船之许。到武陵之后打开随身携带之书箱，全部湿透，烘书三昼夜。“凡前所钞述者，或烧或焦，半成残稿，为之浩叹，因有《武陵烧书叹》之作。"① 从所引的"凡前所钞述者"来看，郑珍随身携带之书多为自己所抄录。在郑珍的晚年诗作《残腊，无以忘寒，借〈测图海镜〉，十日夜呵冻录本，校讫示儿》之中，更有对抄书的细节有一定的描述。

> 藏书读书事不同，藏书贵多读贵通。古来读破万卷者，不必万卷皆宫中。若徒四部夸富有，何异临安陈道翁。我老无钱给衣食，那复买书只能借。时撮关要抄一二，绝精又简乃全册。不论行草及疏密，但无错漏今可识。②

郑珍晚年生活拮据，难以维持基本的生活需求，根本无钱去买书，只能借书来抄，或抄其关要，或抄其全本，不论抄写的字体及疏密，能辨认即可，但必须要正确无误。贵州省博物馆馆藏了郑珍抄本：（清）陈琰撰的《春秋三传异同考》一册，楷书抄写；咸丰十一年（1861 年）所抄（唐）孙焦撰的《孙可之文集》一册；（唐）李翱撰的《李习之文集》一册，这三本抄本并被《中国古籍善本书》收录。又据《贵阳市志·文物志》记载，郑珍还抄有《前人文集散册》七册（含有汉魏六朝文钞、元袁伯长请客集、清代名家文钞、清钱仪吉文钞、清程侍郎遗集）。③

莫友芝也有常抄书之记录，如咸丰十一年（1861 年）六月初九，借黄之瑞藏《草庐经略》抄之，让其子绳孙装订。据《郘亭日记》载，"明末黄州黄氏之瑞有兵家言曰《草庐经略》，尚无刻本。旧藏写本，在行箧，不完，借益阳本钞补成，使绳装之"④。在现存的抄本之中，莫友芝抄有（宋）张先所撰的《安陆集》一册，现存于贵州省博物馆；（魏）曹植撰的《陈思王诗集》，现存于贵州省图书馆；《求阙斋文钞》，咸丰年间抄本，4 张，存贵州省图书馆；《北溪先生字义》二卷，王隽编，戴嘉禧增订，2 册，存于贵州省博物馆。

---

① 凌惕安．郑子尹（珍）先生年谱：卷二［M］．香港：崇文书店，1975：55.

② 郑珍．巢经巢诗钞后集：卷三［M］//郑珍．郑珍全集：第 6 册．黄万机，等点校，上海：上海古籍出版社，2012：277.

③ 贵阳市地方志编纂委员会．贵阳市志·文物志［M］．贵阳：贵州人民出版社，1993：201.

④ 张剑．莫友芝年谱长编［M］．北京：中华书局，2008：232.

除了郑珍、莫友芝的抄书外，清末姚华所抄之书也不少。姚华（1876—1930），字重光，号茫父，贵州贵阳人，光绪甲辰（1904 年）进士，善诗词，工书画，抄有（宋）郑文宝编、（明）陈继儒补订的《南唐近事》三卷一册；（宋）邓栟肃撰的《栟榈乐府》一册；（宋）王灼撰的《颐堂词》一册；（宋）吴潜撰的《履斋诗余》；（元）宋絅撰的《燕石近体乐府》一册。又咸丰八年（1858 年）吴敏树抄毛贵铭撰的《黔南竹枝词》一册，光绪年间罗文彬抄惠栋撰、江声参补的《惠氏读说文记》一册，并被《中国古籍善本书》收录。①

就目前贵州馆藏的图书中，清代抄本书也不少，这以从另外一个视角证明当时手抄书的情况。陈琳所编《贵州省古籍联合目录》载，《夏小正疏义》（清）洪震煊疏，郑知同校录，清同治光绪间郑知同节抄本，现存于贵州省图书馆；《经义正衡》（清）雷廷珍撰，光绪二十六年（1900 年）赵雪筠抄本，2 册，存贵州省图书馆；《犍为文学尔雅注稽存》（清）赵旭辑，姚之恢抄本，1 册，存贵州省博物馆；《周渔潢先生年谱》（清）陈田编，邢端手抄本 1 册，存贵州省图书馆；《共城从政录》一卷，附《莘原从政录》一卷，（清）周际华撰，道光年间郭琬沐白皮纸墨笔手抄本，1 册，存贵州省博物馆；《桂林风土记》（唐）莫休符撰，光绪间莫绳孙抄本，1 册、贵州省图书馆；《吕子节录》四卷，（明）吕坤撰，（清）陈宏谋辑，光绪何麟书手抄本，1 册，存贵州省博物馆。②

贵州是一个多民族杂居的省份，少数民族众多，少数民族文化也比较丰富。在少数民族文化的传播形式上，神话传说、民族古歌主要以古老的口语传播形式相传，而他们的古籍常以抄本的形式进行传播，如彝族的《西南彝志》《彝族源流》等古文献皆以传抄的流通方式在毕节地区的彝族同胞之间传播，新中国成立以后才得以整理出版。由此可见，晚清时期的贵州，抄书仍然较为盛行，成为当时书籍流通的形式之一。

① 贵阳市地方志编纂委员会. 贵阳市志・文物志［M］. 贵阳：贵州人民出版社，1993：200-201.

② 陈琳. 贵州省古籍联合目录［M］. 贵阳：贵州人民出版社，2007.

二、借阅：现代图书流通形式的开启

图书借阅是图书流通的重要形式。图书通过借阅的方式，满足了更多受众的文化需求，从而使其社会价值发挥到最大化。然而在书籍还是手抄的时代，图书多以单行本、孤本存在，又社会战乱频仍，成书不易，保存书籍更不易，于是很多图书秘不示人，图书借阅活动较少，正如曹溶在《流通古书约》中所批评之“我不借人，人亦决不借我”的藏书思想。因此，曹溶提出一法，可以解决图书流通之困难。

彼此藏书家，各就观目录，标出所缺者，先经注，后史逸，次文集，次杂说，视所著门类同，时代先后同，约定有无相易，则主人自命门下之役，精工缮写，校对无误，一两个月，各齐所抄互换。①

曹溶所拟定的这一方法，通过各藏书家各自编纂所藏书目录，相互传阅，互通有无，从而做到了好书不出门，避免了不必要的丢失。随着媒介技术的发展，雕版印刷盛行，图书复制亦较为容易，从而为图书借阅活动提供了条件。

至晚清时期，媒介技术获得进一步的发展，图书已进入到机械复制阶段，书籍活动也更加频繁。即便在贵州，图书借阅也已成为当时图书流通的重要渠道。例如，遵义郑珍自从西乡河梁庄搬至尧湾后，便借阅黎恂所藏书籍“纵观古今，殚心四部，日过目数万言”，后莫友芝随父前往遵义，多储秘籍，郑珍便“往来数家书丛中”②。在撰写《遵义府志》时，多借人家旧藏之书，借得《杨园先生全集》并与莫友芝共同将其刊刻。同时，郑珍的藏书也有借与别人，例如，在郑知同所抄的《巢经巢藏书目》中就记载有介亭舅所借书：《朱子文行》（二册，先人手抄）、《韩诗方笺》（三册，先人手校）、《义山诗注两种》；茉园舅所借书：《山谷外集》《惜抱轩文后集》；黎功甫所借书：《毛诗正义》《大戴礼》《史记》《世说新语》（先人手校）、《闱墨》八集十三

① 曹溶．流通古书约［M］//李希泌，张椒华，编．中国古代藏书与近代图书馆史料．北京：中华书局，1982：31.

② 郑知同．勅授文林郎征君显考子尹府君行述［M］//凌惕安．郑子尹（珍）先生年谱：卷七．香港：崇文书店，1975：260.

册、《朱长吉诗》（先人圈点）、《赵子昂临兰亭快雪堂拓本》《钟王法帖同卷》。（《巢经巢诗藏书目》）由此可见，文人之间的相互借阅在贵州当时已经是普遍现象。

但文人士子之间以及家族成员之间相互的图书借阅毕竟阅读者有限，没有对广大求学者们开放，传播领域不大。清末时期，书院、学宫以及相关的借阅机构逐渐发展起来，开启了现代图书流通形式的公众性时代。据民国《桐梓县志》载，光绪五年（1879 年），县城鼎山书院设图书室：

> 书院原有颁发图书及地方公购图书，计经史子集三十一种，储存一匮，光绪五年置，由学长经管，岁由公租给薪谷三石酬之。按年二月，系考甄别课试生童，送院肄业，揭晓后，以痒第一充之。前点新收，照单开列，索借观览，学长司启闭收发之，任意遗损有罪。

从以上材料可知，该图书室具有如下相关管理规定：其一，图书室有专人管理，该管理人员由每年二月县考第一名的学长担任；其二，管理人员每年有三石谷子的薪酬；其三，读者借阅图书，由管理人员启闭书柜，如有遗失或损坏，要负责赔偿。然而持续到光绪二十年（1894 年）后，由于管理不善，又书院改成学堂，图书室也随之取消。但从这些管理规定来看，该书院所设立的图书室已经初具现代图书馆的性质。光绪二十一年（1895 年）严修所创办的贵州官书局不只是一个刻书机构和售书机构，而且还将自己所带的 14 箱书和购运图书置于官书局，贵州士子、学校可进行借阅。据《蟫香馆使黔日记》载（《蟫香馆使黔日记》）：

> 光绪丁酉年（1897 年）：九月初九日，县学送还书两箱；九月十五日，李琳借去《万国公法》《呻吟语》《中西算学大成》《二十二子》，凡四部；十一月初八，陶其淦还《方兴纪要》，周恭寿还韩柳、朱正年谱、二程文集。

尽管《日记》记事粗略，但从一些借还书的记载可以窥见当时官书局有图书借阅的活动。严修在拟定贵州官书局章程时并规定：

> 各州县运购之书，拟令交本学官、教官储存学舍，准予士子赴学翻

阅。各立札记一本，凡到学看书者，皆自属姓名及某月某日看某书、某卷。此册由学官每年申送学政，以看书多寡，验士子之勤惰，即以看书之人多寡，验教官之勤惰。①

从这一规定可以看出，在严修视学期间，各地方的学校、书院所藏之书不仅要对士子开放，准其阅览，并且以看书的多寡来考察士子勤奋与否，以看书人数的多少来检验教官称职与否，这样的规定对图书的流通无疑有巨大的推动作用。很可惜，自从严修离任之后，此规定并没有得到很好的贯彻执行。雷廷珍作为严修特聘的贵州官书局总事，深受严修的影响，后任兴义笔山书院院长期间，“广置时务书报及经史子集以供涉猎”（《兴义县志》）。

受维新思想的不断影响，不少具有远见卓识之士如郑观应、康有为提出了设立公众图书馆之必要，光绪二十二年（1896 年）刑部侍郎李端棻向朝廷上奏了《请推广学校折》，建议在各省成立藏书楼，陈列殿版和官书局所刻书籍，以及同文馆、制造局所译西书。若有切用之书为民间刻本而官局所无者，开列清单，访清价格，徐行购补，“妥定章程，许人入楼观书”②。虽然李端棻在此用的是中国传统的藏书楼而不是现代的图书馆，但是从“许人入楼观书”之语来看，其实质与现代的图书馆无异。然而，戊戌变法失败后，李端棻也被赦回贵阳，各省成立藏书楼的建议在当时也未被采纳，但不可否认，这一奏折在图书馆发展史中具有重要的历史贡献和深远影响。在清末时期，贵州学务公所于光绪三十三年（1907 年）附设了图书纵览室，并制定了相关章程，《学部官报》第 26 期有载。现将章程附录如下：

（一）定名：本室搜罗古今中外图书、报纸、标本、模型，藏储室内，分别布居，供聚阅览，定名曰图书纵览室。

（二）宗旨：输入世界正当学术，扩充学人普通知识。

（三）办法：先就抚宪岑带来之图书，标本，模型，陈设本室，以资开办，随时广购新籍，务臻丰富，将来并筹办多处。

（四）经费：开办经费与常年经费，均由学务公所开支。

① 严修．严修年谱［M］．高凌雯，补．严仁，增编．济南：齐鲁书社，1990：84.

② 李浠秘，张椒华．中国古代藏书与近代图书馆史料（春秋至五四前后）［M］．北京：中华书局，1982：98.

（五）接待：凡来室阅览图书者，真诚接待，不取分文。来客应当注意之事例如下：

1. 本室为开通风气起见，所列图书标本模型，无论本省外省人士，皆可入室纵览，不分畛域，惟不得污染损坏及借带出室。

2. 来客需讲公德，加意护惜，不得损失败坏，室中各件若有损失，败坏室中各件情事，务令相当之价值赔偿，籍资维修。

3. 本室每日定于早九点钟起四点钟止，早迟敬谢。

4. 入室纵览者，先书姓名住址于牌，下注愿阅何项书籍，以便汇存，藉见风会之所趋。

5. 注明愿阅何项书目后，请司书人检授，不得自取，阅毕即缴；如原书未缴，不得另借他书。

6. 阅者如有欣赏，欲抄录者，需自带笔墨纸张，室中无暇代办。

7. 来客不得偶坐闲谈，扰乱他人意绪，阅毕及不愿阅者，均即请退，恕不迎送。

8. 室中不备茶烟。①

该纵览室章程从藏书内容、目的、经费以及管理办法各方面进行了规定。从“无论本省外省人士，皆可入室纵览”以及“不取分文”的相关规定来看，该纵览室很明显是一种公众事业，无偿向普通大众开放，其目的在于“输入世界正当学术，扩充学人普通知识”，已经具有了现代图书馆的性质。尽管学务公所所设的图书纵览室的经营状况如何，持续时间多久等相关信息因缺乏史料记载而使我们无法知晓，但在一个偏僻之处在当时能有这样的思想已经难能可贵了。

① 宋建成．清代图书馆事业发展史［M］．新北：花木兰文化出版社，2008：79.

第四章　晚清贵州图书传播的受众分析

图书最基本的功能是信息的储存功能，它将大量前人所获的知识、经验、技术等信息储存其间，成为后人了解前人所创造文化的载体，同时也是后人进行文化再创造必备的材料。图书作为一种大众传播媒介，它的传播活动与其他媒介的传播过程一样，所承载的信息必然有其自身的接受者，无论接受者的多寡，只有当这些信息被受众接受的情况下，图书的传播价值才真正地得以体现出来。因此，除了图书的生产环节和流通环节外，图书的受众研究便成为图书传播研究又一重要环节。

第一节　受众类型

图书所承载的信息是经过作者编码过的符码，它的传播或流通是以话语形式进行的，正如斯图亚特·霍尔（Stuart Hall）所言，这种传播结构“必须以一个有意义的话语的形式生产已编码的信息”①。因此，只有那些具备相应解码能力、理解其话语形式的人们才能获得其中的信息，进而成其为受众。从而可见，图书的受众受知识文化背景所限制，并非所有的公众都可以成为图书的受众，也正因为有这样一种限制，使图书传播具有了一定的指向性，不同种类的图书传播就会存在不同的受众类型。然而，对图书受众的分类却

① 霍尔．编码，解码［M］//罗钢，刘象愚，编．文化研究读本．北京：中国社会科学出版社，2000：347.

是一个很棘手的问题，因分类的标准，如根据年龄、受教育的程度、接受动机等的不同而对受众类型的划分也不同，并且有些类型划分还存在相互交汇之处，并无明显的界限可言，因此，目前学界尚无对图书受众有明确的类型划分。本文为了论述之方便，主要以受教育的程度并结合接受动机为划分标准，大致将晚清时期贵州图书的传播受众划分为文人雅士、科举士子和普通识字家庭成员三大类。

一、文人雅士

文人雅士群体不仅是图书的主要生产者，同时也是图书传播的重要接受者。文人雅士阶层都是接受过良好教育之人，他们不仅花了较大的精力或财力来抄写、购买图书，同时也花了大量时间来阅读和学习，或与其他文人进行对话，或为知识的再生产储备必要的经验和知识，因而，他们成为图书传播的主要受众。当他们创作出自己的图书以后，又将其投入到文人圈子里，或求于文化名流书写序、跋，或赠送其他文人，使其又成为自己著作之读者，从而构成了一个文人之间相互交流阅读的圈子。晚清时期，贵州文人圈子主要由三个层次来构成。

一是本地文人圈子。随着贵州文化的发展，至晚清时期，贵州文人创作开始增多，所创作的著述相互传阅，形成了当时贵州本地的文人圈子。道光、咸丰、同治年间，遵义黎恂、黎恺、黎兆勋、郑珍、萧光远、李蹇臣、唐树义，独山的莫友芝、莫庭芝、万全心，黎平府胡长新，贵阳黄甫辰、黄彭年、高心泉，桐梓赵旭以及黔西张琚等文人，他们之间交往极其密切，相互成为对方作品的阅读者。郑珍、莫友芝作为贵州当时的文化名流，不仅其作品广为当时贵州文人所青睐，而且他们对其他文人的著作也非常推崇，并为其写了不少序、跋。郑珍为莫友芝著《郘亭诗钞》、萧光远著《周易属辞》、蹇谔著《秦晋游草》、黄彭年著《贤母录》、赵旭著《桐笙》《播川诗钞》、张琚著《焚余草》、黎兆祺著《息影山房诗钞》等书皆作有序；而莫友芝为郑珍所著的《说文逸字》《播雅》《巢经巢诗钞》《樗茧谱》等书作有序，为了使《樗茧谱》能让更多的人读懂，便有《樗茧谱注》一卷流行于世。莫友芝为萧光远著《周易属辞》、黎兆勋著《石镜斋诗略》《葑烟亭词草》、陈息凡著《依隐斋诗集》《香草词》、赵旭著《播川诗钞》、徐元喜著《易广传》作有序，并对《易广传》提出了诸多修改意见。萧光远也为冯正杰（字子玉，遵义人，道光壬辰举人）著《野人堂集》、蹇谔著《秦晋游草》等书作序。很明显，当一个人在为某一本著作写序之时，自己就已经成为该书的读者，因其只有在阅读之后才能给出适当的评价和建议。就从当时贵州图书的序来看，本地文人无疑成其主要的阅读者。至光绪之后，贵州文人蔚起，并且以家族裙带为多，如遵义黎氏、独山莫氏、贵阳陈氏和周氏等，他们各家族都有众多文人，并且著述、刊刻有不少书籍，这些文人之间相互来往，互通有无，成为彼此著述的重要阅读者。

二是贵州文人与客籍文人圈子。晚清时期，外省文人前往贵州做官之人众多，上到贵州巡抚，下到地方知县，他们不仅为贵州的图书传播起到了较大作用，同时也是当时贵州图书的阅读者。郑珍、莫友芝所撰《遵义府志》，贵州巡抚善化贺长龄、贵州学政户部员外郎钟裕、黔藩使者长沙李象鹍、贵州按察使河涧李均、贵西安大兴遵兵备道涪陵周廷授、遵义知府顺德黄乐之、遵义府知府平翰皆为其作有序。李象鹍在其《序》中云："予阅其书，自图说、星野以至杂记、叙录，凡四十余卷。考据详核，事实简明。观乎天文而分野可数也；尽乎地利而疆域可稽也；焕乎人文而学校可兴也。"① 该《序》中所言，李氏是认真阅读《遵义府志》的，也正因为有这么多客籍文人接受并进一步对其传播，从而使《遵义府志》成为传播较广的贵州志书之一。郑珍、莫友芝为当时贵州文化名人，所著著述受到客籍文人的重视在情理之中。如郑珍所著之《母教录》刻成后，道光二十五年（1845 年）五月，"古州厅同知杨兆奎，以巡抚贺长龄索《母教录》书至，先生因尽箧存封上"②。时郑珍主讲古州厅榕城书院，贺长龄得知著有《母教录》而以古州厅同知杨氏求之，郑珍却是倾箧呈上。客籍文人不仅阅读当时贵州名家之作，也阅读贵州其他一些文人的著作，如黔西州杨学煊（字春谷），岁贡生，屡试不售，咸丰年间选务川训导，不乐仕进，数年之后便告归，著有《一树梅花书屋诗钞》四卷。当时贵州学政鲍源深对该书写有《跋》，称其"寓情琬笃，虑辞温厚，不失风人之旨，而一种豪迈之气，别于字里行间英英露爽"。鹿传霖（鹿丕宗

① 李象鹍．遵义府志·序［M］//郑珍．郑珍全集：第 3 册．黄万机，等点校．上海：上海古籍出版社，2012：9.

② 凌惕安．郑子尹（珍）先生年谱：卷四［M］．香港：崇文书店，1975：128.

子，道光二十年（1840 年），父被选派至贵州都匀知府，传霖年幼时随父至黔，也对该书写有《跋》，读后“觉和平中正之气溢于言表，固不独格调之高古，式律之浑成已也。观其平居，笃天伦，敦友谊，恂谨如老儒，至临难御寇之作，又慷慨如烈士”①。晚清客籍文人对当时贵州文人著述的序、跋较多，只举其一二以见客籍文人是贵州图书的重要阅读者之一。

三是贵州文人与省外文人交际。随着时代的发展，贵州文人士子有更多机会走出贵州，与省外文人有了不少的接触，从而将自己或乡贤著述推荐给省外文人，使其成为自己著述的读者。黎庶昌在曾国藩幕内时，与当时的张裕钊、薛福成、吴汝纶关系甚密，薛福成对黎庶昌之文“大半皆余所及见，其翘然杰出者，犹往来余胸中也”②。莫友芝于咸丰十年（1850 年）前往江南，成为曾国藩幕僚时，与江南张文虎、李鸿章、李瀚章、张裕钊、张惠言、杨彝珍、王拯、翁同书、汪仕铎等文人相互往来，莫友芝之著作在其间也流传甚广，翁同书为《郘亭诗钞》写有《序》，汪仕铎写有《跋》，而莫氏所著《唐写本说文木部笺异》，刘毓崧、张文虎、方宗诚皆写有《跋》，曾国藩也有《题辞》。遵义唐树义在湖北任职期间，也与湖北监利王柏心友善，唐树义将郑珍所撰《巢经巢诗钞》与王柏心为之序，使王氏得子尹诗所读，“然自谓能言子尹之诗之志，遂书所见，浼方伯贻诸子尹”③。唐树义在湖北金口与太平天国军中投江而死，其子唐炯将其所撰遗稿辑为《梦砚斋遗稿》，王柏心为之序。贵州镇远谭均培在任职期间，撰有《谭中臣奏稿》十二卷，“回忆公抚苏时常相过从，而吴孙陛云又与公子启瑞有同岁生之谊”，④ 俞樾为之序。贵州文人还走出国门，将著作也带至国外，使国外文人也成为贵州图书的受众。如黎庶昌在出使日本期间，将所刊刻的《黎氏家集》送与日本友人，并获得他们的好评。日本浅田常于《奉送大清公使莼斋黎公序》中云：

---

① 任可澄，杨恩元，等.（民国）贵州通志·艺文志［M］. 黄永堂，点校. 贵阳：贵州人民出版社，1989：714.

② 薛福成. 拙尊园丛稿序［M］//黎庶昌. 黎庶昌全集：第 1 册. 黎铎，龙先绪，点校. 上海：上海古籍出版社，2015：30.

③ 王柏心. 巢经巢诗钞序［M］//郑珍. 郑珍全集：第 6 册. 黄万机，等点校. 上海：上海古籍出版社，2012：42.

④ 任可澄，杨恩元，等.（民国）贵州通志·艺文志［M］. 黄永堂，点校. 贵阳：贵州人民出版社，1989：151.

余尝读张裕钊《廉亭文集》，知黎公出处阅历；又阅其家集，知一门之美，棣萼之芳。①

浅田常所说的《家集》，便是黎庶昌刊刻的《黎氏家集》，读后获知了遵义黎氏家族之文学创作颇丰，并以“美”“芳”之词进行赞美。与黎庶昌随行去日本的还有陈矩，并与日本藤野真子结下一段翰墨之缘。陈矩著有《悟兰吟馆诗集》，藤野真子获其本，并将其中的《秋柳四首》书写在自己的屏风上朝夕吟诵。而陈矩的朋友黄夔卿见到藤野真子的手迹拓本后，便写下《如梦令》一词，并在词末加以注文，其文如下：

衡山先生《秋柳诗》脍炙人口久矣。日本女史藤野真子工诗，善章草，尤爱吟先生诗，谓得渔洋三昧。自写《秋柳四首》于屏。余尝见其拓本，妩媚可喜。窃谓人生得一知己可以无憾，况才如藤野，古今曾几人！先生得此，夺于万户侯矣！爰题小令，聊博一粲。②

所引两则材料，不仅说明晚清时期贵州图书在国外的传播，同时也见证了日本文人与贵州文人之间的友好交流。尽管晚清时期贵州图书传播的受众没有太多的相关资料记载，但我们从晚清贵州文人所建立的这三个层面的文人圈子不难发现，当时贵州图书的传播受众较为广泛，既有本土文人之间的相互传阅，也有客籍文人和省外文化名流的阅读，更有国外文人的高度评价，从而扩大了贵州图书的传播影响。另外，从传播内容上看，在文人之间传播的图书既有学术性、研究性的论著，也有不少诗文集著作以及较为经典的地方志书。之所以此类图书在文人中流通较畅，其原因就在于文人能对该类图书所承载的信息进行解码而获取其中的知识、经验。

二、科举士子

清代为一个少数民族贵族集团统治的中央集权制王朝，民族之间的矛盾较为尖锐，清王朝为了巩固自身的统治地位，崇尚文治，提倡程朱理学，承

① 黎庶昌．黎庶昌全集：第5册［M］．黎铎，龙先绪，点校．上海：上海古籍出版社，2015：3464.

② 黄万机．客籍文人与贵州文化［M］．贵阳：贵州人民出版社，1992：127.

袭明代科举制度为士人提供一条晋升之路，并在各地成立了官学、书院、私塾之类的学校培养人才。经过康熙、雍正、乾隆几朝的发展，贵州的教育有了较大进步，官学、书院、私塾各学明显增多，至道光年间，贵州学校教育已经达到了古代教育的鼎盛时期。贵州由于是苗民杂处之地，朝廷为了加强对少数民族地区的统治，在各少数民族地区设立义学，据张羽琼《贵州古代教育史》统计，在道光三十年间，贵州共建立了157所义学，达到历史最高纪录。① 贵州少数民族地区所建的义学大多以公费开支，其实质是为了提高少数民族地区基础教育的官立学校。然而，按照清代科举制度，要进入官学就读，必须先通过"童试"才有资格到府、州、县学就读，于是贵州各地，还创立了无数的私塾，或有钱人家开办私馆，聘请家塾先生前来教学；或以村寨联合举办，教师报酬由学生家长共同承担；或落榜秀才在家开设，以教乡邻子弟。如道光末年，绥阳杨开秀（字实田）设塾于禹门寺，受业人数几十人，其中黎庶昌、黎庶焘、黎庶蕃、黎兆铨皆为杨氏弟子，当时杨氏私塾日盛，故乡里流传"禹门寺，读书堂。孰为师，黎与杨。六十年，前后光。两夫子，泽孔长"之童谣。乾隆中期，黎安理曾设教于禹门，至杨开秀设塾已有六十年之久，故言于此。② 由遵义沙滩私塾可窥见当时贵州私塾之盛。

晚清时期，随着贵州求学之士不断增多，市场对教材类图书的需求也日益加大。为了满足文化市场需求，各种出版机构刻印各级教学教材：一类为私塾教材。私塾使用的教材一般为《三字经》《百家姓》《千字文》《千家诗》《唐诗三百首》《古文观止》《幼学琼林》和四书五经。一类为官学、书院教学用书。主要为一些御纂、钦定之书，如《御纂经解》《性理大全》《资治通鉴纲目》《古文辞》《历代名臣奏议》《圣谕广训》《训饬士子文》以及校订十三经、二十二史。这两类书籍在晚清贵州文化市场上占有了很大份额，流通甚广，销售至各州县求学士子，成为当时贵州的畅销书。

但随着鸦片战争的失败，西方的坚船利炮打开了中国封建王朝之大门，随之而来的西学输入，冲击着中国封建之旧文化，一些饱学之士逐渐开始反思中国教育，提出了以"中学为体，西学为用"的教育思想。在这样一种经

① 张羽琼．贵州古代教育史［M］．贵阳：贵州教育出版社，2003：238.

② 黎庶昌．拙尊园丛稿·杨先生墓志铭［M］//黎庶昌．黎庶昌全集：第1册．黎铎，龙先绪，点校，上海：上海古籍出版社，2015：184-185.

世致用的背景下，旧有的教学内容开始进行改革。贵州虽然处于西南腹地，但严修在贵州视学期间，加大了对西方自然科学的引进，并成立官书局购买、刊刻各种自然科学书籍，销售至全省各州县，惠及全省各求学之士。严修在“中学为体，西学为用”的思想指导下，对贵阳学古书院进行改革，将其改为经世学堂，中西兼授，自己承担西学教学，尤其重视数学，并将数学作为学古书院的月课，亲自到书院散发《算法须知》。严修于1895年所创建的经世学堂，比1897年创办的长沙“时务学堂”、1898年创办的“京师学堂”都要早，实则开创了建立新式学堂之先声。严修为了激励贵州士子读书，对那些成绩优异的学子进行奖励，改以往奖励奖银为奖励书籍，据《蟫香馆使黔日记》载：

乙未年七月十六日，学古书院向来奖励奖银，此次改奖书籍，就资善堂限有之书。（卷四）

丁酉年五月二十三日，写信复倪书田并寄还生童日记五本，附奖书四种。（卷八）

乙未年二月二十七日，在安顺棚，一等文生前三名，新近文童前五名，各奖励经书院记一本。（卷三）

光绪三十一年（1905年）袁世凯、赵尔巽、张之洞等人上奏《立停科举，推广学校》一折，得到了朝廷的准许，“自丙午科为始，所有乡、会试一律停止，各省岁科考试亦即停止”①。从1906年起，在中国历史上延续了1300余年的科举制度被废止，中国教育走向近代教育。随着科举制度的废止，教学内容发生变化，教科书亦与过去相异，总体遵照“忠君、尊孔、尚公、尚实”之宗旨。为了适应新的教学内容，贵州不得不从上海购运新版教学课本。据《续修安顺府志》载，自科举制度停废、开办学堂以来，原有的旧书已经不再适用，中小学课本如《国文》《修身》《历史》《地理》等书，皆需从上海购运。所购小学堂课本皆为学部审定，由上海商务印书馆印刷出版。但也有学堂没有教材，而是由学生抄写，例如赤水县第一高等小学堂在光绪三十四年（1908年）的建校初期，没有教材，每天由学生抄写四五百字左右

① 朱寿鹏．十二朝东华录·光绪朝：第9册［M］．新北：文海出版社，1963：5374.

文章。中学堂没有全国统一的教科书，文科教材主要是四书五经等古文，实科教材才从省外购买。

从晚清时期贵州各刻坊、贵州官书局、遵义官书局以及学署、书院、学校所刊刻印刷或购买的各类图籍来看，其中绝大部分都是为了满足贵州各级各类学校教学用书的需求，占据了晚清时期贵州图书流通的大部分。由此可知，晚清时期贵州的求学之士无疑成为当时图书传播最重要的接受者。

三、普通识字家庭成员

晚清时期，贵州图书传播的受众除了文人雅士和科举士子外，还有一个群体就是普通识字家庭的成员。如何区分属于普通识字家庭成员的人群，也就是说认识多少字才算是一个识字的人，这问题很难回答，就正如中国学者们区分具有读写能力的人一样，其识字数量没有统一的标准，少则 984 字，多则 3000 字以上。① 但笔者更倾向于从动机来进行区分，即普通识字家庭成员既不像文人雅士那样以文化再生产为目的，也不像科举士子那样以考取功名为动机。他们由于无深厚的学识功底，只能进行简单的阅读，常以实用性为目的，从其中获得一些生产生活技能，通常选择那些具有实用性或通俗性的简单读物作为阅读对象。此类受众群体人数众多，多数人只接受过启蒙教育，是通俗性读物或实用性书籍的重要消费群体。

晚清时期，随着中国各种教育的快速发展，人们的识字率普遍提高。据美国伊夫林·罗斯基（Evelyn Rawski）认为，清朝启蒙教育非常便宜，凡是有迫切需要的男性都可以得到，从而能较快地获得应付日常生活中所需要的书写能力。她采用各种分析方式和不同的资料，得出在 19 世纪后期，中国男性的识字率达到 30%～40%，妇女中也有 2%～10%的识字率，几乎达到平均每户有一人识字的水平。②

贵州虽然文化比较落后，但在晚清时期的基础教育有了较大发展，除贵阳、遵义、安顺等文化较发达的地区外，其他地区，包括边远的少数民族区

---

① 周绍明．书籍的社会史——中华帝国晚期的书籍与士人文化［M］．何朝晖，译．北京：北京大学出版社，2009：153.

② 柯文．在中国发现历史——中国中心观在美国的兴起［M］．林同奇，译．北京：中华书局，1989：154.

域，各村寨开始设立私塾、义学等教育形式。江口县在清末有私塾 60 余所，受教生童 3530 人；石阡县有 125 所私塾，受教生童 1383 人；紫云县共有 400 余户人家，办有 22 所私塾。① 嘉道年间，经过了石柳邓、吴八月等人的民族大起义之后，统治阶级的一些有识之士开始意识到要巩固清王朝在贵州的统治，只凭武力镇压不行，还要采取一些安抚政策才能缓和民族矛盾，于是在贵州广设义学，通过发展贵州民族教育来实现笼络人心。咸同各族人民大起义之后，在苗疆地区各村寨也广设义学。同治十一年（1863 年），曾璧光、周达武会奏，云：

> 黔中向以剃发者为熟苗，蓄发者为生苗。熟苗能通汉语，安分守法；生苗则梗顽难化，与汉为仇。十八年之巨患，实在生苗。此次平定后，无论生苗、熟苗，胥令剃发缴械，且变其服饰，杂服蓝白，不得仍用纯黑。于此再严行保甲，杜其盗源；酌设义学，导以礼教，庶几化夷为汉，可图久安。②

此奏折为贵州咸同苗乱后，贵州督抚曾璧光提出的治苗措施，从“熟苗能通汉语”句我们不难看出，生苗不通汉语，并礼法不知，顽固难化。为了加强生苗的教化，建议设立义学，学习汉语。陈宝箴在上言《筹代办苗疆善后事宜五条》亦云：

> 欲永绝苗患，必先化苗为汉，除令剃发缴械外，欲令其学礼教、知正朔，先自知读书，能汉语始。拟以绝逆田产所入官租，募能通汉苗语音而知书者数十百人为教习，或一大寨数小寨各置一人，设义学一，使苗子弟入学读书，习汉语。年长者，农隙时，亦令学汉语。③

清政府在少数民族地区广设学校，在每一大寨或几个小寨设立一义学，使更多的钦定、御纂之书和各类经史子集源源不断进入少数民族地区，众多

① 张羽琼．贵州古代教育史［M］．贵阳：贵州教育出版社，2003：251.

② 罗文彬，王秉恩．平黔纪略：卷十九［M］．贵州大学历史系中国近代史教研室，点校．贵阳：贵州人民出版社，1988：524-525.

③ 罗文彬，王秉恩．平黔纪略：卷十九［M］．贵州大学历史系中国近代史教研室，点校．贵阳：贵州人民出版社，1988：535.

苗族子弟获得教育之机会，从而改变了过去那种语言不通、礼法不知的文化生态，推动着贵州境内的文明化进程。

如果说在古代，人们主要是通过口耳相传从祖辈、长者那里获得知识与经验，那么在印刷时代，具有一定阅读能力的人们更倾向于从图书、报纸获得相关信息。随着晚清时期贵州基础教育的快速发展，有更多的人具备了一定的读写能力，为了应对日常生活中的各种文化需求，他们便有意识或无意识地寻求相应的图书，增强自己与世界打交道的交往能力。文化需求刺激着文化的生产。为了满足这些普通识字能力人们的文化需求，不少“好事之人”便刊刻各种通俗读物供应到文化市场。例如在遵义的刻坊中就刊刻了《孝经》《女儿经》《灶王经》《六字真经》以及《柳荫记》《二度梅》《白蛇传》《孟姜女哭长城》等书。① 又据《安顺府志·人物志》载，孙辅先及杨志仕为序“刊《感应篇》《荫陟文》《觉世经》合编行世”；杨经朝“好劝人为善。常持《感应篇》《劝世文》等，逢朔望佛诞等日，于稠人中讲说之”（《（咸丰）安顺府志·人物志》）。此类书籍最大的特点就是通俗易懂，如《劝世文》《女儿经》等亦歌亦诗，具有一定的韵律，脍炙人口，只要具备基本的识字能力便可阅读，从而成为普通识字家庭文化消费的主要对象。

安顺杨经朝常持《感应篇》《劝世文》在人群中讲说，又都匀陶尚仁（字济原），性醇厚端重，“生平笃信四子书，更喜诵《太上感应篇》，随事以盈虚消长之道相劝诫，而气极和蔼，杖履所至，少长环听无倦容。公之乐善不倦有如此，岂为获报计哉”②。从这些文献来看，《太上感应篇》是当时贵州民间广为流传之书。该书为道教之经典，字数不多，一千余字，以天人感应、因果报应之观念，劝诫人们多行善事，积善积德。陶氏自己也践行其言，行善不倦，孝敬尤佳，衣不解带地侍奉父母，对兄弟也是友爱备至。积善之家，必有好报，陶氏共有六子，三个成进士（长子陶廷飔，1801 年进士；四子陶廷皋，1809 年进士；五子陶廷杰，1814 年进士）。这些简单易懂的通俗读物，以行善劝言之书较多，普通识字家庭常常以此来教育家庭成员，希望

---

① 遵义市地方志编纂委员会．遵义地区志·文化志·文学艺术志［M］．贵阳：贵州人民出版社，2004：153.

② 祁隽藻．陶济园公家传［M］//冯楠，总编．贵州通志·人物志．贵阳：贵州人民出版社，2001：770.

其遵守相关的伦理道德规范，是家庭教育的重要资源，同时，也是统治阶级维系社会稳定、规范社会道德的一种大众教育方式。

普通识字家庭成员主要是一些受过基础教育的人，很多还参加过科举，虽然自己有一些知识文化，却未能走上治学之门径，更未踏上仕途之道路，不过他们也是中国传统文化的继承者，甚至是传播者，将那些尊老爱幼、伦理道德规范以及惩恶扬善的优秀文化一代代传承。

第二节 受众动机分析

对受众的动机分析，已经是现代传播学不可绕开的一个研究领域，要知道受众为什么要选择、接受信息这一行为，必然要对其接受动机进行一定的分析。“受众动机在受众的心理动力系统乃至非智力因素结构中都处于核心地位。受众只有形成了受传动机，才会有选择、接受信息的行为。”① 作为图书的受众也是如此，他们在对图书进行消费或阅读时，也必然存在受众动机，埃斯卡皮将接受动机分为两类：一类为功能性动机，一类为文学性动机。前者是将阅读作为一种获取知识信息的一种手段，而后者则是直接以阅读为目的而不当作手段。② 然而在现实生活中，文学性动机是较少存在的，即便是阅读文学作品，也会存在不同的接受动机。20 世纪 40 年代，伯纳德·贝雷尔森（Bernard Berelson）在《读书为我们带来什么》一文中将受众对印刷媒介的接受动机分为实用动机、休憩动机、夸示动机和逃避动机。③ 埃斯卡皮所说的以阅读为目的的动机，其实质与贝雷尔森的休憩动机、逃避动机具有一定的联系。由此可见，图书的消费或阅读必然有其受众动机的存在，即便在古代，人们的消费或阅读同样如此。晚清时期贵州图书的受众在接受动机方面主要体现为实用、仕途晋升，文化传承和文化再创造三种主要动机。

---

① 孙平．受众心理论［M］．郑州：中州古籍出版社，2007：63.

② 埃斯卡皮．文学社会学［M］．于沛，选编．杭州：浙江人民出版社，1987：90.

③ BERELSON R，FRANKLYN R. BRADSHAW. What Reading Does to People［J］. American Sociological Review，1942（7）：154.

一、实用性动机

实用性动机在图书接受群体中较为普遍，他们试图通过阅读书籍来获取自己想要的知识信息，也就是埃斯卡皮所说的功能性消费。当然埃斯卡皮所说的功能性消费比较广泛，除了情报、资料和专业读物，还包括一些“放松”读物（如恐怖、笑料、科幻、黄色等读物）。功能性消费与文学性消费最大的区别在于，文学性消费是“把阅读作为目的，而不当作手段”①，但功能性消费则是把阅读作为手段，获取图书中的知识信息才是目的。因此，功能性消费在图书消费中普遍存在，但我们在此说的实用性更偏重于专业性读物，读者通过阅读获得某种生活、生产技能。

晚清时期贵州由于经济落后，更多的图书消费者出于实用性动机，希望能从其中获得一些知识信息来提高自己应对日常生活中的困境。从实用性动机进行消费的书籍主要有以下几类：

一是医学类书籍。人类常常会面临着疾病的困扰，如果一个人能掌握一些基本的医学常识，那么自己在生病时就会更加自如地应对，因此，有不少人会选择购买一些医学类的书籍。从晚清时期现存的刻书来看，有关医学类的书籍也有不少，如道光二十四年（1884年）刻有（清）阎纯玺撰的《胎产心法》三卷，同治十二年（1873年）黔县署刻（清）鲍云韵辑的《小儿脐惊风合编》，光绪十三年（1877年）黔省大道观张荣兴刻（清）黄维翰撰的《白喉辨症》等。大道观张荣兴是贵阳的一家刻字铺，从其刻印医学书籍，可见此类书籍在当时比较畅销。遵义王绳武著有《大生集成》五卷，此书主要为生育产子知识方面的医学书籍，介绍了胎前、胎中、产后以及小儿常见之病症，于光绪十六年（1890年）刻，在光绪二十二年（1896年）重刻，在重刻本中有湘川刘应甲《序》，讲述重刻之由时就谈到“医尤不易，因约同志捐资重刻，俾家置一编”（《大生集成》），能使人们获得遇危求生之道。从“家置一编”之语能看出此书传播甚广，多为人们所接受。

二是生产技能类书籍。对普通大众而言，生产技能无疑为其生存之本，他们对与此相关的书籍尤为重视。贵州山多田少，土地贫瘠，然山林遍地，

① 埃斯卡皮．文学社会学［M］．于沛，选编．杭州：浙江人民出版社，1987：90.

槲树众多，因此官府鼓励人们饲养山蚕。虽然养蚕之活动在乾隆年间便有，但无详细之方法记载，于是郑珍撰《樗茧谱》一书，介绍了遵义养蚕之方法和过程，以期推广至其他府州。但由于该书文字深奥，不易传播。道光十七年（1837 年），平翰任遵义郡守，请莫友芝为之音释注疏，由遵义郡署刻成而在民间传播。其后黎平胡长新借鉴遵义之养蚕之法，著有《放养山蚕法》一书，“语取明白简易，刊布民间，俾得家喻户晓，谅无不欣然从事”（《安顺府志·艺文志》）。因该书语言明白易懂，从“家喻户晓”之语不难看出，其在当时民间流传甚广。

普通大众对实用性书籍的消费还有历书，又称时宪书。历书在古代中国尤为重要，人们不仅可以从中了解农耕种植之季节，也能获得每日忌宜之事的参考，因此，上至皇帝，下至庶民，无不重视。正如清代缪之晋所言：“历之为书也，统乾元不息之运，发造化消长之理，互古今，通上下，自天子以至于庶人，莫或违之，故历代永以为宝，而斯民亦不能一日离也。”① 古代人们之所以视历书如宝，就在于他们在做一些活动之前，必然要翻阅历书，选择一个良辰吉日，认为这样能在今后的生活中事事顺利。即便是皇宫大臣，也无不如此，例如光绪十二年（1886 年）二月，朝廷对福陵、昭陵果房等处应修各工请择吉兴修一折的回复：“著钦天监于本年三四月内，选择吉期，先行知照，即著盛京将军会同工部侍郎凿期敬谨兴修。”② 由此不难看出，朝廷对修建之事也乐于选时择日。清代各朝强调天授人时，皇帝亲自颁发历书，派送至钦天监刊印，刊印好的时宪书再颁发至各省布政使两本，一本钤有钦天监时宪书印，存于司署，一本不用印，照式刊刻颁发各地。之所以如此重视，其原因在于“时宪书的使用，更多不是为了选时择日，而是代表尊奉、臣服与归顺”③。清代强调天授人时，不仅在历书颁发时要举行隆重的典礼，而且也强调民间不能随意改篡钦天监所颁发的历书，各省只能照式刊刻，因此，清代全国的历书大致相同（太平天国统治区域除外）。历书作为一本民众“不能一日离”之书，是人们了解一年之中什么时候进行播种，什么时候宜修

① 缪之晋．大清时宪书笺释·例言［M］//续修四库全书：第 1040 册．上海：上海古籍出版社，2002.

② 官修．清实录·德宗实录：第 224 卷［M］．北京：中华书局，1987：32.

③ 吴岩．清代历书研究［M］．新北：花木兰文化出版社，2015：78.

建、婚嫁、丧葬等重要活动的信息参考，成为当时实用性较强的书籍，进而广泛被人们所接受。

三是家庭教育之书。众多书籍消费者偏向于选择行孝劝善之书和家庭教育之册，其动机在于从中获得有关伦理道德规范和教育子女之方法。如前所述，安顺杨经朝常持《感应篇》《劝世文》在人群中讲说，以及遵义刻坊所刊刻的《女儿经》《灶王经》《六字真经》等普通读物，这些书的消费者们都持有从其中获得家庭教育的动机。郑珍著有《母教录》，记录了郑母的言行，其书不仅得到贺长龄的认可，也在贵州境内广为流传。又遵义黎庶昌之父黎恺著有《教余教子录》一卷，莼斋独子尹聪写有跋语，其云："书中字斟句酌，理简意明，由身家以至人国，靡不凿凿言之，圣贤教人，不是过也。……此书刊布久已脍炙人口，经兵燹板悉一烬。"（《续遵义府志·艺文志》）从"此书刊布久已脍炙人口"之语不难看出，该书在民间流传甚广，已被人们熟记于心。

人们在选择以上诸类图书时，他们或多或少都抱着实用性的目的，希望能从其中获得相关的方法和技能，以便能提高自己的处事能力。

二、仕途晋升动机

清代用人制度，仍沿袭明代之科举取士制度。清代科举考试分为童试、乡试、会试和殿试，首先通过了童试之后才有资格到府、州、县各学就读，府、州、县各学要进行考试分为岁考和科考，考试内容主要有帖括、诗、文、赋、策、论等，考中后称为秀才。凡岁试和科试考试合格者，便可以到省城贵阳参加乡试，三年举行一次，考试共分为三场：第一场考四书文三篇，第二场考经文四篇（后加了唐诗一首，再后来加理论一篇），第三场考策五道，乡试考中后成为举人；中举之人便可以申请由礼部主持的会试，也是三年一次，考试内容与乡试基本相同，考中后为贡生；发榜之后十一日，中贡士之人便参加皇帝主持的殿试，考试内容为时务策一道，此次考试只定名次，不淘汰，一甲三名：分别为状元、榜眼、探花，二甲若干名，赐进士出身，三甲若干名，赐同进士出身。若有国家重大庆典，特开恩课。① 士子在科举考试中通过不同等级的考试，便可获得不同的奖励。乡试中举之人，可以获得教谕之职，会试通过考取进士者，可以获得教授之职，优秀者进入翰林，散馆后一般都以知县用，从而使科举考试成为寒门士子跻身于上层社会或精英阶层的重要途径。因此，时人为了改变自身的生存环境，无数寒门士子苦读诗书，皓首穷经。

科举士子作为晚清时期贵州图书传播中最重要的接受者，他们希望通过科举考试而跻身于上层社会无疑成为其接受图书的主要动机。进士及第，就能封官授爵，若要是“连中三元”，那可谓是平步青云，高官厚禄随时可得。在这样一种功名利禄的驱使之下，千千万万的科考大军涌向科举考试之路，既有青春少年，也有白发老翁。晚清时期，贵州士子在科举考试中，举人有1781名，进士313名，其中黄辅辰（贵阳人，1815年进士，1852年以知县分发山西，官至道员）、丁宝桢（毕节织金人，1853年进士，改翰林院庶吉士，1858年以知府用，授湖南岳州府知府，官至四川总督）、谭均培（镇远人，1862年进士，庶吉士，1864充顺天府乡试同考官，1871年授江苏常州府知府，官至云贵总督）、李端棻（贵阳人，1863年进士入翰林院，历官云南学政、刑部侍郎、礼部尚书，维新派著名代表）等，皆通过苦读诗书，参加科举考试获得了功名，成为当时的政治精英阶层。如黄辅辰，字琴坞，据郭崇焘《黄琴坞先生墓表》载：

> 少贫，读书自刻苦，遭父丧，徒步走云南三千里，告贷所亲，得三十金归葬。自是贫益甚，至屑糠以食。日夜自砥于学，无所得书。故湖北布政使唐公树义，少与友善，时携小童负书麓就公，公遂以博览经史，周知古今事变，慨然有志经世之学。②

又据黄彭年《先府君行略》（《陶楼文钞：卷五》）载：

> 先祖自楚移家入黔，贫甚，不能延师，先君失学，丙子初，授业于

① 贵州地方志编纂委员会．贵州通志·教育志［M］．贵阳：贵州人民出版社，1990：63-64.

② 郭崇焘．郭崇焘诗文集［M］．杨坚，点校．长沙：岳麓书社，1984：474.

傅筱泉先生璜，始学为词赋，应童子试，取古得佾舞生，耻之，入楼上读书七阅月，未尝就寝，倦甚则斜依案上假寐而已，次年丁丑三月学成，应县试第一。

黄辅辰等人通过苦读诗书改变了自己的命运，步入国家政治精英阶层，他们的事迹激励着身边的求学之士。然毕竟科举考试是残酷的，贵州会试名额是全国最少的省份之一，在乾隆二十一年（1756 年）乡试录取名额才增加至 45 名，其后也无多大变化，但贵州官学生额有 3000 余人，乡试的录取率只在 15%左右，绝大部分人无缘进入更高一级的会试，而会试的淘汰率更高，进入仕途的概率更小，即便有才学也不一定能中会试，郑珍、莫友芝便是会试落第之例证。如莫友芝三岁之时，就开始读诗书，七八岁便可以为韵语，文采可诵，十一岁时，麻哈（今麻江）夏鸿时来见莫与俦，见友芝读《尚书》而奇之，便举成语让莫友芝对而合其意，谓他日必以文章名于世，便将其季女许配之。莫友芝在十三岁时，莫与俦便“举惠氏《易》、阎氏《书》、胡氏《禹贡》、陈氏《诗》及诸言《礼》家说精核绝者，为友芝指讲”①。道光十一年（1831 年）乡试中举，便进京参加道光十三年（1833 年）会试、十六年（1836 年）恩科春试、十八年（1838 年）会试、二十七年（1847 年）会试、咸丰九年（1859 年）会试、咸丰十年（1960）恩科春试，皆未中。此时友芝已年五十岁，便绝意仕途，成为曾国藩幕僚，帮助其刻书、搜书之事。

然寒士能获得仕途之途径除了科举别无他法，即便科举考试“挤破头颅”，人们在功名利禄的诱惑之下，从少年至白发老翁，不少人将其精力耗在科举之上。古人有凿壁偷光、悬梁刺股之说，清代贵州士子读书也不乏经典之事。萧光远，字吉堂，遵义人，自幼以学自奋，潜心耽究。“一日亭午，家人以饵糍，另盏实糖饷之。光远且读且啖，食已尽。及取盏者至，叱曰：糖完好而墨汁尽矣。手口皆污矣。始惊，释卷起靧而勤读如故”②，于道光丁酉年（1837 年）中举。人们如此这般苦读诗书，这与科举制度给人们带来的奖

① 莫友芝．清故授文林郎翰林院庶吉士四川盐源县知县贵州遵义府教授显考莫公行状［M］//莫友芝．莫友芝诗文集·郘亭文补：卷二．张剑，点校．北京：人民文学出版社，2013：769.

② 任可澄，杨恩元，等．（民国）贵州通志·艺文志［M］．黄永堂，点校．贵阳：贵州人民出版社，1989：1079.

励制度是息息相关的，也正因为在这样的制度下，科举考试之书如《四书》《五经》《性理精蕴》成为晚清时期贵州的畅销书。

三、文化传承和文化再生产动机

中国文化之所以能源远流长，这与历朝历代人们对文化传承的重视密切相关。余英时先生认为，“文化和思想的传承与创新自始至终都是士的中心任务”①，将“士”这一阶层看作中国文化和思想传承与创新的中坚力量，这已经在历朝历代众多的社会实践中得以证明。当然，我们也不能忽略除了士阶层以外的大众在中国文化传承中所起的作用，他们将接受相关知识信息世代相传，无意中传承了不少中国传统文化。

晚清时期，贵州的文人雅士对图书消费或阅读的动机之一就是希望对中国传统文化进行一种传承。黎恂所言“人以进士为读书之终，我以进士为读书之始”说出了士人们读书不只是为仕途晋升，而更多的是为文化的传承，因此，黎恂不惜重金从浙江桐乡购买十几箧书置于家中，让家族子弟任意阅览，使乡里弟子受益匪浅，从游者数十百人。郑珍屡试不中后绝念仕途，日以读书为业，节衣缩食购买各种书籍，无钱购买则“恒钞达旦”，藏书达三四万卷，又收集遵义地区近两百年之诗集辑为《播雅》，如此一个僻处偏隅、常年为衣食所忧之士，也不忘士人之本分，不遗余力地传承着中国文化。而莫友芝，尽管一生贫苦，然竭力收集各种珍本、善本、孤本书籍，在遵义郡署纂修《府志》期间，假《张杨园先生集》于王氏，杨园为清朝两大儒宗（潜庵、稼书两派）之重要代表，然“杨园书绝罕见，知者亦鲜”，“始得见朱刻全集本，念惜者思读之难，谋重梓”。② 又见以往所刊清初贵阳周起渭诗集不全而重刊《桐埜诗集》，搜集贵州明代诗歌辑为《黔诗纪略》。咸丰八年（1858 年），曾选为知县用，而友芝不就，仍在江南搜集文宗、文汇两阁散失之书，并于同治十年（1871 年）九月十四日因风寒而死于搜书之路途中。莫友芝生平志存文献，搜罗各种古籍善本而流传之，为中国之文化传承功不可没。

---

① 余英时．士与中国文化·自序［M］．上海：上海人民出版社，1987：2．

② 莫友芝．校刊张杨园先生集序［M］//莫友芝．莫友芝诗文集：下册［M］．张剑，等点校．北京：人民文学出版社，2013：570．

清乾隆年间，贵阳陈文正从《明史》得明代黎平忠烈董公三谟一家死节于山阳之事迹，著有《莲花山纪略》一卷，后在咸丰甲寅年（1854 年），黎平胡长新与遵义黎兆勋重刻之，然板片却毁于兵燹，胡长新又重刻，与《忠烈编》《表忠录》合为《三忠合编》行于世。《三忠合编》一书又有光绪八年（1882 年）刊本，刊者不详。从以上《莲花山纪略》刊刻的情况可以看出，有不少文人雅士阅读过此书。陈文正《自序》云：

国家表忠扬烈，祠祭遍天下，守护载令典，所以报劲节而励人心也！系惟杀身成仁之士，当轴覆枢翻，顶踵尽捐，岂知千古荣重如此？①

由此可见，该书表扬忠烈，宣扬儒家“杀身成仁”之思想明矣。后学之士阅读此书，并多次刊刻，亦是讲究道义、忠孝大节而有感于斯文，并希冀将其文化世代相传。

《左传》有“立德”“立功”“立言”三不朽之说，曹丕在《典论·论文》中也强调文章是“经国之大业，不朽之盛事”，古人们为了追求“不朽”，便著书立说而流芳千古。清朝，虽然大兴文字狱，诸如康熙二年（1663 年）庄廷鑨之明史案、乾隆六年（1741 年）谢济世的著书案等，但人们没有停下著书立说之脚步，只不过大多数文人不再涉及政治，而是转向考据方面的创作。至晚清时期，随着西学的冲击和国人危机意识的觉醒，著书立说之人更多。这时期贵州文人著述也空前繁荣，经学、易学、地方志编纂文风尤盛，其中不乏经世之作，甚至在全国都产生了一定的影响。但文人创作需要有大量可资参考的信息为前提，在当时获取信息的媒介主要就是图书，因此，图书的阅读成为文人著书立说之基础。从晚清时期贵州文人之著述来看，凡多产的文人都拥有大量的藏书，这绝非偶然，因为他们具有比别人获得更多信息的资源优势。例如，被誉为遵义后进著述最多的宦懋庸，家里藏书颇丰。宦懋庸（1842—1892），字莘华，别号碧山野史，遵义人，年少即向学，“家有藏书，庋高楼登梯翻阅，忘出。家人觅，弗获，久乃得之楼中”，“及遨游浙东西，聚书万余卷，阅读数过、丹黄评点者十三四”（《续遵义府志·列

① 任可澄，杨恩元，等.（民国）贵州通志·艺文志［M］. 黄永堂，点校. 贵阳：贵州人民出版社，1989：177.

传》），著有《六书略评议》八卷、《说文疑正编》两卷、《莘华文集》四卷、《莘华诗集》七卷、《诗馀》一卷、《播变纪略》一卷、《论语稽》二十卷、《两论蠡测》两卷、《史记稗言》四卷、《读汉书私记》四卷、《备忘卷》八卷。宦氏正因为拥有大量的藏书，才成为当时遵义后进当中著述最多的文人。就从《论语稽》《史记稗言》《读汉书私记》这些著作名称来看，可以判断出宦氏至少是在阅读《论语》《史记》《汉书》这些著作基础之上进行的一种文化再生产。与此同时，郑珍、莫友芝、黎庶昌、陈田又何尝不是通过自己拥有的大量藏书而进行创作，成为当时多产的文人，在贵州文化史乃至全国文化史中都具有自己一席之地的。

我们证明了文化再生产的前提是要阅读大量书籍，这一点毋庸置疑。但问题在于，如果进行一种反向推理，即阅读书籍之目的在于文化再生产，是否也可以成立？作为一种动机，它必然要早于行为，也就是说，动机是因，行为是果，具体在阅读活动中，则表现为先有某种动机的存在才引发了阅读这一行为，阅读行为只不过是阅读动机的外在体现。从晚清时期贵州文人阅读的例子来看，有不少文人进行大量的阅读，其目的之一就在于一种文化再生产。萧光远与莫友芝极为友善，他们相识的故事在当时传为佳话。一天晚上，萧光远从白田游玩归来较晚，城门已闭，于是坐在门前等待。不久，莫友芝也从外归来，同候于门外，因谈及汉宋两家之学而甚欢。友芝笑曰：自有此门，曾有人深夜讲学否？于是便劝著书，“吾辈不偶于时，著述立言，天之不我禁者”①。从其交谈内容来看，彼此都是富有才学之人，然而对自己的遭际却感到不满，不能走向仕途施展其才学，于是便著书立说，此类事情不受其外界因素的影响。从而可知，著书立说之志趣对于失意的士子来说是最好的归属。自此之后，萧光远便勤读文献，立志著书，著有《周易属辞》十二卷、《通例》五卷、《通说》八卷、《易字便蒙》一卷、《毛诗异同》四卷、《诗说》一卷、《汉书汇钞》两卷、《鹿山杂著》若干卷。

著书立说之志趣在晚清时期贵州文人中并不少见，郑珍绝意仕途之后勤于著述，往来于数家藏书之中，并且读通、读透所读之册，一生著述颇丰，

① 任可澄，杨恩元，等.（民国）贵州通志·艺文志［M］. 黄永堂，点校. 贵阳：贵州人民出版社，1989：1079.

有二十余种，经部有：《礼仪私笺》《考工轮舆私笺》《巢经巢经说》《凫氏为钟图说》《说文逸字》《说文新附考》《深衣考辑》《论语三十七家注》《说文大旨转注本义》《说隶》（后四种未刊）；史部：《郑学录》《遵义府志》《世系一线图》（未刊）；子部：《亲属记》《母教录》《樗茧谱》《老子注》《先秦古书读》（后两种未刊）；集部：《巢经巢遗文》《巢经巢诗钞》《巢经巢诗后集》《外集巢经巢寱语》（未刊）、《播雅》，外有《荔波县志稿》（稿本）、《柴翁书画集锦》。① 郑珍生前仍有多种著述未脱稿，卒前对郑知同说：

> 吾生平腹稿尚夥，若加我数年，庶几近有成书，而今已矣。第所存稿，亦不为俭，汝力尤能校订。其未次者，当善排比，无使紊乱遗失。若及汝世能梓行之，则吾子也。②

郑珍的临终遗言可谓感人至深，方年59岁，然因口疾未能治愈而死，抱怨上天未能多给予他几年，如若是，半脱之书稿便可成书。因一生贫穷，他的多数书稿也未能刊刻，岂不痛哉！因此托于知同将其整理梓行于世，实现其自身著书立说之志趣，便于传之于后世。晚清时期，贵州另一位饱学之士雷廷珍，号玉峰，绥阳县人。从小喜欢读书，读书不倦，咸丰年间曾被贼掠去，乘其不备而逃回，从此读书更加勤奋，学问益博。严修在贵州视学期间，对雷廷珍赏识有佳，聘其为贵州官书局懂事，并主讲经世学堂，著有《经义正衡》《时学正衡》《文字正衡》等书传于世，学生姚华撰有《公祭雷玉峰先生文》，在其中称其为“立言不朽，为学者宗”③。

贵州晚清士人们继承古人“立言不朽”之理念，或精研自己的藏书，或借阅于其他文人之手，阅读大量经史子集和地方文献，著书立说，进行一种文化再生产，不仅推动了当时贵州的文化发展，同时也为后人留存了众多宝贵文献。

---

① 凌惕安．郑子尹（珍）先生年谱：卷八［M］．香港：崇文书店，1975：286-287.

② 郑知同．勒授文林郎征君显考子尹府君行述［M］//凌惕安．郑子尹（珍）先生年谱：卷八［M］．香港：崇文书店，1975：267-268.

③ 冯楠．贵州通志·人物志［M］．贵阳：贵州人民出版社，2001：203.

第三节 受众特点分析

受众作为传播活动中的受传者，是处在特定历史时期和特定地域中实实在在的读者，他们的接受活动不仅因传播技术的变化而不同，而且还会受到地理条件、文化环境的制约而各异，进而在受众的地域分布、成员构成等诸多方面都呈现出自身的特点。贵州是一个多民族的地区，形成了一种大杂居、小聚居的分布格局和以汉文化为主的多元文化，并且文化发展极其不平衡，在这种独特的地域和文化环境下，也呈现出自身的特点。从地域分布上来看，图书传播的受众主要集中在湘黔、滇黔和川黔、黔桂这两条东西、南北的交通要道上；从受众的成员构成上看，以汉族为主，兼及各民族构成的受众群，其实质就是一种跨民族的文化传播；从受众之间的关系上看，体现出一定的裙带关系。

一、受众分布：主要集中于交通要道一线

贵州古代常被人们称为蛮荒之地，不仅土地贫瘠，而且远离历朝历代的政治文化中心，交通不便。然随着明代为了加强西南地区的统治与防务，与川、湘、滇、桂毗邻的贵州，因政治和军事的需要，地理位置的重要性日益凸显出来。因此，明代统治阶级加强了驿站建设，从而形成了从湖南经镇远至贵阳的湘黔、贵阳经安顺至云南的滇黔这条东西交通驿道，随后又建设了四川经遵义到贵阳的川黔、从贵阳经都匀至广西的黔桂这条南北交通驿道，形成了以贵阳为中心的省际交通干线。另外一条驿道是由四川叙永经贵州毕节、乌撒再到云南的川黔滇驿道。随着这两条大干线的开通和川黔滇驿道的建设，贵州在全国的战略地位日益凸显，并于明永乐十一年建立行省，成为全国十三布政使司之一。至清代，贵州驿道虽有一些发展，但仍以这三条驿道为主进行改驿道或增加驿站。贵州东西、南北两条大干线将四川、云南、湖广连成一个整体，川黔滇驿道将四川、贵州、云南连为一片，为相互间的文化交流提供了条件，加之改土归流政策的施行，中原文化不断进入贵州，推动了贵州的文化发展。因此，在这三条驿道线上的安顺、遵义、都匀、毕

节等地以及中心城市贵阳成为晚清时期图书传播最为重要的区域。

图书传播较为活跃的区域，往往是教育较为发达的地区，也是名人辈出的地方。贵州有学，始于汉，时遵义正安州人尹珍从汝南许镇奉受经书图纬，学成还乡教授，南中开始有学。自此以后，贵州几朝几代人，始终名不见经传。至明代，王阳明被贬官至贵州修文龙场，并在龙岗书院讲学，使贵州教育开始兴起，渐有贵州清平（今凯里）人孙应鳌为全国知名，诗人谢君采（贵阳人）也能与当世诗人李维桢、汤显祖之文化名人相互酬和。至清代，贵州文化名人渐起，诗人周起渭（字渔璜，贵阳人）能与当时著名诗人史申义齐名；安平陈法（字定斋，今贵州安顺平坝县人）所著《易笺》八卷采入《四库全书》。嘉道年间，独山莫与俦任遵义府教授，培养出了贵州巨儒郑珍和全国著名目录学家、金石学家莫友芝；贵阳黄辅辰及其子黄彭年（著有《陶楼文钞》、纂修《畿辅通志》）以及傅寿彤等人皆名噪一时；毕节黔西张琚与郑珍一道获得陈恩泽的赏识，史胜书为东乡吴兰雪的为诗弟子。至光绪年间，遵义黎氏家族人才辈出，散文家黎庶昌成为“曾门四弟子”之一；贵阳陈田以《明诗纪事》200 卷著名于文坛，姚华以书画誉满京华；更有毕节平远州丁宝桢为清朝名臣，因杀慈禧太后亲信安德海而闻名于世。根据杨斌统计，清代的人才分布如表 4-1 所示：

表 4-1 清代贵州人才总数前十二名排列表 单位（人）

地名	贵筑	贵阳	遵义	毕节	都匀	大定	黄平	修文	安顺	思南	黎平	平越
进士	116	51	38	26	16	12	18	19	9	13	4	17
举人	449	390	273	187	142	109	94	104	88	95	65	83
名人	67	70	95	28	13	29	16	2	21	5	36	4
总数	632	411	406	241	171	150	128	125	118	113	105	104

注：此表根据杨斌《贵州历代人才地理分布变迁》制。

从上表我们不难看出，贵阳省城为清代贵州的人才中心，其余分布在湘黔——滇黔一线的有安顺、平越、黄平，分布在川黔——黔桂一线的有遵义、修文、都匀，分布在川黔滇驿道的有毕节、大定。思南处于长江上游，地理位置优越，是贵州设置较早的宣慰司之一。在明代时期，思南是除了贵阳之外的第二大贵州人才地区，但随着其他驿道的开通，至清代后，人才总数排行逐渐下降至第十位。而黎平府随着清水江航道的开通，输出大量木材，经济获得快速发展，因此人才开始逐渐增多。人才的兴起，代表着教育的兴盛。从贵州清代人才的地理分布不难看出，交通因素成为影响贵州教育发展的重要因素之一，正如杨斌所言："交通的便利与否，是一个地方经济、教育发展水平的重要标志。贵州历代人才分布中心都处于交通干线上……思南在明代成为贵州一大人才分布中心，也处于由川东入贵州东北部的交通干线上，史称'黔江'道，有水、陆两条。清代思南人才中心地位的衰落，与这条干线在清代的衰落不无关系。"①

晚清时期的交通驿道上的文化之所以能获得快速的发展，在于交通加速了城市规模的形成。新兴城市的形成加速了社会的集中化程度，使更多的人聚集于一个城市，从而使社会的产业结构发生变化。正如马歇尔·麦克卢汉（Marshall Mcluhan）所言，"城市社区规模扩大的自然趋势，是增加各种功能的强度和速度。无论是言语、工艺、货币和交换的功能，其强度和速度都有所增加"②。在产业结构不断发生变化的情况下，为了应对市场的文化需求，书业也蓬勃兴起，出版业、印刷业、销售业相继形成，例如晚清时期遵义、贵阳、安顺等地的刻坊、刻字铺、图书销售市场等产业得到快速发展，从而加速了图书的传播速度。清末时期，遵义官书局、贵阳文通书局从日本购运先进的铅印印刷设备、造纸设备，或从湘黔驿道，或从川黔驿道运至遵义、贵阳，大量刊印书籍，使贵州的出版事业达到了一个新高度。交通的日益便利也使图书的空间延伸得到了进一步的扩大，不仅省内所刻之书可以远销附近省市，而且省外图书也可以批量进入贵州。如严修所创办的贵州官书局，大量购运省外局本图书和西学书籍至贵阳进行销售，从镇远起岸后，沿湘黔驿道运至贵阳。

由于在这东西、南北两条驿道上的府州，如处于川黔滇驿道上的毕节，文化教育相对其他地区较为发达，进而这些沿线府州人民的教育资源和文化水平相对较高，从而成为图书传播主要受众。而那些离驿道沿线较远的府州，尤其是边远的少数民族地区，不仅图书传播效率较低，而且因文化落后使大

① 杨斌. 贵州历代人才地理分布变迁［J］. 中国历史地理论丛，1994（3）：229-243.

② 麦克卢汉. 理解媒介——论人的延伸［M］. 何道宽，译. 北京：商务印书馆，2000：136.

多数人缺乏相应的阅读能力，难以成为图书传播的受众。道光二十五年（1845年），郑珍前往古州厅（今榕江县）任训导，执掌榕城书院，对当时古州的文化教育有这样的描述：

> 古州旧为苗疆，道光初，始立学校。诸生苗汉各半，学殖荒陋。缘黎平一郡，其风气大抵地界极僻，故纯朴有余，而家少藏书，肆盛瞽说。学者五经少成诵，诸史罕闻名，徒梯卑烂八股若将终身。①

古州一厅地处偏远，为苗疆之地，雍正七年（1729年），鄂尔泰使臬司张广泗前往黎平府平谬冲之役才奏请总督开辟古州一带，古州实为“苗疆六厅”（古州、八寨、丹江、清江、都江、台拱六厅）之首，次年置古州同知隶黎平府。然而，文教之兴，至道光年间才开始设立厅学、书院。道光十一年（1831年）兵备道于克襄、同知徐鋐捐修榕城书院，十三年（1833年），同知徐鋐奏请设立厅学，从而古州“偏在西南，声教遐逖，吏兹土者，率以黄老为治”（《古州厅志序》）。其他苗疆各厅除“据都匀平越二卫之交，直黔粤通道”（《麻江县志·周恭寿序》）之上的麻江的文化发展稍快一些外，诸如丹寨、榕江、剑河等地的文化较为落后。光绪年间，朝廷虽然在少数民族地区广设义学、兴学校，但少数民族地区的文化发展仍不能与驿道沿线的文化发达地区同日而语。

晚清时期贵州边远山区和少数民族地区教育的落后，导致了这些区域的人民识字率很低，因此难以成为图书传播的受众，从这些区域藏书较少、著书立说之人不多、出版事业难得一见、考取科举人数寥寥无几等诸多事实，皆可以看出图书传播在这些区域的惨淡。

二、受众构成：具有多民族性

多民族聚居，这是贵州文化最为显著的特点，如果离开这一特点来谈贵州文化，是不全面的。在研究晚清时期贵州的图书传播时，同样要将这一显著特点纳入其中进行思考，才能全面地呈现出当时图书传播的面貌。贵州汉族人民和少数民族同胞长时期、大范围的错居杂处，在经济、文化上彼此相

① 凌惕安. 郑子尹（珍）先生年谱：卷四［M］. 香港：崇文书店，1975：125.

互交流与学习，共同缔造了一个具有地方特色的山地文明。《黔南识略》载，贵州“苗之种类上百，上游则猓夷为多，下游则狆苗青苗为多”，即便作为省城的贵阳府，所管辖内“有宋家、蔡家、花苗、白苗、青苗、狆家各种，宋家住麦西、水田坝，蔡家住养龙，花苗住巴香，白苗住高坡，青苗住蔡家关，狆家散处四乡，皆以服色为别”①。分布在贵州的黔东南、毕节、铜仁、安顺、兴义等地的少数民族更多，目前贵州有 48 个少数民族，并且分布甚广，虽然有一部分民族是民国时期和新中国成立后迁至贵州，但大部分在清代便有之，甚至有些少数民族具有自己的文字，如水族、彝族等。

然而，在清代之前，凡有文化之人，多为汉人，故图书也多在汉族居住地区进行传播。至清代，朝廷以稽古佑文、崇尚文治之理念，加强对少数民族地区的统治和管理，便开始在贵州通过发展文化教育，传播儒家文化，以儒家之伦理道德去规范人们的社会行为。康熙二十七年（1688 年），贵州巡抚田雯上奏《请建学疏》（《安顺府志·艺文志》），建议在永宁、独山、麻哈三州，贵筑、普定、平越、都匀、镇远、安化、龙泉、铜仁、永从九县建学育才，以正人心、变民俗。然此奏折未能施行，于是在康熙三十八年（1699 年）贵州巡抚王燕续奏，云：

> 等因前来，臣复加查核，应将附学之清浪卫，设教授一员，又附学之开州、广顺州，并未设学之永宁、独山、麻哈三州，各设学正一员。又附学之普安、余庆、安化三县，并未设学之普定、平越、都匀、镇远、铜仁、龙泉、永从七县，各设训导一员。

至此之后，少数民族地区逐渐开办学校，以通教化。然而在乾隆十六年（1751 年），朝廷认为苗人“识字以后，以之习小说邪书则易甚，徒起奸匪之心”②，于是又在一些苗疆地区限制了学校教育。在清代初期，朝廷虽然标榜崇尚文治，但对贵州少数民族地区，尤其是生苗所住区域，仍以武力征服为主，开辟苗疆只不过是通过军事镇压而实行对少数民族地区的统治。咸同“苗乱”之后，清政府进一步意识到对少数民族的统治单凭武力征服不可取，

---

① 爱必达．黔南识略：卷一［M］．影印本．新北：成文出版社，1968.

② 贵州民族研究所．清实录·贵州资料辑要［M］．贵阳：贵州人民出版社，1964：1182.

便积极恢复、扩建学校，大肆建立义学，鼓励少数民族子弟进校就读，以期达到“化苗为汉”。据白林文博士论文《清代贵州“苗疆六厅”治理研究》中考察，都匀、镇远、黎平三府所建义学就达231所。[①] 因此，在光绪年间，贵州少数民族地区的文化教育有了较大的发展，同时也加强了汉族与少数民族之间的文化交流。不过，这种文化交流以汉文化为主流文化，少数民族文化为次文化，主流文化通过自身的绝对优势对次文化施加影响，甚至对其同化，以儒家文化去教化少数民族，以儒家伦理道德去规范其社会行为，这也是当时统治阶级之目的所在。如郑珍在古州任训导主讲榕城书院时，“先以时文诗赋导其机，继以程朱陆王之学约其旨”（《古州厅志·秩官志》），由此可以看出儒家文化在少数民族地区的强势输入。

至晚清时期，随着印刷技术的进步和少数民族地区文化的发展，图书已经逐渐在少数民族地区得以广泛传播。一是学校教科书大量进入少数民族地区。随着少数民族地区学校教育的发展，各学校、书院为了满足教学之需要，四书五经、蒙童读物以及其他钦定、御纂之书或通过政府颁发，或通过公帑购买，以满足少数民族地区教学用书之需求。又加之朝廷对少数民族地区科举取士制度的施行，激励各少数民族子弟追求仕途之理想，让他们有意识地去接受各种儒家经典，从而使图书传播的范围得到了进一步的拓展。通过熟悉、苦读各种儒家经典，不少少数民族子弟考上科举，如光绪二十四年（1898年）麻哈州夏同和以一甲一名夺魁于天下。随着清末时期科举制度的取消，各地新式学堂逐渐建立，少数民族地区亦然，如黔东南苗族、侗族等少数民族较多的施秉县，光绪三十三年（1907年）知县史文昌以城内凤翔书院改设为初等小学堂，学生人数达六十人之多，又在宣统三年（1911年），邑绅彭廷濂、周培章等人将书院旁的义学屋宇进行修葺，“广招学生约百人，编为高等两班、初等两班”（《施秉县志：卷一》），由此可见贵州少数民族地区的新式教育发展之一斑。少数民族地区新式教育的发展，使教育类图书在少数民族地区得到广泛传播。二是实学之书在少数民族地区的传播。朝廷所颁发的时宪书，颁发至贵州省后，由布政使司刊刻，“分发专城之道府，转行所属之州县之提镇，转行所属标营，到日行礼祗领，均与会城同，乃颁布

① 白林文：清代贵州“苗疆六厅”治理研究［D］. 武汉：华中师范大学，2016：285.

民间”（《古州厅志·典礼志》）。还有关于生产技术方面的书籍也在少数民族地区得以广泛传播，如胡长新所撰的《放养山蚕法》在黎平地区家喻户晓。

晚清时期贵州图书传播对象虽然仍以汉族居多，但随着贵州民族地区文化教育的进步，不少少数民族子弟也成为当时贵州图书的部分受众，并成就了一批少数民族文人，如苗族龙绍讷（1792—1783），字廷飏，黎平府亮寨司人，道光十七年（1837 年）举人，后进京会试不中，便绝意仕途，并于道光二十五年（1845 年）在天柱县授徒，长达五年之久，此后回家潜心读书撰述，所著诗文集以家乡“亮川”命名为《亮川集》，热情赞颂了苗乡侗寨的奇山秀水、风土人情。① 又如在黎平一带的侗族地区，流传着由已故侗族民间草医杨盛寰所编的《杨盛寰草医验方选》，手抄本，线装书，32 开纸 175 页，现存于杨秀成家中。② 从而可知，晚清时期贵州图书在少数民族地区的传播，使当时贵州图书传播的受众在成员构成方面体现出多民族性的特点。

三、受众籍贯：主要以移民为主

在当今文化高度发达的社会里，绝大多数人都可以成为图书传播的受众，但在古代社会，由于人们的识字率普遍不高，对于大多数人而言，图书不可能成为他们的接受对象。近代中国，随着社会的发展，文化也开始繁荣，图书传播的受众逐渐增多。然而，在文化落后的近代贵州，人们的识字率仍然很低，在少数民族地区更是百不足一，因而严重影响了晚清时期贵州图书传播的内容和范围。当时除了蒙童读物之类的图书传播领域稍微广泛外，其他的经史子集的传播范围则严重受到知识文化水平的限制，只有那些具有相应知识储备之人才去阅读此类著作。这类图书的受众呈现出自身的特点，即是以移民为主的亲缘、家族和师承关系构成的受众群体，也就是说，这些受众的先辈大多数都是从外地迁至贵州而非贵州世民。

贵州在古代属于西南夷夜郎国，汉代为牂牁郡，主要为少数民族居住之地，苗多汉少，故人们称贵州为苗蛮之地。元代建立行省制度之前，贵州分

---

① 贵州省民族古籍整理办公室．贵州少数民族古籍总目提要：苗族卷［M］．贵阳：贵州民族出版社，2012：5.

② 贵州省民族古籍整理办公室．贵州少数民族古籍总目提要：侗族卷［M］．贵阳：贵州民族出版社，2012：6.

属于湖广、四川、云南三行省地，至明永乐年间才成为行省之一。然贵州建省之后，汉族不仅从临近的四川、湖广移入，而且中原、江南等其他地区也有不少汉人随军迁至贵州定居。省外汉人迁至贵州，他们不仅成为汉文化的传播者，而且也成为图书传播的主要受众。贵州独山莫氏原籍江西省上元县（今江苏南京）朱市岗，明弘治年间，“莫先从征都匀苗，因留守，家于府城西二里”，成为莫氏入黔之第一代，至第六代莫嘉能便迁至独山州北三十五里之兔场街。莫强，第七代，为莫与俦之父，州附学生，敕封文林郎、翰林院庶吉士，第八代莫与俦，八应乡试，中嘉庆戊午（1798 年）科举人，嘉庆四年（1799）进士，后道光年间任遵义府教授。莫与俦生九子，其中第五子莫友芝、第六子莫庭芝皆为晚清时期贵州文化名人。莫友芝从小勤于读书，“恒徹旦暮不息，寝食并废。身通《苍》《雅》故训、六艺名物制度，旁及金石目录家言”，而莫庭芝“进则劬志好学，怡怡孝友；退则闇然自修，不违如愚”，“遂通群经诸子，兼及《说文》、汉隶、分篆、诗古文辞”，莫友芝所编《黔诗纪略》，编撰《黔诗纪略后编》行于世，又著有《青田山庐诗》二卷、《词》一卷，黎庶昌刊于日本。莫与俦第九子莫祥芝以军功授补上海知府等职，喜收藏古籍，刊刻贵州乡邦文献。莫氏第十代有莫绳孙、莫棠等近二十余人，虽大多名不见经传，然莫友芝次子彝孙、三子绳孙皆得其父的教导，对经史之书也颇为知晓，莫祥芝之子莫棠著有《铜井文房书跋》，为郑珍的《说文新附考》《亲属记》《樗茧谱》、莫友芝著的《郘亭知见传本书目》等 91 种书籍撰写了跋。

遵义黎氏也是外地迁至贵州，其先祖从河南迁至江西再迁往四川广安，明万历中，黎朝帮始迁贵州龙里，继迁遵义沙滩，为入黔之始祖。第八世长房为黎安理，乙亥科举人，乾隆戊辰大挑二等，后任长山县知县。有子三，长名黎恂（字雪楼，进士）、次名黎恺（字雨耕，举人）、次名七寿（幼殇）。女六，第三女适郑文清，郑珍之母。黎恂有子五：黎兆勋，九岁能诗，十试乡试不售，后益才为诗，并与独山莫庭芝一道辑《黔诗纪略后编》；黎兆熙，监生（早卒）；黎兆杰（幼殇）；黎兆祺，附生，以军功保知县；黎兆铨，监生，云南姚州知州；兆普，翰林院待诏衔；长女适郑珍。黎恺，乙酉科举人，开州训导，有子五：黎庶蕃，咸丰壬子年（1852 年）科举人，候补两淮盐大使；黎福善，幼殇；黎庶昌，廪贡生，同治元年（1862 年）应诏陈言以知县用，后出使英、法、德日四国，保升知府，再充出使日本钦差大臣；黎庶诚，从九品职衔。黎氏家族第十一世之中，黎汝弼为光绪己卯年（1879 年）科举人，黎汝怀为光绪壬年（1882 年）午科举人，黎汝谦为光绪乙亥年（1875 年）科举人，黎尹融为光绪庚辰年（1880 年）科进士。①

除了独山莫氏和遵义黎氏，贵阳黄氏家族也是贵州文化世家。据黄彭年《广西镇安府知府署右江兵备道敕祀昭忠祠伯父黄府君行述》载，贵筑黄氏“先世由江西上高迁湖南醴陵，及公考经林公徒贵筑，遂家焉。经林公有四子，长讳安泰，封奉直大夫；次讳辅廷，山西垣曲县知县；次即公；吾父陕西凤邠道讳辅辰”（《陶楼文钞：卷五》）。贵阳黄氏一家有四进士，黄辅相为道光二十五年（1845 年）进士，时有五十三岁，以知县用，分发广西；黄辅辰为道光十五年（1835 年）进士，以知府分发山西；黄辅辰之子黄彭年为道光二十五年（1845 年）进士，不仅著述和刊刻不少图书，而且也为郑珍《郑学录》、傅潢《一朵山房诗集》、陈钟祥《夏雨轩杂文》等书为其序，对唐树义《梦砚斋遗稿》撰有《书后》；黄彭年之子黄国瑾，光绪二年（1876 年）进士，入翰林院庶吉士，散馆编修。贵阳陈氏三兄弟（陈灿、陈田、陈矩）其“先世居江西临川县瑶湖乡，父开基始迁黔之贵阳，遂占贵阳籍”②，这三兄弟两个为进士（陈灿为 1877 年进士，陈田为 1886 年进士），陈矩虽然未考中科举，但为晚清时期贵州著名诗人，其所写之诗在日本也得到广泛流传。家族式文化世家在贵州晚清时期还有很多，如都匀的陶氏家族，明末时期迁入贵州都匀，至道光年间，陶家一家便有三进士（陶廷飓、陶廷皋、陶廷杰）；贵阳的何氏家族，清初由安徽迁至贵阳，后一房迁往贵阳开州（今开阳），在何氏家族中，有“五代七翰林”“一榜三进士”之美谈，何锦、何得新、何德峻、何泌、何学林、何应杰、何亮清七人皆入翰林院，而在咸丰十年（1860 年），何亮洁、何鼎、何庆恩三人考中进士，当年贵州共考中进士 5 人，何家就占三人。从众多的历史事实中不难发现，在晚清时期贵州文坛上较为活跃以及考中进士之人，不仅具有家族性、师承性特点，而且大多数都非贵州世居土著，而是在贵州建立行省后迁至贵州的移民。

---

① 黎庶昌．遵义沙滩黎氏家谱［M］//黎庶昌．黎庶昌全集：第 2 册．黎铎，龙先绪点校．上海：上海古籍出版社，2015.

② 冯楠．贵州通志·人物志·陈灿传［M］．贵阳：贵州人民出版社，2001：209.

如果说家族性、师承性的文人群体是古代社会的一个普遍现象，那么贵州文人群体却具有一种移民文化特色，他们将中原、江南等地的文化传播至贵州，丰富了贵州的文化。正如史继忠所言，“人口流动和文化传播，是我们认识贵州文化的出发点和重要观察点”①。正是在这一视角下观察晚清时期贵州图书传播的受众，进而通过大量的历史事实得出了当时大多数图书受众是一种以移民为主的家族、亲缘、师承受众群体。

① 史继忠．贵州文化解读［M］．贵阳：贵州教育出版社，2000：36.

第五章　晚清贵州图书的传播效果

随着晚清时期印刷技术的发展，贵州的图书传播活动达到了前所未有的繁荣景象，不仅在省内传播的图书日益增多，也有不少图书在全国也较为畅销，甚至有些图书传播至海外。贵州图书的大量传播，必然对受众及其社会产生一定的传播效果。这里所说的传播效果包含两个方面的含义：一是微观层面上的传播效果，即具体的图书传播活动对受众所引起的心理的、情感的和行为的变化，这种传播效果主要以受众为主要考察对象，常常通过受众评价、受众效果等方式呈现出来；二是宏观层面上的传播效果，即图书传播活动过程本身对社会所产生的作用和影响，这种传播效果以社会为主要的考察对象，常常以社会的运行变化体现出来。

第一节　受众评价

关于传播的过程，最早由哈罗德·拉斯韦尔（Harold Lasswell）提出，将整个传播过程概括为“5W”模式，即传播者——讯息——媒介——受传者——效果这五要素构成的单向模式。然而这种单向模式后来常被人们诟病，认为缺乏一种反馈机制，不能体现传播活动中的互动性质，因而威乐伯·施拉姆（Wilbur Schramm）提出了一种循环模式，强调传者和受者之间的互动性，这无疑对传播过程是一个很好的补充。图书传播活动也是如此，传播者可以根据受众的反馈意见对自己的作品进行完善，出版商也可以根据反馈机制了解到哪些书比较畅销。不过，这只是一种理想状态，因为图书传播的反馈机制常常缺乏一种时效性，很多图书过了很长时间，几年、几十年甚至更久才能获得反馈信息。因此，受众对图书的评价可以分为及时性评价和延时性评价。前者是指作者能接受到受众的反馈信息，作者有时还能根据这些反馈信息对自己的作品进行再次审视；而后者则是作者去世之后受众在阅读其作品时给予的阅读性评价，此种评价作者已经无法接收到。

一、受众的及时性评价

在图书传播的过程中，受众的及时性评价主要是读者与受众之间形成的一种信息反馈机制，根据这一反馈机制，受众可以更好地理解所接受的作品，作者也可以根据受众反馈的信息了解自己作品中存在的不足，有时还会根据受众的意见和建议对作品进行完善。及时性评价在晚清时期贵州图书的传播过程中是常见的一种读者反馈行为，是传播效应的一种表现形式，主要是通过书信、序等形式进行及时反馈。

道光二十一年（1841 年），郑珍、莫友芝所编纂的《遵义府志》得以刊刻问世，引起人们的广泛关注，风靡一时。“凡古今文献，蒐罗殆尽，间涉全黔事迹。好古之士，欲考镜南中，争求是书，比之华阳国志。”① 然该书也被当时郡中一些浅薄之士非议，据莫友芝《答万全兴书》载：

> 乃今之非议者，了不在是。一则曰：地方有蛮夷，最为大辱，书之者为故鄙视。一则曰：祭祀婚丧之不中礼，何在蔑有？何不可读为讳而著之也。否则曰：某传或遗其子孙，某传至详其姻娅，轩轾非允。如是而止也矣……或者遂咎郡乘之役，不自韬晦，误为当事所知，而欲籍为利者，又辄见摈于当事，指为致此之徭。②

非议者提出《遵义府志》之中存在的问题实属荒谬之极，莫友芝便对这些荒诞不经的非议一一进行驳斥，体现出学人那种不立异、不苟同的治学思想。尽管非议之人所提出之问题较为牵强附会，然通过读者的这种反馈机制，

---

① 郑知同．子尹府君行述［M］//凌惕安．郑子尹（珍）君年谱：卷七．香港：崇文书店，1975：263.

② 莫友芝．莫友芝诗文集・郘亭遗文：下册［M］．张剑，等点校．北京：人民文学出版社，2009：618-620.

郑珍对该书做了进一步的审视，也发现自己所纂作品之不足之处。

> 余昔之辑郡志，阅三年乃成，力亦勤矣。而物产不采《茶经》，祠庙不摭《宾退录》，杨氏事不载《清容集》，则目之未偏也。鼓楼隘之水，误指为渭河，乐安江混叙其源处，则足之未周也。其他舛漏类若是。至于今，在他邦博洽者，固无暇勘及此，即本郡人或亦未之祥也，然余固深悔之。①

郑珍治学严谨，通过他邦文献，发现所纂《遵义府志》中一些错误及遗漏，又该书已经付梓而无暇修补，对此他也深表遗憾。虽然此些错误和遗漏非他人指出，但这些缺陷的发现实因读者反馈所引起的自我警觉，从而自我查找作品中的不完善之处。如果这种荒诞不经的非议对著作者只是起到一种反思效果，那么具有远见卓识的一些忠实建议则可以直接对作品的完善大有裨益。如莫友芝刻《中庸集解》，误将《中庸辑略》的分章（三十三章）为《中庸集解》的分章（四十章），从而与朱子原序相抵牾。于是“走书质疑于郑子尹，子尹再三检覆，跃然曰：子自误读南轩语耳。南轩语当以‘讲订’断句，以‘分章去取，皆有条次’为句，此不与朱子序言言章者语异意同也乎？于是乡者牵引《辑略》分章作《集解》分章之为误，的然无疑”，则按照子尹之意，“覆校《集解》新刻本一通，因著改刊之由，以识吾过，亦冀来者误复滋误”②。从莫氏所言之语我们不仅看到了莫友芝那种实事求是的治学精神和敢于认识错误、改正错误的文人品质，也能窥见读者的反馈对作品进一步完善的重要性。

道光二十四年（1844 年）八月，莫友芝勘阅遵义秀才徐元禧所著之《易广传》，并通过书信与徐论其学，具体指出了《易广传》中所存在的多处问题。如在该书的《杂辨》中说“易不必叶韵”，而举强叶者割裂辞句，如《乾》元亨利贞，以《乾》音勤，叶下亨贞；《乾》象天行健，以行音杭为句；自强不息，以自强为句，以息音襄为句等之谬。莫友芝便指出，此等说法是张献翼、陈图辈之妄说，真盲聋颠倒不知而作。“十二篇为有韵之文，实

① 凌惕安．郑子尹（珍）先生年谱：卷三［M］．香港：崇文书店，1975：102-103.

② 莫友芝．中庸集解后序［M］//张剑，编．莫友芝诗文集：下册．北京：人民文学出版社，2009：560-561.

几十九，其不合于今者，本古音，非强音。足下不知古音，故不解耳。"① 莫友芝对此书的批驳较多，后来徐元禧并未采纳莫友芝的意见，四年后以《周易理撰》刊印出版。

在古代，读者的及时性评价更多是体现在序之中。古代图书，一般在首页皆附有序，或作者自序，或为当时文化名流作序。当序为文化名人所作时，时常带有一些评价之语。这种评价并非全是褒扬之语或吹捧之词，也有不少序中指出了该书的不足之处。遵义萧光远著有《周易属辞》一书，郑珍、莫友芝皆为之作序，莫友芝在《序》中主要是论述了该书的大致内容，以及对萧光远辛勤付出的肯定，"吉堂因经求义，不袭前人，与里堂《通例章句》专比异同以通古义者分道扬镳，庶几匹敌，而其用心之苦，成功之难，殆过之无不及也"②。而郑珍在《序》中也对该书给予肯定，不过同时也提出一些质疑，"中如傅合天文地理、四灵鸟售、二十八宿、十二律辰及六书说，余颇疑为凿，可割汰不令芜精善"。（《续遵义府志·艺文志》）晚清时期，贵州图书传播至省外，也得到省外文化名人的高度评价，如咸丰二年，常熟翁同书为郑珍所著《巢经巢诗钞》作其序，《序》中不仅对郑珍的学识给予高度评价，认为在程恩泽弟子之中，如番禺仪克中、陈澧以及长乐温训等人，"其能为侍郎之文者，遵义郑子尹一人而也"，为文章能"真气流贯"，"读其《母教录》，即又悱恻沉挚，似震川《先妣事略》《项脊轩记》诸篇"，而其诗"简穆深淳，时见才气，亦有风致。其在诗派于苏黄为近。要之才从学出，情以性镕"，在当时众多贵州文人之中，"足称经师祭酒，词坛老宿"（《续遵义府志·艺文志》），足见翁同书对郑珍作品的评价极高。

二、受众的延时性评价

当后人读前人著作之时，时常会对所接受之对象进行一种评价，一般在书后的题跋和读书日记之中。题跋作为写在书后的序，更多是论述版本的刊刻、流传情况，也有一些涉及对该书的评价。同治年间，傅寿彤（字青余）

① 莫友芝．致徐祉堂元禧论《易广传》书［M］//张剑．莫友芝年谱长编［M］．北京：中华书局，2008：77.

② 杨恩元，任可澄．（民国）贵州通志·艺文志［M］．黄永堂，等点校．贵阳：贵州人民出版社，1989：22.

著有《古今类表》九卷，同治甲子年（1864年）刊于皖南郡署，何绍基为其序，言其书独悟神旨，发前贤之所未发，书之价值可见一斑。贵筑黄国瑾对该书写有《跋》语，其云：

> 先生以为凡音皆有宫商，凡字以五声读之皆有三等之异，知统可该声，声可统部，部可摄韵，……此近古以来，罕有窥及之者，何东洲所以谓其独悟神指也……国瑾承先生教，方究心、形、声之学，得是书读之，冰释理顺，悟其要领。①

《古音类表》一书为古代小学之重要书籍，对于研究音韵之人尤其重要，黄国瑾读该书，却是“冰释理顺”，可见对其书评价甚高。汪士铎在《郘亭诗钞跋》中，对莫友芝的诗进行了评价，其云：

> 子偲诗，如秋霄警鹤，汉苑鸣蜩，风露凄清，知为不食人间烟火者；如五丁开山，斧险凿崖，绝无一寸平土。真可药袁、蒋之性灵，起钟、谭之废疾。至其正书草隶，皆本此意，朴茂古质，令人哂羲之俗书趁姿媚也。顾其存稿，谦撝矜慎，累委较字，谢不敢当。今读遗编，泫然涕出，亦谓知我者惟君也。②

汪士铎与莫友芝同为曾国藩幕僚，两人友谊至深，汪士铎对郘亭的为人、著作都很了解，因此在这篇《跋》中，汪士铎不只是对其诗作了较高评价，而且还对莫友芝的书法、存稿给予高度赞誉。通过跋语的方式对所读作品做出相应的评价在清代是一种常见的现象，还有很多跋语是对晚清时期文人作品的评价，在此不再一一列举。

延时性评价还常常存于读书日记之中，但这种读书日记留存下来的较少，晚清时期，著名文士李慈铭（1829—1894）著有《越缦堂日记》，多达数十册，并流传至今，其中有不少读书日记，皆为其阅读之后的有感而发。后有人将李氏日记中的读书日记辑出，编成《越缦堂读书记》。在李慈铭的日记

---

① 杨恩元，任可澄．（民国）贵州通志·艺文志［M］．黄永堂，等点校．贵阳：贵州人民出版社，1989：102．

② 杨恩元，任可澄．（民国）贵州通志·艺文志［M］．黄永堂，等点校．贵阳：贵州人民出版社，1989：707．

中，涉及晚清贵州郑珍所著的《巢经巢经说》《郑学录》《说文逸字》、莫友芝《宋元旧本书经眼录》《唐本说文木部笺异》等书，并给予相关评价。同治壬戌（1862年）九月初七日读郑珍《巢经巢经说》云：

> 子尹之《说文逸字》，已为近日卓绝之学，今阅其《经说》仅一卷，而贯穿精密，尤多杰见。其长在善读经文注文，不为唐以后正义所惑，有功于经学甚巨。①

是年九月十二日夜再读该书，其云：

> 夜再阅《巢经巢经说》中考订丧服大功章郑注两条，反复详绎，为最其要略，以小字补书于初七日日记眉端，至二更后，烛再尽而罢。郑君此论，精贯经文，深明礼志，……子尹自言六年之久，反复推寻，始得以备其说。经学最不易言，《仪礼》尤苦难读，然遇此等疑义，探索之余，焕然冰释，其乐自胜于看他书。今昔续灯，细籀此文，如获异宝，经义悦人，如是如是。②

李慈铭之读书日记，常以苛刻之语进行评述，他在日记中对大多数都提出了批评意见，如涉及《说文逸字》一书时，认为《说文逸字》“过信《玉篇》《广韵》《韵会》诸书及《释文选注》所引，以为坚据”③之病，可见李氏对所读之书评价较为苛刻。然在阅读《巢经巢经说》之日记中，大多为赞美之词，可见该书在他心目中之分量，从“已为近日卓绝之学”之语不难看出，此书在当时世人心目中的评价极高。从李氏对郑珍、莫友芝的书评来看，可见当时郑、莫二人的著作在当时影响较大，流传也甚广。

延时性评价除了在题跋、日记中存在外，还体现在一些史评之中。清末梁启超所著的《中国近三百年学术史》中，对晚清时期贵州的图书也有一定的评价。在方志一节中，梁氏共列举了晚清时期全国57部通志、府志、县志等地方志书，其中贵州地方志书就有道光《遵义府志》《贵阳府志》《安顺府志》《大定府志》《兴义府志》5部，还有黄彭年纂的《畿辅通志》，并称以

---

① 李慈铭．越缦堂读书记［M］．由云龙，辑．上海：上海书店，2000：789.
② 李慈铭．越缦堂读书记［M］．由云龙，辑．上海：上海书店，2000：793.
③ 李慈铭．越缦堂读书记［M］．由云龙，辑．上海：上海书店，2000：177.

上诸志“斐然可列著作之林”，“郑子尹、莫子偲之《遵义府志》，或谓为府志中第一”①。晚清时期，全国所修纂之通志、府志、县志如此之多，而梁启超将贵州地方志书5部、黄彭年所修之《畿辅通志》纳入列举书目之列，并对《遵义府志》给予高度评价，由此可知，其所列举之地方志书在当时学者之中已备受关注。

三、版本评价

以上的受众评价，无论是及时性评价还是延时性评价，主要是基于图书内容的评价，那么受众对贵州刻本图书的版本评价如何。这是在图书传播中应该被重视的一个问题。贵州刻本书目虽然相对较少，然不乏精善之本。在晚清以前，贵州刻书主要以官刻为主，一般具有较强大的经济支撑，从而在校勘、刻工方面都较为精湛。如宁波天一阁收藏的明代贵州方志中，明嘉靖十六年（1537年）纂修的《思南府志》刻印精审，为刻本中之珍品。又道光初年，陈恩泽（字春海）在贵州任学政期间，翻刻了（宋）岳珂所校之《相台五经》，其本绝善，张之洞将其列在《书目答问》之中，根据《书目答问》开篇“诸生好学者来问应读何书，书以何本为善。偏举既嫌挂漏，志趣学业亦各不同，因录此以告初学”② 之语观之，《书目答问》所列之书皆为善本。由此可见，陈春海所翻刻的《相台五经》在张之洞看来是属于善本书之列。无独有偶，曾国藩对此刻本书也非常欣赏，在其咸丰八年（1858年）十月十五日与沅浦九弟的家书中写道：“乾隆五十五年殿刻仿宋岳珂本《相台五经》极为可爱，近陈春海仿刻于贵州，不知庄木生有此书否?”③ 由此可知，贵州刻本《相台五经》在当时是争求之书。

晚清时期，贵州刻书兴盛，在官刻、私刻书之中，也有不少刻本极为精善。如道光十七年（1837年）贵州刊本《农政全书》，得到了朝廷的高度认可，并在同治八年（1869年）六月的中美互赠书之活动中，朝廷将其赠送与

---

① 梁启超．中国近三百年学术史［M］．北京：东方出版社，2004：328-334．注：该书原文中所列“咸丰《遵义府志》”之时间有误，《遵义府志》实为道光年间纂修，道光二十年刻本，而《贵阳府志》《兴义府志》《大定府志》《安顺府志》为咸丰年间刻本。

② 张之洞．书目答问·略例［M］．上海：商务印书馆，1933：1.

③ 曾国藩．曾国藩全集·家书（上）［M］．北京：中国画报出版社，2014：245.

美国（注：此次赠书共十部，即《皇清经解》，道光九年粤雅堂刻本；《五礼通考》，乾隆十九年江苏阳湖刊本；《钦定三礼》，乾隆十四年殿本；《医宗金鉴》，乾隆五年北京刊本；《本草纲目》顺治十二年北京刊本；《农政全书》，道光十七年贵州刊本；《骈字类编》，雍正五年北京刊本；《针灸大成》，道光十九年江西刊本；《梅氏丛书》，康熙四十六年北京刊本；《性理大全》，明永乐十四年内府刊本，约一千册，一百三十函，其中，《农政全书》二十四册、四函），现仍存于美国国会图书馆东方部，在每函上皆有“Presented to the Government of the U. S. A. by His Majesty the Emperor of China June 1869”（由中国皇帝陛下赠予美国政府）的说明①，可见该刻本之价值。章学诚所撰的《文史通义》光绪三年（1877 年）贵阳刊本，海内外学者皆以此本为最精，该刊本存于贵州民族大学图书馆。光绪五年（1879 年），张之洞的弟子王秉恩见四川、北京、湖北所刻之《书目答问》错讹繁多，“有卷第颠倒者，有版本脱漏者，有名氏舛讹者，有定本后书已刊行或刖刻重翻卷第缺漏”，于是王秉恩对其一一校补，由陈文珊出资在贵阳重刊，修正讹误二百余处，称为“贵阳刊本”，该本常被学者们重视。在这时期的私刻书中，也不乏一些精刊本，如郑珍的《巢经巢诗钞》《说文新附考》《汉简笺正》皆被张之洞《书目答问》所收录，认为《说文新附考》“尤精刻”、《汉简笺正》“极精”②。咸丰年间，浙江江阴王介臣（字个峰）以诸生参府道入黔，奉父（王惠，字兰上）以居，遂家贵阳，与郑珍极为友善。介臣好事，咸丰元年（1851 年）出资刊刻莫友芝所辑明谢三秀之《雪鸿堂诗蒐逸》，“好传刻先代选书，在黔校刻典籍甚丰富，如张岱陶庵《琅嬛文集》，海内推为善本”③。

关于贵州图书版本，不得不提遵义黎庶昌在日本所刻之《古逸丛书》。光绪年间，遵义黎庶昌出使日本，在此期间，收集流散在日本之中国古籍进行刊刻，以《古逸丛书》命其名。光绪十年（1884 年），《古逸丛书》在日本东京使署刻竣，共搜罗古籍二十六种，书凡二百卷。书刻成之后，将其板片运回中国，存于江苏书局，此书板片仍保存至今，存于扬州中国雕版印刷博物

① 钱存训．中美书缘——纪念中美文化交换百周年［J］．文献，1993（4）：187-194.

② 张之洞．书目答问·经部［M］．上海：商务印书馆，1933.

③ 李独清．思旧草跋［M］//杨恩元，任可澄．（民国）贵州通志·艺文志．黄永堂，等点校．贵阳：贵州人民出版社，1989：693.

馆。《古逸丛书》中所搜篇目不仅皆为中土少见之珍贵古籍，而且刻工精审、用纸讲究。据叶昌炽描述：

……值明治改革之初，彼都士夫不甚留意于古学，观察遂与其时搜访坠典，中朝所已佚者，好写精雕，又得杨君助之，成《古逸丛书》若干种……裒然巨帙，摹勒精审，毫发不爽。初印皆用日本皮纸，洁白如玉，墨如点漆，醉心悦目。旋即至沪，即以其板付江苏官书局贮之，流通古籍，嘉惠后学，与敝帚自珍者异矣。①

黎氏所刻《古逸丛书》，以日本一流刻工精心锲刻，选用日本视为上品之美浓纸印制，并且雕刻板材也选用坚硬细腻、质地光洁的樱木，从而使所刻之书的美观超过前古。叶昌炽见《古逸丛书》之精美，赞其“色色俱臻绝顶”，以黄丕烈所初刻之《士礼居丛书》较之，“犹瞠乎其后”，并心生羡慕之意，“将来星使瓜代所刻版皆捆载来吴，必购之，为治廧藏书生色也”②。莫棠在《荀子题跋》中，对《古逸丛书》板片做了一定的描述：

板至启视，则每板四周皆护有木条，长短与板齐，广寸余，刻地甚浅。日本印刷法，先以棕帚涂墨，拂纸既平，则以一圆物坚薄者，平压而婉转磨之。故字外不渍墨，而字字均洁。官匠皆相顾敛手。于是去其护板之木，复刓深其刻地之浅者，在县斋召匠试印。余遂请于先君，觅佳纸附印其中经子及《草堂诗笺》各数本，尚称精好，然行间已不能无濡墨。③

莫棠的父亲莫祥芝当时为上海知县，板运至上海由莫祥芝接收，莫棠亲眼见其与中国雕版之不同，最大之优点在于刻印之时因有护板而墨不外渍，故记此事。从叶昌炽和莫棠的描述来看，黎庶昌所刻《古逸丛书》版本之精美在国内可谓绝大多数不敢与其媲，在讲究版本者心目中认定为高水平之作。

---

① 叶昌炽．藏书纪事诗：卷七［M］．王欣夫，补正．徐鹏，辑．上海：上海古籍出版社，1989：709.

② 叶昌炽．缘督庐日记：卷三［M］．新北：学生书局，1964：75.

③ 王士进．文禄堂访书记：卷三［M］．上海：上海古籍出版社，2007：154.

第二节 受众效果

在具体的图书传播活动过程中，图书所承载的信息对受众必然会产生一定的影响，使受众在认知、情感、行为等层面发生一定的变化。首先是知识文化的积累，通过阅读图书，受众从其中获得前人所总结的知识经验，使自身的知识得以增加，改变自己的认知结构；其次是情感态度的变化，图书中所呈现出来的价值观念潜移默化地影响着受众，从而改变着受众的思想观念；最后是受众会按照自己认可的价值判断付诸言行。但这些受众效果的呈现主要侧重于图书传播活动对单个受众产生的效果分析，而晚清时期贵州图书传播的受众并非是单个受众，而是整个社会群体，它的受众效果则是通过社会整体性的特点呈现出来。晚清时期贵州图书传播对受众在认知方面的效果具体呈现为知识阶层的崛起，在情感态度方面的效果呈现是经世致用意识的觉醒，而在行为方面的效果呈现则是救亡图存活动的践行。

一、知识阶层的崛起

图书传播最为直接的功能就是知识传递，图书可将前人的知识和经验传递至受众，从而使受众丰富自己的知识经验。近代中国，随着印刷技术和造纸工艺的进一步发展，图书事业达到前所未有的繁荣，图书市场也相继成型。贵州虽然处于偏远之区，图书出版也相对滞后，然而由于本地出版业的图书刊刻和省外图书市场的购买，大量图书在省内传播，致使知识群体的快速崛起。

明清时期的贵州，随着学校教育的发展，各地人才蔚起，有“七百进士六千举人”“三鼎甲一探花”之说，然而在大批知识阶层中，很大部分属于晚清时期所考取的举人、进士，据《贵州省志·教育志》载，清代贵州举人3110名，其中道光、咸丰、同治、光绪1781名；进士共611名，而道光、咸丰、同治、光绪313名。①“三鼎甲一探花”之中，除了康熙四十二年（1703

① 贵州省地方志编纂委员会．贵州省志·教育志［M］．贵阳：贵州人民出版社，1990：64.

年）癸未科武状元曹维城外，其他文科两状元一探花都属于晚清时期。贵阳赵以炯光绪十二年（1886 年）丙午科一甲一等进士及第，麻哈（今麻江县）夏同龢光绪二十四年（1898 年）戊戌科一甲一等进士及第，遵义杨兆麟光绪二十九年（1903 年）癸未一甲三名进士及第。据曾大兴教授统计，贵州省历代文学家共有 5 人，其中 4 人是晚清人。①

晚清时期，贵州众多知识分子的出现，无不与图书的传播相关。随着图书事业的不断发展，印本书在市场上大量流通，致使图书的社会化程度加剧，从而使更多的求学之士有更多的机会获得图书，要么从学宫、书院藏书之中进行阅览，要么将图书从市场上购买置于家中随时翻阅。因此，图书的社会化促进了知识群体的崛起。道光年间，遵义黎恂从浙江桐乡购买十几箧书回遵义，置于锄经堂，任其家族子弟翻阅，直接或间接造就了一大批知识分子。当时从游于黎恂者，数十百人，而最有才学者有郑珍和黎兆勋。郑珍十四岁便学于黎恂处，“十四学舅家，插架喜偷看”（《巢经巢遗诗》卷四），锄经堂之书无不认真阅读，每天过目万言。郑子尹稽考经史，在小学、经学方面成绩显著，而黎兆勋却以诗见长，“日息发书与子尹、子偲相违覆，以诗古文辞交摩互励，风气大开。久之，群从子弟服习训化，彬彬皆向文学焉”②，后黎庶昌、黎庶蕃、黎庶焘等人皆有所成就。如黎庶昌“少染家学，从莫子偲、郑子尹两先生游，稽经考道，学以大进”③，成为全国著名散文家。

贵州经过咸丰、同治年间的农民大起义之后，图书损坏严重，众多私家藏书和学宫藏书毁于战火。但至光绪年间，社会秩序趋于安定，省内图书出版有所复兴，又有不少官绅从省外购运各种图籍，使省内图书流通基本上恢复正常。各种图书在省内的流通加速了知识阶层的进一步扩大，就贵阳而论，在光绪年间就有 68 名进士（不包括修文、贵定、开阳等地区），其中有不少

① 曾大兴. 中国历代文学家之地理分布［M］. 武汉：湖北教育出版社，1995：506-507. 注：曾先生指出这 5 人的名字分别为周起渭、莫友芝、郑珍、宦懋庸（原文“宦”误作“官”）、黎庶昌，其中除周起渭为清初人外，其余皆为晚清人。见该书第 417-418 页。

② 黎庶昌. 拙尊园丛稿・从兄伯庸先生墓表［M］//黎庶昌. 黎庶昌全集：第 1 册. 黎铎，龙先绪，点校. 上海：上海古籍出版社，2015：179.

③ 夏寅官. 黎庶昌传［M］//黎庶昌. 黎庶昌全集：第 8 册. 黎铎，龙先绪，点校. 上海：上海古籍出版社，2015：5464.

文人在全国都具有一定的影响力，如黄国瑾、陈灿、陈田、陈夔龙、赵以炯、姚华等。如姚华，字茫父，1876年出生于贵阳，自幼聪慧，五岁便发蒙读书，从原广顺学政姚荔香读书，便取名重光。1893年从艾先生就读，得读段玉裁注《说文解字》。1984年，严修前往贵州视学，在贵阳设立书局，因此得博览群书，辞章、考据之学大有进步。1985年考中秀才，姚华的聪明才智得到了严修的赏识，严修便将自己随身携带的十四箱书倾箧借书给姚华，贵州官书局的书也让其翻阅。姚华凡辞章考据义理之书莫不阅览，使自己知识大有增进。1897年严修对贵阳学古书院进行改革，改其名为经世学堂，并选40名高才生进入就读，其中便有姚华。经世学堂开设了经学、算书、格致等学，并订购《时务报》，为姚华的进一步发展打下了基础，他在兴义笔山书院担任院长之后，于1904年考中进士，并同年9月被清政府派往日本东京法政大学速成班就读。① 从姚华考中进士以前的经历来看，他能考中进士，这与当时贵州图书的传播密切相关，尤其是严修视学期间自带的书籍和贵州官书局刊刻、购运的图书。姚华通过博览群书，创作了《小学答问》《说文三例表》《金石系》《黔语》《古盲词搜》和诗、词、曲、赋、杂著等，收入《弗堂类稿》，共31卷，成为贵州近代史上著名的文化名人。

再从私家藏书对知识阶层的塑造来看，大多数具有丰富藏书之人皆为当时的文化名流，这绝非是偶然。如贵州私家藏书较为著名的郑珍、莫友芝、黎庶昌、陈田等人皆为全国名士；又唐树义有“梦砚斋”书房、黄彭年有“戴经堂”、黄国瑾有“训真书屋”、莫棠有“铜井文房”，胡长新的“籀经堂”，即便如宦懋庸、傅寿彤、丁泽安等这些多产著述家，家里藏书也颇为丰富。正是图书社会化使图书的大量流通，使人们有了更多的机会获得图书，将其购置于家中，拥有了更多的信息资源，从而对自身的知识积累和文化再创造提供了必要的条件。

如果说中国传统图籍的传播造就了众多有学之士，那么在西学东渐潮流之下的西学传播则培养出了不少经世之才。西学传入中国可以追溯至明末清初的利玛窦、汤若望之流。然这时期西学主要是对中国一些知识分子及精英

---

① 姚华．书适·附姚华年表［M］．邓见宽，点校．贵阳：贵州人民出版社，1988：239—240.

阶层的影响。但至鸦片战争后，中国门户开放，国外传教士在中国办期刊、设书院、成立图书出版机构。1843 年到 1860 年期间，西方传教士在香港、广州、福州、厦门、宁波、上海等地大肆传播西学书籍，并在上海设立墨海书馆、宁波设立华花圣经书房等大型出版机构。上海墨海书馆在 1844 年至 1860 年期间，共出版各种书刊就达到了 171 种，虽然大多是宗教内容，但也有众多数学、物理、天文、历史、地理等方面的自然科学书籍，如伟烈亚力翻译的《数学启蒙》《续几何原本》《代数学》等 33 种。① 而这些书籍的传播对象已经不再局限于精英层，而是面向了大多数知识分子，魏源的《海国图志》、徐继畲的《瀛寰志略》都直接得益于西学图书的传播。到了第二次鸦片战争的失败后，在中国贫弱落后与西方富强先进的强烈对比之下，中国有识之士和具有世界眼光的官绅们主动介绍、学习西方知识，并且成立了各种教会学校、译书局、出版机构，各种报纸刊物，在 19 世纪 90 年代以前，西学传播已经如火如荼，影响到了社会基层。然而在偏远的贵州，西学传播的影响甚微，即便像雷廷珍这样的饱学之士也是对“泰西之学，茫乎未知”②。直到严修到贵州视学期间，西学才被大量引进。严修成立的贵州官书局以梁启超的《西学书目》为参照，订购了一些介绍西方政治历史的书籍，如李提摩太的《泰西新史览要》《实事新论》、丁韪良译的《万国公法》、魏源的《海国图志》、马建中的《适可斋纪行》等。又订购了一批介绍西方自然科学的书，如《中西算学大成》，以及物理、格致、化学等方面的书籍。部分书籍在严修《日记》中有所提及，如李琳借书之中就有《万国公法》《中西算学大成》，丁酉年（1897 年）三月初二日，“山长送来《泰西新史览要》一部”（《蟫香馆使黔日记》）。除了购运西学书目外，严修还在经世学堂开设数学、格致等课程，购置《时务报》让学生阅览，才使贵州士人大量接触西学，成为贵州“传播西学的第一人”③。继严修之后，在贵州广泛介绍西学的主要是李端棻。晚年的李端棻因戊戌变法失败后回到贵州，主讲于严修创办的经世学堂。在讲学期间，向贵州士子们介绍了不少西方哲学家及其著作。据殷亮轩回忆，

---

① 熊月之．西学东渐与晚清社会［M］．上海：上海人民出版社，1994：188.

② 雷廷珍．晢学碑缘起［M］//严修．严修年谱．高凌雯，补．严仁曾增编．济南：齐鲁书社，1990：107.

③ 何仁仲．贵州通史：第 3 卷［M］．北京：当代中国出版社，2003：622.

当时经世学堂虽为学堂，但仍为书院制，每月课士一次。在第一次课士中，李端棻所出之题为《卢梭论》，当时众多学生不知卢梭为何许人，翻遍中国人名辞书仍未找到。李端棻便将自己所藏梁启超主编的《新民丛刊》拿出，让学生抄阅其上的《卢梭传》。第二次月课为《培根论》，也让学生从《新民学刊》让抄录。

西学书籍在贵州的广泛传播，造就一大批具有远见卓识的经世人才。如严修在贵阳视学期间时的得力助手雷廷珍，他曾为贵州官书局的董事和经世学堂的教员，在西学图书的影响之下已经不再是对西学的"茫乎所知"，而是"内探至经之要秘，外观中外之事机"①，并决心致力于讲学，敢于破格，勇于疑古，培育更多的经世之才，因为在他看来，"方今时势，非自强不能自存，非人才不能自强，非讲学不能育才，非合众不能砺学"②。因此，他在严修离任之后，因戊戌变法失败，复旧思想复燃，受兴义刘官礼之聘，便毅然前往兴义笔山书院继续讲学，常以"实行"引导学生，并购置《时务报》让学生阅读，成为贵州新式教学的奠基之人。贵州近代才俊，多出其门，如贵州第一个反封建陋习的不缠足协会中的黄禄文、彭述文、陈廷策，贵州自治学社社长钟昌祚，著名学者、诗人和绘画家姚华，贵州教育总会会长、贵州大学校长和《续遵义府志》编纂者周恭寿等，皆是雷廷珍的学生，他们都是在当时西学图书传播的影响之下成为黔中的有为之才，对贵州文化、政治产生过重要影响。

二、经世致用意识的觉醒

晚清时期，清政府的腐败无能和帝国主义侵略的日益加剧，致使众多有识之士开始复兴明末清初时期的经世致用精神，逐渐从考据之风转向经世济民、治国安邦的经世致用思想。贵州虽文化较为落后，但经世致用思想在道光之初已见端倪。遵义府学教授莫与俦著有《示诸生教》四条，其第一条强调读书首先要端正自己的心态，不以致高爵厚禄、肥身家、遗子孙的功利为

① 杨文清．雷玉峰先生传［M］//任可澄，杨恩元．贵州通志·人物志［M］．冯楠，等点校．贵阳：贵州人民出版社，2001：203.

② 雷廷珍．誓学碑缘起［M］//严修．严修年谱．高凌雯，补．严仁曾，增编．济南：齐鲁书社，1990：108.

其目的。其第二条云：

> 读书尚求实用，非徒诵章句为词章已也。……夫六经子史，岂故为是繁缛，以眩学者耳目，烦学者之心志哉？所以使之自求诸身心，而切按之行事也。……言言而求之身，事事而思其用，则读一卷书，自有一卷书之益处。

在此，莫氏强调“读书尚实”之理念，读书不是为了炫耀自己有多么丰富的学识，而是时时要反省吾身、“思其用”。其第三条又云：

> 自帖艺取士以来，士莫不以此自献。有志当世者，虽有周孔之圣，曾史之贤，亦不能舍此以他进，亦作文之道，不可不讲也。……自干进之徒创趋时之说，一唱百和，转相效仿，为得失之是计，并是非之不问，使后生小子，束书高阁，日习浮光掠影之陈言，性灵固弊，精神虚掷，遂大谬乎国家设科取士之意。……①

莫与俦在强调“读书尚实”的基础之上，对科举取士使人们读书唯以得失至上、是非不问而一贯日习陈言的现象进行了批判，已经初见经世致用之思想。然由于时代之局限，莫氏所言仍未跳出汉宋之学的藩篱，所强调的“读书尚实”还是停留在著述之中，通过去除陈言而成一家之言而已。因此，后学郑珍、莫友芝无不继承其学，致力于古。郑珍先致力于许慎、郑康成两家之书，后又精于《三礼》《六书》，志在通儒，遂成一家之言。莫友芝“少承先训，通会汉宋两学，于《苍》《雅》故训、《六经》名物制度，靡不探讨，旁及金石、目录家之说”②。

在内外交困的时代里，经世致用思想得到进一步发展，引起了更多饱学之士的重视。遵义黎庶昌家学渊源，虽然七岁之时父亲黎恺便去世，但在家族兄弟的教育之下学有所成，并讲求学以致用，曾两次上书万言与穆宗毅皇帝，将当时的社会弊端一一列出，探讨其根源，并在第二次上书中给予相应对策，为国家之发展建言献策，故《清史稿》云其“少嗜书，从郑珍游，讲

① 莫与俦．示诸生教［M］//黎庶昌．黎庶昌全集·全黔国故颂：第3册．黎铎，龙先绪，点校．上海：上海古籍出版社，2015：1999-2001.

② 赵尔巽．清史稿·文苑传：卷486［M］．北京：中华书局，1976：13410.

求经世学”。黎庶昌出于爱国之热忱而有经世之行为，对当时社会科举制度中之不合理因素提出批判，认为其“尽困天下之聪明才力于场屋中，而场屋之士又尽一生之精力，不为效命宣劳之用，徒用之于八比、小楷、试帖无足之物”①，其经世致用思想明矣。晚清贵州经世致用思想在严修出任贵州学政期间得到了进一步的发展。严修作为维新派代表之一，沿袭“中学为体，西学为用”的思想，到贵阳之后，便创办书局，改革书院，从省外购运各种实学之书和《时务报》，廉价卖给贵州各学和士子，并聘用贵州大儒绥阳雷廷珍为书局董事、经世学堂讲习。在严修影响之下，雷廷珍对经世致用之学有了深入了解。据雷廷珍所撰《誓学碑缘起》一文云：

> 中学研精于义理，西学殚虑于事功，有相为体用者焉。然所谓相为体用者，究非谓自汉以来破碎迂拘之学也。若于破碎迂拘之学亦未有闻焉，而以眉睫弗顾，瞑目自大，一切摒斥之而不求有济于事，琉球、越南、缅甸殷鉴，岂在远哉?②

雷廷珍在此论述了中西学问之间的体用关系，强调学问应该“有济于事”，尤其是那些迫在眉睫之事，而当下之学则缺乏这种“有济于事”之精神，于是应该进行改革。雷廷珍与严修同具爱国热情和改革抱负，也在严修离任之后，继续在贵州宣传经世致用之思想，并影响了如姚华、徐天叙等一批人士。在严修创办经世学堂期间，得到了贵阳学古书院黄镜虚的大力支持。黄镜虚曾在北京参加过“公车上书”，并抄录了当时“公车上书”原稿带回贵阳，任学古书院监院、儒学教官。严修与黄镜虚关系较为密切，在光绪二十二年（1896 年）十二月致镜虚信中云：

> 愚意近日习科举有三要，多读宋儒书，多读时务书，多读古文。应试之妙诀，即致用之根底。凡埋头于八股试帖、律赋、小楷中者，皆庄子所谓大惑者也。③

① 黎庶昌．拙尊园丛稿・上穆宗毅皇帝书［M］//黎庶昌．黎庶昌全集：第 1 册．黎铎，龙先绪，点校．上海：上海古籍出版社，2015：36.

② 雷廷珍．誓学碑缘起［M］//严修．严修年谱．高凌雯，补．严仁曾，增编．济南：齐鲁书社，1990：106.

③ 严修．严修年谱［M］．高凌雯，补．严仁曾，增编．济南：齐鲁书社，1990：90.

在严修看来，科举取士不只是多读儒家之书，更要多读时务之书，其目的在于致用，埋头苦读诗书之方法不可取。这不仅反映了严修的治学思想，同时也能窥见出他们所交流的信息内容与科举改革相关，这也是维新变法的主要内容之一。而黄镜虚也认为，“贵州也应设立新式书院，引进西术，方不落于时代潮流之后，也是为学政、为教官责无旁贷之事”①。

严修作为学政，他对贵州的考试制度也有所改革，将经世致用思想作为选拔人才的其中一个标准。如在光绪二十一年（1895 年）十月十七日，在镇远考优生时的试题为：“《论读书之要》，先总叙大意，次就性之所近各拟一读书课程；《论西学之用与用之法》。”（《蟫香馆使黔日记》）同年十一月在石阡生童经古考试中出有试题《学者不可不通世务论》，考优生时试题有《拟曾文正忮求诗》《胡文忠论清贵州插花境事宜书后》，十二月在思南考试举优各生时有试题《魏默深经世文编书后》等。从这些考试试题不难看出，其主要在考查学生对当下时事的关注程度及其理解，将此作为选拔人才的标准之一，这无疑对贵州士人经世致用之思想的普及具有很大的推动作用。

另一位对贵州经世致用思想影响较大的是李端棻。李端棻（1833—1907），字苾园，贵阳人，同治二年（1863 年）进士，官至礼部尚书，维新派重要代表，力推教育改革，曾上有《请推广学校折》。百日维新失败后，李端棻被罢官并谪贬至新疆，光绪二十七年（1901 年）得赦返回贵阳。至贵阳后，年近古稀的他仍然矢志不移，继续宣传改革变法之思想，李端棻有诗云：

> 帖括词章误此生，敢膺重币领群英。时贤心折谈何易，山长头衔恐是名。糟粕陈编奚补救，萌芽新政要推行。暮年乍擁皋比位，起点如何定课程。②

光绪二十八年（1902 年）李端棻主讲经世学堂，大力推行新政，并介绍西方卢梭、达尔文、培根、赫胥黎、孟德斯鸠等哲学家思想，为贵州新文化的进一步传播起到了一定的推动作用。

---

① 严仁宗．严修视学贵州［M］．贵阳：贵州人民出版社，1989：94.

② 中华诗词学会图书编撰中心：贵州诗词卷：上卷［M］．北京：中国文联出版社，2009：79.

三、救亡图存活动的践行

鸦片战争爆发后，西方帝国主义对中国的侵略不断加剧，而清政府却在战争中连连失败，在经世致用思想之指导下，具有远见卓识之士开始思索中国之未来，如何使中国达到一个富强的国家。或开设制造局，制洋枪、造洋炮，加强中国自身的军事实力；或开设译书局，译西书、印西报，促进中国文化制度改革，从军事实力、文化制度等方面探索中国富强之路。贵州士人也不甘落后，将积累的知识付诸救亡图存的救国活动之中，为国家之发展建言献策。

同治元年（1862 年），穆宗毅皇帝登基，两宫太后垂帘听政，并下诏求言。然诏书虽下，竟久无王公贵族、督抚大臣之谏言。遵义黎庶昌却冒死以禀贡生应皇帝求言之诏，上书言论国家时事。在黎庶昌看来，中国之所以处于内忧外患之困境，正因为缺乏人才。“贤才者，国之元气也，人无元气则亡，国无元气则灭。”虽然国家有求贤之心，却无求贤之格，从而致使天下英才尽消散于草莽之中，士气不振。又言国家之赏罚制度不严，导致官冗之害，官冗则滞，滞则贫，贫则无所不为，而寡廉鲜耿矣。黎庶昌总结出了当时社会中的十二种“危道”：开捐取利，上下交征；冗官芜杂，贻害百姓；捐厘抽税，刻禄无已；律例牵制，百度不张；空言粉饰，务为太平；言路不宏，见闻多隘；士无实行，正气不伸；礼义廉耻，上无昌率；官人不择，援例是铨；州县无权，滥授轻调；兵制破坏，散漫不修；财源闭竭，不思变通。① 在提出社会中“危道”之十二害之后，同时也认为在京师也有十害，全面剖析了社会中存在的问题。

> 上谕：前因贵州贡生黎庶昌条陈时务，由都察院衙门代奏，当经谕令该衙门转饬该贡生：将应陈事件，详细具呈。兹据都察院据呈代奏，详加批阅，其中虽有更改旧章、事多室碍之处，间亦有可采择。业经另行降旨施行，并交该衙门分别核议外，黎庶昌以边省诸生，虑悃陈书，于时务尚见留心，方今延揽人才如恕不及，黎庶昌著加恩以知县用，发

① 黎庶昌．上穆宗毅皇帝书［M］//黎庶昌黎．庶昌全集·拙尊园丛稿：第 1 册．黎铎，龙先绪，点校．上海：上海古籍出版社，2015：38.

交曾国藩军营差遣委用，以资造就。该员其免图实践，用副殊恩！钦此。①

第一次上书之后得到了皇帝的重视，并颁布上谕，要求将所呈事件，详细具呈，于是便呈有《上穆宗毅皇帝第二书》，其中列出 25 条改革措施，并一一列举出相应对策。

鸦片战争接连失败，清政府各种割地赔款，使中国进一步陷入半殖民地半封建社会。帝国主义各国变本加厉，大有对中国瓜分之势，中国出现了前所未有的民族危机。中日甲午战争失败后，光绪二十二年（1895 年）三月二十三日，清政府与日本签订了丧权辱国的《马关条约》，民族危机更迫在眉睫，于是康有为等人趁入京会试之机会，联合各省举人 1300 余人，于四月初八联名请愿，发动历史上著名的“公车上书”。在“公车上书”上实际签名者共 604 人，而贵州就有 95 名举人在此书上签了名②，是除了广西以外签名最多的省份，此可以看出贵州士子为了挽救民族危机而积极参加社会革命的大无畏精神。“公车上书”签名的贵州举人将新思想带回贵州，从而推进了贵州文化的进一步发展。如题名表第 60 位的乐嘉藻，自参加“公车上书”后便去了日本考察教育，从日本购买了图书、标本回贵阳，于 1902 年在贵阳雪崖洞路创办了公立师范学堂。

光绪二十四年（1897 年）六月十五日，光绪帝颁发谕旨，要求各大小臣官及士子各抒谠论，以备采纳。在这次士子上书言事材料之中，便有贵州士子周培棻（毕节人）、余坤培（余庆县举人）以及举人胡东昌（贵定人，呈两件）为朝廷建言献策的上书。在七月二十六日周培棻的呈文中提出了“甄别疆臣”“征用寓洋华人”“任各省官绅自开铁路”“并厘税归商局”“各省并营合操”“罢科举，取材学堂”“停捐纳以招大学堂报效”和“八旗宜令自为生计”八条建议。

以上八条，倘蒙采纳，虽获罪不悔。夫事至迫矣，皇上日讲维新而

① 黎庶昌黎．庶昌全集·拙尊园丛稿：第 1 册［M］．黎铎，龙先绪，点校．上海：上海古籍出版社，2015：49-50.

② 范同寿．辛亥革命与贵州社会变迁［M］．贵阳：贵州人民出版社，2002：239.

成效未著，岂非狃于积锢者误皇上也？时乎时乎，一误何堪再误。中国虽乏人才，谁非沐圣祖列宗累世之责者，其能确然言变法之利，即能任变法之政者也。皇上不以此时用之，将何所待乎？天下事，天下人身家性命系焉，大臣不言，则小臣言。今日固治乱之关，兴亡之枢纽也。①

从“虽获罪不悔”之语可以看出，贵州士人为了挽救民族之危机，不惜搭上身家性命向皇上直书其事，真正体现了“国家兴亡，匹夫有责”的士人精神。

除了向皇帝直书其事，贵州士人在中华民族危难之际，在贵州本地用实际行动来体现高度的时代责任感。如张百麟（字石麒），贵阳人，先籍湖南长沙，其父亲官贵州，随父至而遂家贵阳。少时常读顾亭林、黄梨洲之书。其后在吴嘉瑞的“仁学会”所看到兴中会的革命方略，便曰“吾今而后知所归矣”②。后便博学实学之书，创办贵州自治学社，成为贵州辛亥革命之先导。张百麟创办自治学社最为直接的动因便是：《黔报》第九十五号新闻栏内，刊登了一则《瓜分警告》，披露了各种条约的签订，西方列强大有瓜分中国之势。在这样的背景之下，张百麟、张鸿藻、钟振玉、周素园等一批进步人士便成立自治学社。在张百麟对自治学社纲领的演说中强调：

吾侪对于瓜分警告，不在乎痛哭流涕，惟在讲求救亡方法，据不佞愚见，吾侪现今保国，当用国民责任说，将来立国，当用国家主体说。……盖国民有一分责任心，智识道德即随之增长；国内有一责任国民，国家即多一分力量。吾侪决心坚确，次第进行，救亡问题当不能解决。③

从张百麟的演说中不难看出，他持有高度社会责任感，在国家危难之际挺身而出，号召更多的人投身于救亡图存的活动中。

---

① 国家档案局明清档案馆．戊戌变法档案史料［M］．北京：中华书局，1958：90-91.

② 王于高．张百麟传［M］//贵州省社会科学院历史研究所．贵州辛亥革命资料选编．贵阳：贵州人民出版社，1981：440.

③ 周素园．贵州民党通史［M］//贵州文史研究委员会．贵州文史资料选辑：第四辑．贵阳：贵州人民出版社，1980：11.

第三节　社会效果

图书传播不仅对受众产生直接的影响，而且对整个社会发展也起到很大的推动作用，正如伊丽莎白·爱森斯坦所比喻的那样，它就像社会变革的发动机，推动着社会的发展进程，每一次媒介技术的变革，都会引起一场传播的革命，进而推动着社会向前发展。“有关宗教改革的辩论往往掩盖了印刷术带来的变革，正如有关文艺复兴的辩论往往掩盖了印刷术的影响一样”①，也正是欧洲社会从手抄文化过渡到印刷文化所引起的传播革命，导致了宗教改革和文艺复兴的兴起。晚清时期，贵州的图书传播不止在数量上有大幅增加，在传播领域方面也不断地扩大，从省际主干道旁的文化重镇逐渐延伸至偏远的地州县以及少数民族区域，图书传播在加快贵州社会发展的进程中扮演着重要的角色。

一、加深了知识的社会化程度

知识的社会化是指众多人对书籍与知识的共享，如果对某一知识共享的人越多，那么我们就可以说该知识的社会化程度越高。在古代，书籍大多被社会精英阶层所垄断，多数书籍则束之高阁，一般普通大众望尘莫及。然而，随着印刷技术的发明和不断改进，书籍因而可以进行大量复制，从而打破了社会精英阶层对知识的垄断，使社会上更多的人获得接触知识的机会。

贵州民族多，即便在贵阳省城，也是自大路城市外，四顾皆苗，贵阳以东有铜苗、九股苗、仡佬、佯僙、土人、峒人、蛮人、冉家蛮。贵阳以西有倮倮苗、仲家、宋家、蔡家、龙家。② 在贵州的安顺府、大定府、黎平府、都匀府、思州府、平越直隶厅、普安直隶厅等州府皆以少数民族居多，而如古州、永从、丹江等苗疆地区，绝大多数为少数民族。经过长时间的发展，尤

① 爱森斯坦．作为变革动因的印刷机［M］．何道宽，译．北京：北京大学出版社，2010：368.

② 中国科学院贵州分院民族研究所．清实录·贵州资料辑要［M］．贵阳：贵州人民出版社，1964：301.

其是"康乾盛世"时期，以官学、书院、义学以及私塾等教育形式，使贵州的文化教育得到了进一步的发展。尽管如此，由于贵州恶劣的地理环境和落后的经济状况，文化教育仍然非常落后，尤其是在少数民族地区，不知礼法之人不知凡几，知识大多还是掌握在社会精英阶层。

清代初期，贵州在全国具有一定影响力的文人较少，周起渭、陈法可算是当时贵州文人的佼佼者。周起渭以诗著名，能与著名诗人史申义比肩，著有《桐埜诗集》；陈法以《易笺》八卷为世人知晓，《四库全书》将其收入其中。然而观其家世以及自身之官职，他们并非普通民众。周起渭之身世少有资料刊载，然在《贵阳府志·耆旧传·周起渭传》中云"父国柱，贵阳府学生，建贵州会馆于都城"之语，从其不难看出周起渭之家世在当时的贵阳也较为显赫。而其在做官之时创作了《万佛寺大钟歌》而得以闻名，史申义并以"孰与夜郎争汉大，手携玉尺上金台"之诗句赞其诗。陈法亦然。在孙若畴《定斋先生行略》中载：

> 先世江南江都县人，明洪武中以武功授昭信校尉，平定普蛮，遂落业于贵州安平县；终明之世，袭平坝卫左所百户。先生以前，由明经孝廉起家，五世为县令。①

陈法于康熙五十二年（1713 年）中进士之后，便进入翰林院，散馆授检讨，历任顺天乡试同考官、会试同考官、山东登州府知府、直隶大名道，后回贵阳主讲贵山书院。所著之《易笺》《河干问答》《明辨录》等，皆在为官时所作。

> 丁卯，先生王十六军台，载经籍数十万卷，用数骆驼负之。日以著书为事，因著有《易笺》《明辨录》诸书。陈文恭公为刻《易笺》，湖南抚臣敦福进呈，著录《四库全书》中，荆观察如堂为刻《明辨录》。②

至晚清时期，随着图书出版事业的兴盛和繁荣，尤其是在清末引进西方

---

① 黎庶昌．全黔国故颂［M］//黎庶昌．黎庶昌全集：第 3 册．黎铎，龙先绪，点校．上海：上海古籍出版社，2015：1965.

② 黎庶昌．全黔国故颂［M］//黎庶昌．黎庶昌全集：第 3 册．黎铎，龙先绪，点校．上海：上海古籍出版社，2015：1967.

铅印、石印技术之后，图书印刷进入机械复制时代，图书很少以孤本或单行本行于世，又加省外图书源源不断进入贵州境内，致使贵州社会的图书传播日益增多，人们只要具备一定的购买能力便可以获得图书，从而加剧了知识的社会化程度。王秉恩在《书目答问跋》中云：

> 南皮师撰光绪二年写定本《輶轩语》《书目答问》二种，丙子春，有以《輶轩语》诒者，贵竹石君雨农先梓三千册，一时持去罄尽。

贵阳石雨农在光绪二年（1876 年）刊刻了张之洞所著之《輶轩语》三千册，这一数量在当时的贵州已经不少，而却被人们争购略尽。虽然材料之中并未涉及购买者的身份，但从三千册这一数量可以窥见购买者之众。晚清贵州官书局也大量刊刻、复制众多图书销售至贵州各州县，即便是贫寒之士，也能家置一编。至清末时期，随着先进印刷技术的引进和大型出版机构的建立，贵州的图书传播进入了前所未有的繁荣阶段。

贵州境内印本书的大量出现，使政府藏书和私家藏书获得快速发展。如果说在早期的藏书，无论是政府藏书还是私家藏书，还只有少数人可以占有，那么到了晚清时期，随着印刷技术的大为改善和藏书思想的进一步解放，藏书也逐渐走向大众，实现了知识的社会化。

从政府藏书来看，政府藏书主要有书院、学宫藏书。这些藏书不仅是教官教学时使用的参考材料，同时也是学生获得知识的主要资源。书院、学校允许学生借阅，并列出借阅图书的相关制度，大多图书借阅室是不允许将书带出门的，只能在里面浏览，这样能确保藏书能有效地持续下去，也能提高藏书的利用率，如在光绪初年桐梓鼎山书院成立的图书借阅室就制定了相关的规定。严修在贵州视学期间，要求各府州县学校的藏书要对学生开放，并将学生借阅图书的多寡作为考察教官勤惰的一种依据。这种藏书的借阅制度使更多的人获得了知识，藏书的“用”得到了进一步的发挥。但书院、学校藏书的借阅对象相对较小，借阅对象主要是教师和学生，当然也有官员。如桐梓鼎山书院在 1884 年以后，有不少往来大吏在此借书到行馆之中，有不少书籍没有归还，兼之管理人员的松懈，启闭不严，数年之间该书院的图书散失殆尽。(《桐梓县志·文教志》) 到了清末时期，藏书的社会化进一步加大，由贵州学务公所成立的图书纵览室，便是直接面对社会大众，凡是愿意阅读者皆可入室浏览或誊抄，它将扩充学人的普通知识为其宗旨，这就使更多的人能够接触到知识，从而达到知识的社会化。

晚清时期贵州的私家藏书也开始走出过去“我不借人，人亦绝不借我”的思想，将所藏图书向更多人开放。私家藏书的社会化首先是向家族子弟和亲友开放，允许他们借阅。黎恂从浙江桐乡购买的众多图书存于锄经堂，家族子弟如黎兆勋、黎恺、郑珍等人受惠实多。黎庶昌在《郑征君墓表》一文中就谈到了郑珍阅读黎恂藏书的情况：

> 先生自幼精力之过绝人，寓目辄能记诵。予世父雪楼公以尤归自桐乡，多储典籍，先生以甥行学于舅家，悉令鼓箧读之，恒达旦夕，肘不离案，衣不解带，数年学以大明。①

也正因为黎恂的藏书，孕育出了一大批著名的沙滩文化名人。后来郑珍的藏书也非常丰富，黎氏家族中的人也常在他那里借书，在《巢经巢藏书目》里面就记载有黎庶蕃、黎汝弼所借的书目。郑珍与莫友芝之间友谊至深，郑珍也将一个女儿许配给莫友芝之子，不过因其早殇而未过门。他们之间的图书借阅活动更加频繁，郑珍所搜集到孙应鳌的《教秦绪言》一卷交给莫友芝刊刻，后来光绪四年（1878 年）又由莫祥芝刊刻于金陵。从此书的流传过程便知道，私家藏书通过亲友这一渠道向外扩散。另外，私家藏书的社会化还表现在通过教学的方式对外进行传播。过去的藏书家大多为文化名人，向他们求学之人较多，例如黎恂在遵义沙滩办有私塾，当时从游者数十人之多，郑珍、莫友芝也曾在多处讲学，而他们的一些藏书有时也向求学之人开放。胡长新在主讲黎阳书院时，彭应珠为其学生。彭应珠自幼聪明好学，却因家庭贫寒而无力买书，得到胡长新的赏识，胡便将其带至家中，让其翻阅自己所藏之书，后于同治八年（1869 年）举于乡，多次礼部会试落第，胡去世之后，应珠便主讲黎阳书院，课士有声，著有《景湘堂吟草》一卷行于世。

至清代，朝廷为了更好地统治贵州的少数民族地区，在崇尚文治的思想引导下，通过在少数民族地区设立学校、书院、义学，加强对少数民族的文

① 黎庶昌．拙尊园丛稿［M］//黎庶昌．黎庶昌全集：第 1 册．黎铎，龙先绪，点校．上海：上海古籍出版社，2015：72.

化教育，将儒家文化经典和朝廷钦定、御纂之书在少数民族地区广泛传播，从而希望达到“化夷为汉”的效果。然而在乾隆时期，朝廷认为少数民族子弟能识字之后便容易读“妖书邪书”而生奸匪之心，于是便限制了少数民族地区的文化发展。经过了咸同时期贵州各族人民大起义之后，清政府则清醒地意识到在少数民族地区实行文化教育的重要性，如同治十一年（1863 年），曾璧光、周达武会奏中强调，咸同时期贵州“苗乱”之巨患，实源于生苗，生苗顽固难化，常与汉为仇，从而提出在苗疆地区“酌设义学，导以礼教，庶几化夷为汉，可图久安”的治苗措施。陈宝箴在上言《筹代办苗疆善后事宜疏》亦云：

> 欲永绝苗患，必先化苗为汉，除令剃发缴械外，欲令其学礼教、知正朔，先自知读书，能汉语始。拟以绝逆田产所入官租，募能通汉苗语音而知书者数十百人为教习，或一大寨数小寨各置一人，设义学一，使苗子弟入学读书，习汉语。年长者，农隙时，亦令学汉语。①

从陈宝箴上奏材料可知，对苗疆地区进行治理的首要任务就是“化苗为汉”，通过加强少数民族地区的文化教育，逐渐使苗疆地区子弟识礼教、知正朔。诚然，在光绪年间，清政府加大了对贵州苗疆地区的文化教育，通过扩建学校、书院以及在各村寨设立义学等形式，使更多的苗疆子弟获得了教育，同时，增加了苗疆地区的取士名额，严禁汉人篡籍顶替，并可以送省城书院肄业，激发了少数民族子弟追求仕途的欲望。为此，各种启蒙读物、科举考试书籍以及钦定、御纂之书在该地区得到了广泛传播。

汉学书籍虽然都是一些非常普通、常见的书籍，然而它们在贵州少数民族地区广泛传播的意义却非常重大。一方面，汉学图书在少数民族地区的广泛传播，促使更多少数民族学习汉语，为贵州各民族之间的交流打下了语言基础。图书作为文化的载体，它首先呈现给读者的便是语言，只有掌握了相应的语言能力，图书才可能成其阅读对象。因此，读者为了获得图书所承载的信息，便必须具备这方面的语言能力。在中原地区特别是江南一带，汉学

---

① 罗文彬，王秉恩．平黔纪略：卷十九［M］．贵州大学历史系中国近代史教研室，点校．贵阳：贵州人民出版社，1988：535.

图书的传播无疑具有较大优势，因为该地区大多数人们具备一定的汉语基础，而在少数民族众多的贵州，众多少数民族不通汉语，只有通过长时间的学校教育之后他们才具备一定的汉语阅读能力，图书从而能成为阅读的对象。少数民族子弟接受儒学其实在明代时期就已经开始，明政府根据不同的土司等级设置宣慰司学、宣抚司学、安抚司学和长官司学，这些司学主要招收“土生”，即少数民族子弟。由于所设立学校较少，只有极少土司家族的重要成员才能入学。至清代雍正时期西南“改土归流”之后，大多司学被并入府州县学和厅学，在经过咸同贵州各民族大起义之后，清政府特别重视义学。“义学”的经费主要来自社会捐资，受教育者免费入学，以蒙童教育为主，具有在少数民族地区进行文化普及的意义。晚清时期，随着众多少数民族子弟进入官学、义学学习，接触启蒙读物以及其他汉学图籍，无疑提高了少数民族地区子弟对汉语的掌握，使更多的人懂得了汉语、接受了汉语。汉学图书在少数民族地区的广泛传播，无疑促进了汉语在贵州各民族之间使用的统一化和标准化，正如爱森斯坦·伊丽莎白在《作为变革运动的印刷机——早期近代欧洲的传播与文化革命》中引斯坦贝格的话所言：“印刷术强化了语言群体之间的障壁，使墙内的语言同质化，摧毁小的方言分歧，为了千百万的读书写字人而使语言的习惯用法标准化，使偏远的方言得到边际的角色。”① 尽管汉语并没有将少数民族地区的语言同质化，但苗疆地区有学之士在书写语言方面使用标准化和统一化的汉语，如道光之后的各种乡归民约、地契条约大多由汉语写成，为贵州各民族之间的交流找到了共同的语言基础，从而推动着各民族之间的交往向前发展。

另一方面，汉学图书在少数民族地区的广泛传播，使更多的少数民族子弟了解汉文化、认同汉文化，从而为贵州各民族之间的交流打下了坚实的文化基础。每一个民族都并非有自己的语言和文字，却都有它本民族的文化，饮食、居住、建筑、服饰、工艺、文学、信仰、禁忌、生活习俗等方面都会因不同的民族而各异。如在宗教信仰方面，众多少数民族有自然崇拜倾向，认为“石大有鬼，树大有神”，因此房屋周围附近的大树、大石时常被人们所

---

① 伊丽莎白．作为变革运动的印刷机——早期近代欧洲的传播与文化革命［M］．何道宽，译．北京：北京大学出版社，2010：69.

崇拜，祈求其保佑家人平安发迹、牲畜肥壮。这种自然崇拜与儒家文化中的“祭如在，祭神如神在”（《论语·八佾》）可谓差别较大，儒家文化虽然也讲究祭祀，但祭祀只不过是一种礼仪，强调在祭祀之时的虔诚，而不是强调祖先、鬼神的真实存在。各民族之间的文化差异阻碍着不同民族之间的交往，更是建立共同理想和信念的最大屏障，于是清政府从开始治理苗疆之时便通过文教方式在苗疆地区广泛传播儒学和钦定、御纂之书，以期使更多少数民族子弟懂得儒家文化和朝廷的相关规章制度，从而试图建立起共同的治国理想和信念。虽然有些理想事与愿违，并因清政府的吏治腐败而爆发了乾嘉时期的石柳邓、吴八月起义及咸同时期贵州各族人民的大起义，但各种汉学图籍对少数民族观念文化的变迁产生了重大影响。他们不仅接受了儒家的仁义、孝悌、忠信等伦理道德观念，如咸同年间在布依族居住的黔西者冲地区的《乡规碑》刻有“君臣、父子、夫妇、朋友、昆弟，各守五伦，各尽人道。郡尽道，臣尽忠，子尽孝，妇敬夫，第敬兄，各尽其诚”① 的规约尽显儒家伦理道德规范，而且众多少数民族普遍使用汉姓汉名，并仿汉俗按字辈排列以别长幼。② 从而可知，在各种汉学图籍的影响之下，众多少数民族不仅了解了汉文化，也认同了汉文化，从而为贵州各族人民的相互交往提供了共同的文化基础。

晚清时期贵州通过书籍的大量复制和藏书的社会化，使图书在社会中得到广泛传播，更多的士人获得了接触图书的机会，知识的社会化趋势更加明显，对贵州近代的文明进程起到了重大的推动作用。

二、催生了贵州文化产业的形成

贵州虽然地处偏隅，不似沿海一带直接受到鸦片战争的影响，但随着各国列强的不断侵略，沉重的苛捐杂税和列强各国商品和资本的强势进入，使贵州社会经济也发生了深刻变化，男耕女织、自给自足的自然经济逐渐解体，商品经济逐渐发展。商品流通的加速，促进了商品市场的繁荣，有不少人突破了原有的自然经济模式，开始了生产、生活日益依赖于市场的生活模式，

① 马骏骐. 贵州文化六百年［M］. 贵阳：贵州人民出版社，2015：226.
② 韦启光. 儒学文化对贵州少数民族文化的影响［J］. 贵州社会科学，1996（3）：63-66.

或以资本进行投资建厂，或以出卖劳动力赚取生活开支。如晚清时期威宁监生胡礼重开了有铁炉27座的铁厂，铜仁万山地主陈万益开办了黑洞子汞矿厂，贵阳黄建昌所创办的“顺昌”号皮革作坊，遵义华氏在贵阳设立“永隆裕”“永发祥”“永昌公”等盐号，还在遵义赤水投建茅台“成义酒厂”、在贵阳兴办文通书局，等等。“顺昌”号皮革作坊雇工几十人，文通书局的雇工一百余人。光绪十二年（1886年），贵州创办了第一个近代企业——青溪铁厂，采用的是“商办官销”的模式，并且为了鼓励商民积极投股，贵州矿务总局公开刊发《贵州矿务札文》于各报。

随着晚清贵州商品市场的不断扩大，作为特殊商品的图书，其市场也发生了较大的变化，自产自销的图书生产模式逐渐解体，更多的图书开始走向市场，根据市场需求进行图书的生产与制作，从而推动了一些图书相关产业的发展。一是刻坊的快速发展。晚清时期的贵州，在商品经济的催生下，文化市场需求不断扩大，贵州的刻坊得到快速发展，尤其是在贵阳、遵义、安顺这些文化重镇，书铺林立。书铺根据当时贵州的市场需求，刊刻了不少通俗唱本，《百家姓》《三字经》《千字文》《千家诗》《女儿经》《灶王经》《感应篇》等通俗读物以及供应士子求学的四书五经。书铺为了获得商业信誉，竞售产品，多附有刻坊名，甚至有些用广告语或突出产品的质量，或推销本店的图书。如遵义文兴堂所刻《周易离句旁训解》在首页上有“高明鉴之，货真价实”字样来说明自己的产品质量，以此来吸引消费者的注意。

二是现代意义的书店得以呈现。贵州官书局是仿照天津直隶书局成立的，主要以售书为主，将南方各省官局书籍运至贵阳进行廉价销售，以惠士林。严修所刻《各省官局书目》的书前售书告示云：

> 总理天津海防支应局示：
>
> 照得前奉，阁爵直隶总督部李（鸿章），札饬筹款购运南省书籍来直原价出售，以惠士林，当经遵照举办，并择定问津书院发卖，于光绪八年二月开局。源源购运，极为畅销，唯成本渐亏，恐难周转。嗣奉前阁爵督堂署北洋大臣李（鸿章）谕令酌量加价，稍为变通，冀可维持。经以本局与省志局公熟商，凡八年以前运到各书，卖有定价者概不加增，以免歧异。自九年正月起新到各省书籍，即酌加一成，……示仰远近购

书人等，均各知照，特示。光绪九年。

该书告示是照搬天津直隶书局所编的书前售书告示《直隶津局运售各省书籍总目》，未做一字改动。但《各省官局书目》在内容上有所变动，只收入南方诸省各大官书局的书目，编排方式以出版单位为纲，依次罗列了金陵局、淮南局、苏州局、江西局、浙江局、湖北局、福州局、广州局以及江南制造局的刻书，共收录各书局的刻书 794 种。在销售过程中，将《各省官局书目》一书发至各州县，各州县可以据此进行书目选购。由于是廉价销售，对于当时书少价昂贵州，可算是雪中送炭，因此销售甚畅。

除了贵州官书局，还有清末时期的抱经堂。抱经堂所销售的书籍主要是一些蒙童读物、四书五经，但这些书籍主要从湖南运至贵阳进行发售，有时候运送的半成品，也就是把书页捆起来，运到贵阳后再将其按照顺序装订后进行销售。贵州官书局所售南方诸省各大书局的书籍和抱经堂的售书都有一个共同的特点，那就是图书的生产与销售是分离的，所售书籍不是本店所生产，这就具有现代书店的典型特点。清末民初时期，文通书局也采用了这样一种图书销售模式，如 2013 年 11 月 4 日刊登在《贵州公报》上的广告："窃惟购制物品，原以供社会之需求，印刷图书，实专为文明之进步。今敝局新到各种书籍、物品，并局内印刷书物，均于时用最为合宜，各界诸君如有需要者，请速来局订购、订印可也。"① 并在此之后列出了几十本书籍和众多物品。在所列举出来的书籍之中，大部分书籍不是文通书局出版。

三是印刷业的快速发展。古代贵州印刷技术主要以雕版印刷为主，而到了晚清时期，随着教育的不断发展和文化市场需求的扩大，贵州也开始采用西方先进的铅印、石印印刷技术进行机械化生产。先进印刷术进入贵州，也与全国大部分地区相似，最先都是由传教士传入。咸丰六年（1856 年），法国传教士在贵阳六冲关修院建立了一间小印刷所，使用金属活字印刷技术，但由于主要印刷教义，并且规模不大，因此影响甚微。光绪三十一年（1905 年），遵义官书局从日本采购了一台对开铅印机和全套铸字用的铜模和设备，印刷学校所需的讲义和书籍，以及一些乡贤著作，并且为贵阳文通书局培训铅印工艺徒工达 70 名之多，业务不断扩大，开启了贵州的机械印刷工业。据

① 何长凤．贵阳文通书局（1909—1952）[M]．贵阳：贵州教育出版社，2002：174.

《遵义县志·文化体育志》所载，遵义官书局除了印刷学校所需讲义和书籍外，还承印了地方文献、官府表册、民间广告，创办《白话报》传播新文化、新思想。① 而在光绪三十四年（1908 年），贵州著名盐商华联辉之子华之鸿继承先父遗志，为了灌输新知识，促进贵州文化，决意创办一所规模较大的印刷所，耗资 20 万两白银从日本采购石印、铅印印刷技术，创建了当时贵州规模最大的印刷厂。文通书局从日本购运铅印、石印设备来到贵州之后，于 1911 年投产，石印首先印刷之书为影印本英文教科书，彩色印刷首先印的是本局成立的大型宣传广告，为国内少见之宣传品。文通书局除了宣传本局的成立，同时也在报刊上刊登广告，以此来招揽生意。

> 本局为促进文明，开通风气起见，不惜重资特派学生赴日本国精习印刷图书、制造版片及各种技艺，并选购东、西洋名厂制造之铅印、石印机器。能印五彩博物图、地图、古今书籍、学堂凭照、银票、钱票、商标、广告等件。一切书籍欲为洋式装订，亦能照办。又为推广印刷事业计，并自制电镀铜模、花边电板、铜版、凸版、凹版、玻璃版、亚铅版、写真钢目版、毛笔版、三色二色版、铅条、书边、圈点配司、铜线、铅线、照相放大、人物山水写真，一切俱全。本局虽系营利性质，而开办宗旨与寻常取利者迥不相眸，成物务求精良，价值尤期克己。凡各界赐顾，或亲临接洽，或寄信商榷，无不加意照办，以副盛意，而符本局之主旨。②

此则广告于 1911 年 10 月 14 日刊登在《贵州公报》上，主要宣传文通书局印刷设备之先进和业务范围，并通过“成物务求精良，价值尤期克己”来说明自己的服务宗旨。文通书局由华之鸿总揽全部事物，聘任田庆霖为经理，在经理下设石印、铅印、事物三部门和一个校对室。铅印部又分为铅印、铸字、拣排、装订、影印及金属制版等组；石印部设石印绘图、制版、石印机器等组。每部设部长一人，管理本部工作，如分配任务及记录情况。事务部司职资金管理、采购等事物，校对室负责图书、杂志、报刊的校对以及缮写

---

① 汤国富．遵义县文化体育志［M］．遵义：遵义市鸿运印刷厂，2011：12-13.
② 何长凤．贵阳文通书局（1909—1952）［M］．贵阳：贵州教育出版社，2002：31.

工作。文通书局的员工达一百余人，是当时贵州印刷设备最先进、规模最大的印刷企业，政府的政令、公文公报，新闻杂志，财政税收票据、表册，以及民办报刊基本上都由文通书局承印，还承担了黔币的印制。在托印业务较少之时，文通书局主要翻印一些贵州地方文献。文通书局已成为一个拥有先进印刷技术、管理制度齐备的印刷企业，使贵州的印刷初具规模，至 1921 年，年营业总额竟达 30 万银圆之巨。

除图书销售和印刷工业以外，图书传播也促进了贵州造纸业的发展。随着图书的广泛传播，印制图书的纸的需求也不断加大。因此，有不少人利用当地的有利资源投入到造纸行业之中，有的人专事造纸，也有的人在农忙季节之余造纸。晚清时期贵州的造纸主要集中在遵义、正安、绥阳、都匀、广顺、思南、普安、仁怀、贵阳等地，规模较大的有都匀长顺翁贵乡纸厂、遵义上溪纸厂、绥阳皇泥江纸厂、贵阳新堡香纸沟纸厂等。晚清贵州生产纸的虽然多为小作坊，没有大规模的机械造纸厂，但所生产的纸，尤其是以楮树皮为原料生产的绵纸不仅在本省畅销，而且还远销至云南、四川等地，对贵州造纸工业的后续发展起到了重要的推动作用。民国八年（1919 年），华之鸿耗资 60 万银圆从日本购运先进造纸机器，建立了当时贵州规模最大的永丰造纸厂。

三、推动了贵州社会的重大变革

自 1840 年鸦片战争爆发后，中国社会便逐渐走向半殖民地半封建的社会，救亡图存已经成为有学之士们主要的社会活动。西学东渐影响的加剧和维新思想书籍的广泛传播，促使贵州士子在经世致用的观念之下，抛弃了以往埋头于故纸堆的考据之学和读书为官的陈旧思想，在民族危亡之际，掀起了一股挽救民族危亡、谋求国家独立和富强的新思潮。

首先是成立各种学会、社团。在维新思想，尤其是《时务报》等报刊的直接影响下，1898 年 5 月，贵州士人聂树楷、金毓南、尹德恒等人成立了贵州不缠足协会，反对中国妇女缠足之陋习。1904 年，贵阳张铭、平刚、彭述文等人成立了贵州科学会，其目的为修学和革命。科学会的成立直接受到严修的影响，“经世学堂之设，严修谆谆注重数学，颇引起黔人科学上之兴趣”①。甲午战争失败后，清政府签署了丧权辱国的《马关条约》，赔款割地，致使中国国将不国。在这样的背景之下，科学会便借研究科学之名，传播资产阶级思想之实，并推荐乐嘉藻为会长。后来章炳麟先生的《訄书》传至贵阳，平刚第一个剪发，官吏对其深恶痛绝，并欲治罪，绅人于德楷为解其难，迫令平刚去了日本，后来也有不少人受到牵连而东渡日本，科学会便由此解散。1898 年，湖南人吴嘉瑞因受到谭嗣同《仁学》的影响，便在兴义的贞丰成立了仁学会，1901 年黄干夫在贵阳创立“算学馆”，等等，在宣传维新思想，传播自然科学知识方面都具有积极意义。随着维新思想的广泛传播，受《民报》等革命书刊的影响，1908 年，席正铭、刘莘园、阎崇阶等人在贵阳达德学校成立贵州历史研究会，虽以历史研究会为名，实则为发展贵州革命势力，“宣传满虏入关残杀汉人的惨痛史实，刺激青年学生的革命情绪”②。《黔报》将所开第二次会议的情况作为新闻披露出来后，总办刘泽沛大为震怒，严加取缔。研究会为了减少各方阻力，后便在不定地点以谈心联谊的方式继续宣传“排满”思想。

中日甲午战争以后，中国大有被帝国主义瓜分之势，各地掀起了救亡图存之活动。贵州也不甘落后，在革命思想的影响之下，尤其是《黔报》所刊载的《瓜分警告》的刺激下，由张百麟、张鸿藻、钟振玉等人于光绪三十三年（1907 年）十月成立了贵州自治学社，宣传个人自治、地方自治和国家自治思想。所谓“自治”，按张百麟在《对于自治学社之希望》中所论，包括两层含义：“知某事为适于正义公益之法律行为，则行为之自治之义也，知某事为不适于正义公益之非法律行为，则不行为之，亦自治之义也。”③“自治”之实质在于通过立宪之路径达到建立资产阶级政治的目的。虽然自治学社在初期所宣传的立宪思想是在保留清政府为前提之下进行的改革，与孙中山所倡导的民主革命有重大差别，但随着民主革命在国内形势的高涨，贵州自治学社也开始与“君主立宪”决裂，联络各种武装力量开展民主革命，走上革

① 周素园．贵州民党痛史［M］//贵州文史研究委员会．贵州文史资料选辑：第四辑．贵阳：贵州人民出版社，1980：3.

② 阎崇阶．贵州陆军小学辛亥革命活动回忆［M］//贵州省社会科学院历史研究所．贵州辛亥革命资料选编．贵阳：贵州人民出版社，1981：419.

③《辛亥革命史丛刊》编写组．辛亥革命史丛刊：第七辑［M］．北京：中华书局，1981：122.

命化道路，成为贵州资产阶级革命的重要力量。贵州国民革命的开展与图书传播密切相关，陈承仁在《国民革命在贵州之经过概述》中云：

> 贵州既处于清吏压迫之下，民情思变，又复得读平氏等用特种方法寄来之孙中山先生所组织之兴中会各种书刊，知非国民革命，不能救国救民，革命团体，乃应运而生。①

平刚在日本参加了孙中山等人组织的同盟会，并将《革命方略》《民报》等书刊寄回贵州，在这些书刊影响之下，贵州各革命团体更加清晰地认识到不进行国民革命，就不能救国救民。张百麟将自治学社的组织工作详情密送给平刚，转呈孙中山先生后，其经过考查后，准予自治学社加入同盟会，并成立贵州分会，平刚担任分会会长。为掩护工作起见，对外仍用自治学社饰名，负责贵州国民革命的策动、训练、宣传等工作。

其次是发展新媒介，宣传维新思想和民主革命思想。贵州进步人士在维新思想的影响下，不仅是维新思想的接受者，同时也是维新思想的传播者。他们将维新思想进一步传播，让更多的人接受维新思想。报刊由于印刷便捷、时效性强等特点，比书籍更适合传播新文化。因此，为了更好地宣传维新思想和报道时事事件，深受维新思想洗礼的进步人士便设法创办报刊。周素园年幼之时，仍抱有读书为官的思想，但在清政府订立《马关条约》之后，中国时局大变，在这样的形势下，周素园便开始阅读各种维新思想的书籍，如《校邠庐抗议》《续富国策》《出使英德意比四国日记》《海国图志》《万国史记》《万国公法》《泰西新史览要》《时务报》《湘学报》等，② 并与于德楷、唐尔镛三人筹备八千金（资金于、唐二人各半），由周素园为经理，创办民办报刊，于光绪三十三年（1907 年）六月初八出版了贵州第一张民办报纸——《黔报》。虽然贵州创办的第一份报刊是 1906 年遵义的《白话报》，但《白话报》属于官方主办的报刊，不是很适合宣传那些较为激进的维新思想。为此，周素园所创办的《黔报》就成了在贵州宣传维新思想的重要媒介。版面采用

---

① 贵州省社会科学院历史研究所．贵州辛亥革命资料选编［M］．贵阳：贵州人民出版社，1981：347.

② 周素园．身世述略［M］//贵州文史研究委员会．贵州文史资料选集：第十五辑［M］．贵阳：贵州人民出版社，1984：1.

四开本一面印，内容涉及社论、电报、新闻、特载、小说等，每张制钱十二文。由于其内容思想较为激进，在发行方面便遇到了困难，那些思想守旧之绅士怕连累到自己买了一天就不再买了，导致误报每天只有三百余份的销售额。然而该纸却受到大批青年人的喜爱，他们来信说：

> 贵州本是一个哑盲的社会，你给我们带来光明和喉舌了。你要维护你的报，发展你的报，不要让我们甫尝生趣，又陷入黑暗和苦闷的深渊里。①

从青年的来信内容来看，他们非常渴望《黔报》带给他们更多的信息，使他们能知晓当今之时事。在这些年轻人之中，有不少人乐于担任通讯和推销，致使发行数量曾达到每天一千二三百份。然而在守旧势力的抵制之下，报纸发行数量仍不乐观，亏损较大，年底便停刊了，虽然在 1908 年复刊，但此时的《黔报》已经由当地政府进行管理，成为立宪派、保守派别人物的发声刊物，周素园离开后由陈廷棻任编辑。周素园创办的《黔报》虽然发行时期不长，但对当时贵州社会的影响较大。如在光绪三十三年（1907 年）九月十六日新闻栏目上刊载有《瓜分警告》一则消息，就直接催生了贵州自治学社的成立。贵州自治学社成立后，便创办了自己的刊物《西南日报》。光绪三十三年（1907 年）冬，自治学社成员黄泽霖赴上海购置印刷机器设备，时方寒冬，有人劝其缓至明春再去，然黄慨然曰：

> 报纸为误民党喉舌，不发行报纸，则呼应不灵，无所鼓吹，则党事进步必迟，既负责任，道途风雪之苦不敢辞也。②

从黄氏的话语来看，自治学社成员的不仅积极性高，也清楚地意识到报纸是一个政党宣传政治主张、制造舆论的重要媒介，对于政党建设非常重要，于是不畏风寒之苦前往上海采购仪器。光绪戊申年（1908 年）六月，《西南日报》出版，设有上谕、设说、选论、西南新闻（包括四川、贵州、云南、

---

① 周素园．身世述略［M］//贵州文史研究委员会．贵州文史资料选集：第十五辑［M］．贵阳：贵州人民出版社，1984：3.

② 张百麟．黄泽霖传［M］//贵州省社会科学院历史研究所．贵州辛亥革命资料选编．贵阳：贵州人民出版社，1981：448.

广西、广东、湖南六省新闻)、要闻、时评、小说、广告等栏目。《西南日报》作为自治学社之喉舌，比当时由唐尔镛为代表的立宪派把持的《黔报》要激进得多，宣传了不少激进思想。

自治学社还创办了贵州的第一份杂志，即《自治学社杂志》。作为自治学社的机关刊物，按照其基本构想，《自治学社杂志》为月刊，每期以60页、3万字为宜，设上谕、新章、社谈、杂论、学术、选论、时评、谈丛、小说、本社社务报告等十栏，在《自治学社章程》第三章《机关》之下的十二条规定：

> 本社成立后，社员散居各地，研究学理、经营庶务必有一机关交通联络，共期社务之发达。每月准定发行杂志一本，代表全社之意见。①

然而，该杂志并没有按照预定的每月一期进行出刊，栏目设置也未达到预想，学术文章较少见。至于出刊了多少期现在也无法知晓，目前现存《自治学社杂志》共三期，存于贵州省博物馆，由严平整理、冯祖贻校订，载于《辛亥革命史丛刊》第七辑。尽管《自治学社杂志》现存期数不多，但在当时的发行数量也不少。在《自治学社杂志》第三期“本杂志扩展广告”栏中有云：

> 本杂志一、二期出版，幸承省内外同治赞成，纷纷购阅。同人且感且愧，唯有力求改进，藉慰爱读诸君之雅意。现在已售至六百零份，复蒙各股东力助，已于前月汇款，……②

以上材料足以证明，《自治学社杂志》在当时不局限在本社发行，而是已经面向社会，并且在社会上产生了一定的影响，所刊载之《瓜分警告之警告》《黔省危言》《越南亡国史》不仅成为贵州观察外界的一道窗口，也为贵州地区反封建主义、提倡民主活动做出了应有的贡献。

晚清贵州各革命团体及同盟会的成立，与进步书刊的传播密切相关。正

---

① 《辛亥革命史丛刊》编写组．辛亥革命史丛刊：第七辑［M］．北京：中华书局，1981：123.

② 《辛亥革命史丛刊》编写组．辛亥革命史丛刊：第七辑［M］．北京：中华书局，1981：190.

是这些进步书刊在贵州社会的广泛传播，引起了人们思想的巨大变化，使贵州人们清楚地意识到在封建势力和帝国主义的双重压迫下，要改变当下那种“贫愚弱乱”的社会现实，只有发起革命推翻封建统治、打倒帝国主义才能得以实现。不仅如此，更是激发了一众志士仁人的革命热情。在 1912 年 1 月 8 日的《贵州公报》有云：

> 某等组织国民志愿兵一事，自广告初后，上至都督，下至人民，无不赞成。日来学界签名诸君甚形踊跃，且皆慷慨从戎，争先恐后。黔中向名山国，风气之开，每落人后，今者爱国健儿之多，不让他省。则教育之功，其可忽乎哉。①

贵州人民上下一心，踊跃参加国民革命军，推翻了统治中国两千多年的封建帝制，推动了贵州社会的重大变革。贵州社会革命的成功，关键在于人们思想的改变，而图书传播之功，其可忽乎哉！

---

① 贵州省社会科学院历史研究所：贵州辛亥革命资料选编［M］. 贵阳：贵州人民出版社，1981：38-39.

结　语

一、晚清图书传播研究总结

传播活动作为人类最为基本的社会活动之一，它使社会获得自身的基础，只有在人类的交往活动中，社会才最终获得了自身，同时也使人类获得社会属性而成就了人的本质。在人类传播活动中，必然要借助于一定的传播媒介，传播活动效率的高低，在很大程度上取决于媒介技术的发展。随着印刷术和造纸术的发明，书籍因携带方便、信息承载量大、信息准确等优势，从而成为古代社会人类传播活动最为重要的传播媒介，使人类的传播活动在空间上获得了无限延伸。晚清时期是典型的印刷时代，图书成为人类传播活动的重要媒介。由于人们对图书的大量使用，图书传播活动成为人类社会传播活动的重要组成部分，它的发展不仅影响着人与人之间的主体建构关系，而且也影响着整个社会发展的进程。为此，对图书传播活动的研究实质就是对当时社会发展史的进一步审视。

晚清贵州图书传播研究这一课题对当时贵州图书传播做了系统的研究，包括传播环境、传播主体、传播内容、传播渠道、传播受众及其传播效果等方面进行了深入的探讨，从媒介研究的视角对晚清贵州社会发展史作了重新审视。

（一）图书传播活动推进了贵州社会的文明进程

贵州处于西南一隅，不仅经济文化落后，而且地理环境十分恶劣，山高箐深，沟壑纵横，舟车不通，商贾难至，又民族构成复杂，语言不通，因此古时候人们常称其为“蛮荒”之地。贵州自明永乐年间（1413年）建立行省之后，朝廷加强了对贵州地方的管理，将原来的土司制度逐渐改变为流官制度，建立书院、府学，颁发各种经史子集至各书院、学校，试图通过图书这一大众媒介加速贵州的文明进程。然至清初时，黔中有文化之士，大多是寓客于贵州，“真黔产者，则皆苗童仡佬之种，劫掠仇杀，犷悍难训”（《黔南丛书》）。于是清政府以“崇尚文治”之方略，加强贵州各地书院、府学、州学之建设，以广教化，试图改变那种剽汉成习、礼法不知的现状。虽然在晚清之前取得了一些效果，但囿于地域环境的限制，文化资源严重匮乏，即便在“康乾盛世”，贵州落后面貌依旧，不知礼法者仍繁多。至晚清时期，政府官宦面对文化落后的贵州，他们大力刊刻图集，购运图书，不断推进社会文化教育，设书院、建义学、增加取士名额，充分利用图书这一大众媒介去重塑文化生态，使贵州世人“咸知穷经所以致用，读书所以明理，趋向正而学术端”（《安顺府志·职官志》）。而贵州有学之士也不甘落后，他们克服各种困难，或刊刻乡贤著作和经典文献，或从省外购买各种图籍回贵州，使偏远之区的贵州获取了更多文化资源。在政府官宦和贵州士子的共同努力之下，贵州境内的图书传播较之以前更为活跃，即便在偏远的苗疆地区，也是书声琅琅，人才蔚起，贵州逐渐从一个“蛮荒”之地走向文明社会。

（二）图书传播活动实现了文化的继承并推动着文化的再生产

美国传播学家哈罗德·拉斯韦尔在谈到传播的社会功能时，将其归纳为守望环境、协调社会各部分以回应环境以及使社会遗产代代相传这三种功能，“外交官、使馆随员和驻外记者是第一类人的代表，负责守望环境。编辑、记者和发言人是内部回应的协调人。家庭和学校的教育者使社会遗产代代相传”①。这种社会遗产传承功能在图书传播活动中最能体现出来。图书最大之功能便是信息储存功能，它将前人的经验和知识储存期间，通过图书的传播活动，使前人所积累的知识文化得以代代相传。晚清时期随着印刷技术的不断发展，图书传播活动变得更加频繁，人们或通过学校教育和家庭教育使贵

---

① 拉斯韦尔．社会传播的结构与功能［M］．何道宽，译．北京：中国传媒大学出版社，2015：40.

州士子获得更多的知识经验，或通过图书市场购买自己所需之书藏于家，获知相关的知识信息。无论是从知识经验的接受还是图书的收藏，都是对社会遗产的一种继承。图书传播活动的接受者并非只是一种简单的文化继承，他们在知识文化积累到一定程度之时，便有一种知识创造的冲动，将自己所积累的知识经验进行一种文化再生产，从而在文化继承的基础之上实现了文化的进一步发展。文化再创造是文化继承的另一种方式，它使文化不断获得创新。因此，在图书传播活动中，文化的变迁、学术的进退，皆可见其略。

晚清时期图书传播活动的频繁，使贵州出现了不少藏书家，搜罗了众多古籍珍本，尤其是莫友芝所搜之唐写本《说文·木部》残本，更是得到世人的赞许，黎庶昌在日本收集中土流遗之26种古籍刻成《古逸丛书》，对中国文化传承之功甚大。晚清贵州的图书传播活动还造就了一大批有学之士，出现了郑珍、莫友芝、黎庶昌等全国著名的大家，还有诸如萧光远、傅寿彤、宦懋庸等这样的多产之士，为中国文化的再创造做出了较大贡献。从而可知，晚清时期的图书传播活动不仅推动了贵州的文化发展，同时在对中国传统文化的继承和发展方面也做出了一定贡献。

（三）图书传播活动重塑社会组织的建构

图书作为文化传播的媒介，在市场经济条件下而成为一种特殊商品而存在。随着人们日益增长的文化需求，文化市场获得了快速发展，相应的图书出版和销售的机构也应运而生，并且逐渐形成规模，成为社会组织的一个重要组成部分。晚清时期的贵州，出版事业已趋于成熟，形成了私刻、坊刻和官刻的传统刻书系统。图书销售部门也大量出现，既有刊刻合一的刻坊售书，也有专门的图书销售门肆。图书出版事业和销售市场规模的逐渐扩大，推进了贵州文化产业的形成，尤其是在清末时期贵阳文通书局的出现，华之鸿耗资白银约20万两，从日本购运先进的铅印、石印设备建立了文通书局印刷厂，使贵州的文化产业有所发展。联合国教科文组织对文化产业进行了界定：文化产业就是按照工业标准，生产、再生产、储存以及分配文化产品和服务的一系列活动。① 从这一定义不难看出，文化产业最主要的特点在于它是一种

① 林金枫，赵琳. 文教事业管理［M］. 哈尔滨：哈尔滨工程大学出版社，2016：79.

工业化的生产模式，按照统一的标准化生产来满足文化市场的需求。

尽管文化工业在晚清的贵州并未正式形成，还处在萌芽阶段，但图书出版机构的建立和图书销售市场的设置，无疑已经成为社会组织不可或缺的一个重要部分，它通过图书传播活动对社会和个人施加影响，塑造人们的价值观，充分实现其自身的社会调节功能。相关机构大量刊刻各种蒙童读物、考试用书以及传统经典经史子集，销售至各地的学校，通过学校教育重塑人们的价值观念，尤其是在少数民族地区的儒学传播，使少数民族地区的子弟们改变了以往那种礼法不知的现状。西学书籍和自然科学图书以及各种报刊的引进，也影响了贵州士人应对西学东渐的处世态度。同光时期官书局的建立，既是清政府重要大臣眼见在太平天国战乱中大量经史子集毁坏而试图振兴文教的结果，同时也是在面对西学东渐时的一种应对措施。贵州官书局的创立也是如此，其不仅刊刻了一些经典文献，而且引进大量西学图书和自然科学书籍，宣传维新派“中学为体，西学为用”的思想。

图书出版和销售通过社会调节功能而凸显出它的意识形态性质，从而成为社会组织的重要组成部分，这只是图书传播活动的一个方面。另一方面，在市场经济社会里，图书已经是一种商品，它的生产与流通还体现出经济属性的一面。晚清时期贵州的刻坊、书铺、刻字铺等就明显带有营利性目的，尽管规模还未达到工业化大生产的地步，但它们却已经慢慢成为社会经济发展的一个部分。如咸同时期安顺刻坊每年销售至云南的金额近三万金，本省销售额达十余万元。而清末时期华之鸿创办的文通书局，耗费巨资建立了文通书局印刷厂，华之鸿任局主，田庆霖任经理。印刷厂下设铅印和石印两大部，“铅印部分，分铅印、铸字、拣排、装订、影印及金属制版等部。石印部分，分石印绘图、制版、石印机器等部”，另外有财务部门、教习人员、销售人员、采购人员、木工，“书局开办之初，全体职工约百人左右”。① 贵阳文通书局所采用的设备、经营管理以及员工的配置等方面，在当时贵阳的民营企业中具有举足轻重的地位，且已经实现了大规模的工业化生产，将贵州的图书出版发行事业再次向前推进，成为贵州社会组织的重要部分。

---

① 华问渠．贵阳文通书局的创办和经营［M］//贵州文史资料委员会．贵州文史资料选辑：第 12 辑．贵阳：贵州人民出版社，1982：38-39.

（四）图书传播活动有助于树立共同的民族意识

图书作为一种信息载体，它通过话语形式将作者的意图传播给受众，而受众阅读时只能通过相应的语言形式对其中的符码进行解码，在长期的阅读实践活动中，受众便在无意识之间接受了这种语言形式，从而有利于塑造同一标准的民族语言。爱森斯坦将图书传播活动塑造同一标准的民族语言称之为“印刷的固化作用”，认为“印刷术抑制了语言的偏离，丰富了通俗语并使之标准化，为欧洲语言进一步的纯洁化和典范化铺平了道路”。① 晚清时期图书在贵州各民族间的广泛传播，逐渐使汉语成为各民族共同使用的语言，为各民族树立共同的民族意识打下了语言基础。

图书所传播的民族语言只是最表层的东西，更为重要的是它所承载的信息，即作者所要表达的思想意识。尽管图书的种类繁多，各作者所表达的思想意识也不尽相同，但最终的旨归却是在塑造一种共同的民族意识，无论是文学著作还是科学书籍，官方出版图书还是私家著述，它们都是如此。一本《农政全书》、一本《史记》和一部《四书五经》，它们共同的旨归都是在宣扬华夏民族之文明，塑造中华民族的“共同形象”。当受众在经常接受一种民族文化时，他们会潜移默化地受其影响，逐渐接受、认同这一民族文化。因此，本尼迪克特·安德森认为印刷书所创造的语言的固定性在经过长时间后，为语言塑造出对“主观的民族理念”而言极为关键的古老形象，并且还创造了新的权力语言。②

晚清时期贵州，图书在少数民族地区传播的内容主要为各种钦定、御纂之书，四书五经读本以及生产技能等方面的图书，宣扬着中国儒家文化思想和汉民族科技文明，让更多的少数民族同胞知晓并接受这种文化，“化苗为汉”，悉知礼法，而且也在各民族心目中塑造着中华民族伟大的共同民族形象。

① 爱森斯坦．作为变革动因的印刷机——早期近代欧洲的传播与文化革命［M］．何道宽，译．北京：北京大学出版社，2010：69.

② 芬克尔斯坦，麦克利里．书史导论［M］．何朝晖，译．北京：商务印书馆，2012：41.

（五）图书传播活动助推了贵州近代社会文化的变革

图书传播活动的影响不仅表现在受众的知识积累层面，还进一步影响着人们的情感价值判断，并最终根据自己的价值判断付诸实践。晚清时期图书传播活动日益繁荣，受众范围也不断扩大，拓展了贵州士子的知识视野，同时也改变了人们的思想意识。自从鸦片战争爆发后，国势衰微，西方列强大肆侵略，大有瓜分中国之势，形成了空前的民族危机。在此形势之下，各种探索如何使中国富强、民主之书层出不穷，源源不断地扩散至全国各地，即便是在偏远的贵州，《海国图志》《盛世危言》等书以及《时务》诸报也广泛传播，使贵州士子自觉地走向救亡图存之路。同治年间，黎庶昌向朝廷两次上万言书，指出时弊，提出改革措施，“指陈周密，利害分明”①；第二次鸦片战争失败后，贵州士子有 95 人参加了“公车上书”；戊戌变法期间，贵州士子周培棻、余坤申、胡东昌等人饱含着爱国情怀向朝廷建言献策，试图推进国家的改革而摆脱空前的民族危机。然而戊戌变法的失败，使众多爱国人士所献良策未能实施，而西方列强各国又加紧瓜分各自的在华利益，民族危机空前严重。

贵州社会虽远处西南，其人们又锢其思想，蔽其知识，但严修在贵州时通过创办书局、改革书院，李端棻被赦免回贵阳对维新思想的大力宣传，拓展了贵州士人的视野。在宣传维新派思想的各种书报的影响下，贵州士人以改造国家、改造社会为己任，通过自己的言行来寻求贵州社会发展之路径，如成立不缠足协会、科学会、仁学会、算学会以及创办报刊等活动，形成了一股反封建社会的热潮。当章炳麟先生的《訄书》传至贵阳之后，平刚首起剪发。然而，这股反封建的热潮严重刺激了清政府，于是平刚被放逐至日本。贵州社会仍以唐尔镛（唐炯之子）、任可澄为代表的贵族派把持，他们处处压制新生思想的发展，强行收购了《黔报》作为自己的舆论阵地。不过，有远见卓识的士人皆看清了时势，认为封建社会的腐朽达到了无可救药之地步，只有通过革命的方式才能推翻腐朽的封建制度，便成立贵州自治学社，并加

---

① 萧穆．上穆宗毅皇帝书识［M］//黎庶昌．黎庶昌全集・拙尊园丛稿：第 1 册．黎铎，龙先绪，点校．上海：上海古籍出版社，2015：50.

入中华革命同盟会，形成了一支反封反帝的重要力量，推动着贵州社会革命的发展。

二、晚清贵州图书传播研究的现代启示

现代社会已经进入到信息时代，使世界变成了一个“地球村”，将每个角落都卷入世界经济、文化一体化的时代浪潮之中，偏远的贵州也不例外。如何在世界经济、文化一体化的时代浪潮中推动贵州社会的较好较快发展成为摆在贵州人民面前的一个时代课题。处在时代大变革的今天，我们很有必要回顾历史，从历史之中寻求一些宝贵经验，从而借鉴这些历史经验更好地为贵州当下的社会发展服务。晚清时期贵州图书传播研究这一课题的落脚点也正在于此，从当时的图书传播实践活动中总结一些历史经验以供今天贵州社会的发展参考或借鉴，从而有效地推进贵州社会更好更快发展。通过对贵州晚清时期图书传播的研究，我们不难发现其中的一些经验对今天贵州的社会发展仍然具有重要的启示。

（一）大力发展图书文化产业，促进社会协调发展

晚清时期，贵州官刻机构增多，除了传统的官署机构刻书，还有官书局、学务公所、书院、学堂等机构也刊刻图书。与之前的官府刻书相比，这些机构所刻之书已经不再局限于地方志书，开始刊刻一些经典文献和实学之书，具体可参见本书第二章的官刻机构及其刻书一节。随着贵州文化的进一步发展，这一时期，家刻已蔚然成风，遵义郑珍望山堂、独山莫友芝影山草堂以及遵义黎庶昌刻书在全国都具有一定的影响力，贵阳陈矩的灵峰草堂、陈夔龙的花近楼以及高培谷的怡怡楼等刻书颇丰，还有诸多私家刻书也逐渐出现。除了在本书第二章所列举的私家刻书外，还有众多文人士子也刊刻书籍，如遵义蹇氏刻有（清）陈宏谋编的《四种遗规约钞》、毕节张琚刻有俞汝本所撰《烬余存稿》、镇远李友桂刻（明）代吕坤所撰《吕子节录》等。以盈利为目的的坊刻和刻字铺也蓬勃发展，尤以贵阳、遵义、安顺为盛。贵阳的家荫堂、大盛堂影响最大，遵义坊刻也繁荣，王天生堂刻书较多。随着图书流通数量的加大和市场需求的增加，图书销售市场也逐渐兴盛，出现贵阳的资善堂、抱经堂以及贵州官书局等图书销售机构。晚清时期，贵州形成了以官

刻、私刻、坊刻为主的图书出版事业，出现刊售合一的刻坊、专门图书销售书铺以及具有公共服务性质的现代图书馆（如学务公所开设的图书纵览室），贵州近代的文化产业初步形成，成为贵州社会组织不可或缺的部分。正是这种文化产业的初步形成，使图书这一大众媒介得以广泛传播，让更多的人获得了接受图书信息的机会，受众通过获取图书承载的信息，或致力于文化再创造，或改变自己的思想意识投身于社会事业的建设之中，从而促进了晚清时期贵州社会的较快发展。

当今贵州社会的发展已经步入“快车道”，发生了翻天覆地的变化，路上的豪车、城市的高楼大厦随处可见，人们的生活水平得到了明显的提高。随着经济的快速发展，人们的文化需求也不断增加，但在经济快速发展的背后，文化发展却明显滞后，不能很好地满足人们的文化需求。就目前来看，贵州的图书文化产业总体来说“起步较晚，规模不大，措施不力，缺乏竞争力”①。诚然，贵州当今的图书出版、图书销售、新闻报刊、公共图书馆等文化产业远不如临近诸省，更不能与文化发达的中东部省份相比较。不仅数量较少，而且规模不大，具有一定竞争力的产业更是少之又少。就当今贵州出版事业论，贵州的出版机构不仅数量不多，规模也不大，目前贵州有贵州人民出版社、贵州民族出版社、贵州教育出版社、贵州科学技术出版社、贵州大学出版社等规模较大一些，但在国内的影响力也不大。贵州全省期刊数在2004年为89种，其中社科类期刊32种，自然科学类期刊26种，学报31种，② 据2014年召开的贵州省期刊协会第一届委员会大会上报道，全省有99家期刊，近年来没有发生多大变化。然而，全省被南大图书馆收录的核心期刊（CSSCI）只有《贵州社会科学》《贵州民族研究》《贵州财经大学学报》三种，而华中师范大学就有南大核心期刊（CSSCI）9种，是整个贵州省的三倍之多，足见贵州期刊的竞争力之弱。

至2009年，全省共建设县级以上公共图书馆90个，其中省际图书馆1个（贵州省图书馆），地市级馆8个，县市级馆81个。全省公共图书馆共藏书

① 肖先治．发展贵州文化产业的对策研究［M］//肖先治．史志撷英．贵阳：贵州人民出版社，2011：39.

② 肖先治．发展贵州文化产业的对策研究［M］//肖先治．史志撷英．贵阳：贵州人民出版社，2011：39.

7660676册，其中贵州省图书馆、遵义市图书馆超过了百万册，分别为1579672册、1252616册，而藏书较少的有六盘水、安顺、黔西南州、铜仁市，分别为340334册、342685册、444588册、422595册。① 从建设的公共图书馆的数量来看，与贵州本省的行政区域划分较为一致，基本符合国家建设标准。然而由于资金投入不足，有不少图书馆全年未新购图书，导致馆藏数量较少。很多图书馆不仅藏书数量偏少，而且图书馆利用率也不高，笔者到安顺市图书馆收集材料时发现，不仅图书馆读者寥寥，更有一些文献被锁入“深闺”之中，一般读者很难有获得查阅之机会，这种现象在各地州的图书馆肯定不是个例。图书的价值在于流通，如果将图书存放在馆室里不与读者见面，那么图书的价值就不能得以实现，便会使所藏之图书与其他物件无异。随着电子图书的普及和网购的兴盛，传统书店难以维持生计，各大书店如贵州新华书店、西西弗书店、西南风书店、五芝堂书店等书铺的图书销售大不如前，铺面大幅削减，而陈列馆、新兴的电子图书阅览室又发展较为滞后，与快速的经济发展很不协调。

图书文化产业不仅是当今社会经济构成的一个重要组成部分，而且更是推动社会文化发展的重要资源。然而当前贵州图书文化产业的发展现状不容乐观，投入资金少，市场较小，缺乏竞争力，思想观念陈旧，缺乏相应的管理和经营人才等诸多问题阻碍着贵州文化产业的发展。为此，当下贵州应充分认识图书文化产业在社会发展中的重要作用，加大相应的资金投入，培养更多的图书文化产业管理人才和经营人才，以传统图书文化产业和新型图书文化产业并进的发展思路，打造出一批具有竞争力的现代图书文化产业，从而推动贵州社会经济、文化、政治各方面的协调发展。

（二）充分利用图书媒介，传播贵州文化

晚清时期，贵州由于交通不便，信息闭塞，与外界社会联系之机会甚少，当沿海一带和中原地区西方书籍广泛传播时，贵州士人却对泰西之学仍然茫乎所知，即便到清末时期，也有不少学子不知卢梭、培根为何许人也。究其

① 戴宇丹、钟海珍. 贵州省公共图书馆建设调查分析［J］. 国家图书馆学刊，2012（6）：50-56.

原因，在于缺乏占有相关的信息资源。当时获得信息的媒介主要是图书和报刊，然而偏远的贵州文化市场主要以传播传统的经史子集、蒙童教材和一些通俗读物为主，而关于西方的书籍难得一见，从而使贵州士子闻见不宏。至严修视学贵州时期，通过建立书局、购买西方图书和时务报刊、改革旧有书院开设格致之学，从而使贵州士人才知西洋之学，“蒸蒸向风，见闻一变，非复前之固陋矣”①。后又有李端棻通过《新民丛刊》对西方文化的介绍，宣传维新思想，从而使更多的贵州士子了解到了西方文化和维新派思想，激发了人们办报纸、杂志的热情，创办了《黔报》《贵州自治学社杂志》，大力宣传新思想，成为辛亥革命在贵州的思想先导。通过图书、报刊大众媒介引入省外的文化和信息只是一个方面，而另一方面却是贵州士子也大力通过图书宣传贵州文化，他们或刊刻贵州乡贤著作使其广为流传，或将贵州文人之作品带至外地甚至国外，使国内外有了更多的人了解贵州文化，将贵州文化推向了全国，走向了世界。郑珍辑《播雅》，收集遵义已故诗人之诗歌，起自明万历二十八年（1600 年）遵义府建立，迄于清咸丰二年（1852 年），“凡得二百三十二人、诗二千三十八首，次为二十四卷”②；黎兆勋采诗、莫友芝编《黔诗纪略》，将明代乡邦文献收集其中，几经周折，后成书三十三卷，由唐树立出资刊刻；周鹤选贵州《海禅集》《双印斋集》《望眉草堂集》《芋岩集》《杏花春雨楼集》《眼云草堂集》六家诗辑为《黔南六家诗选》四卷；莫庭芝、黎汝谦采诗，陈田传证之《黔诗纪略后编》，“搜辑国朝黔诗，自傅竹庄父子始，厥后一辑于黎柏榕，再辑于莫芷升、黎受生，中间又有铜任徐蔗塘”③，成书三十卷。晚清时期，贵州士人们还致力于刊刻乡邦文献，如莫友芝、唐树义、黎庶昌、唐炯、高培谷、华联辉、陈矩、陈夔龙等人，刊刻了众多乡邦著作，使贵州文化得以传承。通过诸多士人对贵州乡邦文献之搜集、刊刻，使贵州文化获得了更多世人的知晓。例如，贵州遵义“沙滩文化”，在晚清时期得到了全国不少士人的赞誉。遵义的沙滩村落，培育了数十名文人

---

① 孙熙昌．严学使范孙去思碑［M］严修．严修年谱．高凌雯，补．严仁曾增编．济南：齐鲁书社，1990：110.

② 郑珍．郑珍全集·播雅序：第 6 册［M］．黄万机，等点校．上海：上海古籍出版社，2012：467.

③ 陈田．黔诗纪略后编自序目［M］//黄永堂，点校。（民国）贵州通志·艺文志．贵阳：贵州人民出版社，2003：870.

学者，他们著述颇丰，有两百余种，内容涉及经史、诗文、金石、书画、版本目录学、地理、科技等众多领域，并且很多领域在全国都产生了较大影响。在众多文人之中，尤以郑珍、莫友芝、黎庶昌为主要代表，在全国的影响尤大，使遵义沙滩这一村落成为晚清时期贵州文化的代表。当时国内的著名文化名流曾国藩、翁同书、张裕钊、张之洞、薛福成、梁启超、杨彝珍等人都给予过高度评价。黎庶昌出使日本期间，在日本刊刻有《黎氏家集》40卷，分赠给日本友人，将“沙滩文化”传播至海外，得到日本士人的高度赞誉。

从晚清时期贵州士人通过图书传播贵州文化的实践不难看出，他们致力将图书作为传承和传播贵州文化的重要媒介，不仅使贵州文化世代相传，同时也将贵州文化推向全国乃至世界，这对当今贵州的社会发展具有很大启示。自从贵州提出“旅游兴黔”战略后，贵州近几年旅游业的发展迅速，为推动贵州经济快速发展做出了重要贡献，据人民网报道，2017年国庆中秋长假期间，贵州旅游总收入305.27亿元，接待游客4614.54万人次，同比增长42.10%，已经超过了广西（总收入151.75亿元，接待游客2539.75万人次）、重庆（总收入123.07亿元，接待游客3418.63万人次），但与四川（总收入524.71亿元，接待游客7145.79万人次）仍有较大差距。① 贵州作为一个旅游资源大省，自然风光奇特，喀斯特地貌形成了山景、水景、洞景等地上地下两条风景线；而且还有遍布全省各地的少数民族文化，这些都成为旅游重点开发的资源，也说明贵州旅游业还有更大的发展空间。如何将这些旅游资源开发出来并宣传出去，进一步扩大贵州旅游在全国乃至全世界的影响，是当前贵州旅游业面临的一个亟待解决的问题。晚清时期贵州图书传播的实践活动的经验告诉我们，必须要充分利用大众传播媒介，包括图书报刊、电视电影、互联网以及自媒体等传播媒介，将贵州独特的自然风光、别具一格的少数民族风情传播至全世界，吸引更多的国内国外游客来观赏贵州美丽的自然风光，体验“神秘”的少数民族风情、感受凉爽的夏天。如2005年推出的《多彩贵州风》大型民族歌舞演出便是以表演为基础，充分利用现代媒介技术，融声、光、电于一体，将贵州绚丽的民族服饰、优美的民族歌舞、生动

① 该数据源于人民网2017年10月9日发布的“2017年国庆中秋假日各省份旅游收入排行榜”。

的民族风情带至观众面前。至今，《多彩贵州风》在海内外有3000余场的巡回演出，对宣传美丽贵州起到了很好的推进作用。

尽管在以电子传播、网络传播为主要媒介的今天，图书传播媒介仍然不能忽略，在某种程度上，图书传播的效果更具有持久性。在那些经典图书中，尤其是那些经典的著名小说中所涉及的地名，今天已经成为重要的旅游景点，如《三国演义》中的“水泊梁山”、《神雕侠侣》中的“桃花岛”，如今都已经成为山东重要的名胜景区。这些旅游景区的成功开发，虽然有当今电子传媒的推动，然而《三国演义》《射雕英雄传》等图书的广泛传播也是引起人们普遍关注的原因之一。为此，对于当今贵州旅游文化的传播，图书仍然是不可或缺的重要媒介。要充分利用图书（包括电子图书）这一重要媒介，将贵州的旅游文化推向全国乃至全世界，从而让更多的人知晓贵州丰富的民族文化和独特的自然风光，进而使人们产生一种探索贵州、感受贵州的憧憬。

（三）加强基础设施建设，推进贵州文化发展

贵州由于地处云贵高原，山地丘陵占据97%以上，从而交通不便。随着晚清时期驿道的扩建以及在此基础上邮递系统的开通，虽然仍在山高路陡的羊肠小道通行，且主要以人挑马驮的方式进行运输，但也无疑加速了贵州文化的发展和信息的传递。从晚清时期贵州图书传播的实践来看，图书传播活跃的地区往往处于驿道一线的府州县城市。如省城的贵阳，处在南北两条驿道的交叉点上，其图书出版、图书销售等相关的图书市场相当活跃。处在川黔——黔桂南北驿道上的都匀、修文、遵义各州县，湘黔——滇黔东西交通驿道上的安顺、平越、镇远等府州，以及川黔滇驿道的毕节、大定等地区，都是图书传播较为活跃的地区，也是人才辈出之地。相反，远离交通大道的铜仁、兴义等府以及苗疆地区如榕江、剑河、丹寨等地，图书的流通就缓慢得多。由此不难发现，交通在推进文化发展扮演着重要角色。其实媒介环境学派的重要代表麦克卢汉早就认识到了这一点，他将道路视为一种媒介，认为“信息的运动又借助纸面的讯息和道路上的运输。如此的速度增加意味着在更远的距离进行更多的控制”，① 交通运输加速了信息传播的速度，使人们

① 麦克卢汉．理解媒介：论人的延伸［M］．何道宽，译．北京：商务印书馆，2000：128.

趋于集中化，进而使村落的人们在空间上得以延伸。

但贵州在交通运输方面的发展，远远滞后于中原地区及江南一带，既没有江南一带的水运，又无中原的车马运载，只能通过人挑马驮，不但运载少，而且周期长，严重阻碍了讯息传播的速度。随着当今科学技术的发达，国家意识到了交通运输对经济发展的重要性，实施西部大开发战略，大力建设贵州的基础设施建设，处处可见“要致富，先修路”的标语和口号。时至今日，贵州的基础设施建设已经发生了翻天覆地的变化，航空、高铁、动车等交通运输发展迅速，高速公路发展更是处在全国前列，2016 年实现了县县通高速的目标。虽然高速发展的交通系统起初是出于发展经济之目的，但同时也为文化教育带来更多便利，为进一步发展贵州教育打下了基础。然而，即便在交通系统高度发达的今天，偏远的贵州山区，农村教育资源仍然相对落后，不仅优质教师很少，而且图书也不丰富，中学还有未开设图书阅览室的，即便有图书阅览室，也是常年不进新书者多，学生因交通不便而早年辍学的新闻也屡见不鲜，这严重阻碍了当今贵州教育的发展。

再从贵州文化的传播来看，落后的交通运输也阻碍着贵州文化的传播。贵州文化常被当今人们冠以“原生态”一词大肆宣传，试图吸引更多的游客感受它的“神秘感”。诚然，“原生态”文化对于当今居住在大都市的人们以及那些厌倦现代工业社会而得“文明病”的欧洲游客都有很大的吸引力，但这种“原生态”文化从自身来说，其本质就是因交通不便而未开发的文化，这种文化的发掘及其传播也需要通过交通的发展才能更好地实现。如果交通不便，即便文化是多么原始和丰富，试图发掘或欣赏它的人都会因此而止步。为了更好地推进贵州文化的全面发展，在建设高速公路的同时，乡村公路的建设也势在必行，为普及义务教育打下坚实基础，为贵州文化的传播提供便利。

三、晚清贵州图书传播研究有待进一步深入的问题

该书对晚清时期贵州的图书传播研究涉及了传播活动的方方面面，同时也较为客观地对其进行了分析，但是还有一些问题有待进一步深入研究。

（一）晚清时期的禁毁书目

清代初期，清政府为了巩固自身的政治地位而实行严厉的文化控制，大

兴文字狱，尤其是在乾隆时期，借修《四库全书》之名，要求各地方督抚严查违禁书目。在此期间，据雷梦辰《清代各省禁书汇考》记载，贵州在乾隆年间，曾两次奏缴十二种图书，具体如下：吕留良所著的《诗经汇纂详解》《天盖楼批评医实》《四书文》，傅占衡的《湘帆集》，罗其鼎的《菜余集》，徐渭的《徐长文文集》《黄陶庵文》《钟惺文集》《百将传》《钱谦益有学集》《钱谦益初学集》，陈以刚著的《国朝诗评》等。① 虽然在晚清时期并没有像康熙、乾隆等时期那样有严厉的文化控制，但是为了维护清政府自身的利益和权力，晚清时期的朝廷政要也对一些“妖书妖言”严加禁止，如咸丰年间对《性命圭旨》《水浒传》等书的禁止。严修在前往贵州视学之时，谕旨也要求其“严坊刻”，后清末贵州学政赵惟熙将“慎小说”上升到治理贵州措施的层面。在这样的政治环境之下，晚清时期贵州历代官宦是否列出禁毁书目以及是否对其进行销毁等诸多问题都有待进一步考察。

（二）晚清贵州宗教图书传播活动

晚清时期的贵州宗教文化较为丰富，既有本土的佛教文化，也有西方的天主教、基督教文化，它们各自在贵州境内获得自身的发展。晚清贵州佛教寺庙尤多，尤以贵阳黔灵山的弘福寺、遵义沙滩的禹门寺较为出名。在众多寺庙中，不仅藏有不少佛教经典，如遵义禹门寺由黎庶昌从日本购买的南藏本佛经全帖，还有不少僧人著述佛教语录、刊刻经典，如贵阳黔灵山在嘉庆年间刻有《妙法莲华经》七卷。又据聂树楷《了尘大师传略》载，贵阳张氏之子圆洲，字了尘，经史略通大义，尤好佛家言，从四川合江法王寺学临济正宗，归主安顺平坝高峰山万华寺庙，后驻贵阳九华宫，于 1914 年圆寂，“平生著述颇富，已刊行者，《了尘语录》十卷”②。

西方宗教在贵州也较为活跃，在鸦片战争之前，天主教就已传至贵州。乾隆三十七年（1772 年）三月二十九日，桂林奏：

> 据川东道禀称：节据彭水县典史蔡廷辂、涪州吏目蔡尚琥禀报查获传习天主邪教之案，并于各犯家内起有铜像、书本，均据供自贵州务川

---

① 雷梦辰. 清代各省禁书汇考［M］. 北京：书目文献出版社，1989：262-263.

② 冯楠. 贵州通志·人物志［M］. 贵阳：贵州人民出版社，2001：1317.

> 县携来；而涪州知州王用义则禀称，二月初七日，准务川县拿获天主教犯蒋登庸等，供出涪州居民蒋应元、蒋应聘同孙姓俱习天主教，移关到州各等情。①

按此则材料之说，贵州务川之天主教在乾隆时期已较为盛行，并刊刻有传教书籍传播至四川彭水、涪州等地。自鸦片战争爆发后，国门洞开，又因清政府连连失败，签署了诸多不平等条约如《中法天津条约》《中法北京条约》等，导致西方在中国传教具有了合法性，传教士也得到相应法律保护的特权。晚清时期，众多西方传教士进入贵州传教，他们虽然以传播教义为主要任务，但同时也起到了中西文化传播的中介作用。天主教传教士入黔之后，为了更好地传播教义，他们曾建立小型印刷厂，刻印传教书籍，同时也编纂了如《拉丁中华小词典》《法、拉、中通行官话字典》《中拉对话集》等著述。②

晚清贵州宗教除了禅宗、天主教以外，还有基督教、伊斯兰教等宗教进行传播。宗教图书的刊刻与传播，无疑是图书传播的一个组成部分，但在本课题较少涉及。为此，晚清贵州宗教刊刻了什么书籍，采用什么印刷技术以及对贵州社会产生了哪些影响等问题都有待进一步考察。

（三）少数民族古籍的传播

贵州作为一个少数民族聚集地区，少数民族众多，更有不少少数民族创造出自己的文字，并流传着本民族的文化典籍。在贵州少数民族中，布依族、苗族、彝族、水族等民族都有自己的文化典籍，尽管经历了各种战乱，仍有不少古籍流传至今。如布依族的《摩经》、苗族的《苗族古歌》、彝族的《彝族源流》以及侗族的侗戏剧本，大部分都已经整理出版。这些少数民族古籍是通过什么样的传播方式进行传播，以及它们传播的领域等诸多问题都有待进一步考察。由于贵州很多地方出现多民族聚居的现象，各民族之间形成了一种文化间的相互影响，例如马骏骐就认为少数民族文化对明代王阳明思想

---

① 中国科学院贵州分院民族研究所．清实录·贵州资料辑要［M］．贵阳：贵州人民出版社，1964：1209.

② 马骏骐．贵州文化六百年［M］．贵阳：贵州人民出版社，2014：298.

的形成产生了影响，尤其是布依族古歌《辟天撑地》中强调的人在人与自然关系的主体性地位对王阳明的心学产生了一定影响，“吸纳了少数民族文化的精华，返本得道，促成其心学体系的产生”①。那么晚清时期，贵州少数民族文化是否对汉族地区的人们以及其他少数民族的思想产生了影响？如果有，又是以什么样的方式对其他民族造成影响？这些是本课题未能解决的问题，有待于进一步的研究。

（四）晚清贵州古籍的现代化出版

古籍出版承担着当下与过去的联系，记录了先人们的集体智慧，是当今中国出版的重要组成部分，对今天的社会发展、文化的传承都起着至关重要的作用。随着21世纪的到来，我国综合国力得到显著提高，在国际社会上的影响力越来越大，文化强国已经被提到国家战略层面，提高我国的文化软实力已是当下的一大重任。

古籍出版作为图书出版产业的出版类型，“是在旧学与新学，或者说是在传统文化与西方文化的比照中才形成的一个出版概念，于今不过一百多年的历史”②。在民国时期，众多藏书家、国立图书馆、新式出版机构、社会机关或团体等或出于对古籍的热情，或出于商业利益的驱动，它们致力于传统典籍的出版，出版了中国古籍近27000种，为中国文化传统的传承做出了重要贡献。尤其是新式出版机构，如商务印书馆、中华书局、世界书局、开明书店等，出版了大量的古籍，就商务印书馆一家，就出版了民国古籍的三分之一。民国时期的文通书局刊印了众多贵州古籍，尤其是晚清时期的古籍，以《黔南丛书》命名，共6辑，还有《黔南丛书》别集，晚清贵州的众多典籍都包含其中。除《黔南丛书》外，还刊印了众多地方志书、文献资料和贵州典籍的单行本，使贵州典籍，尤其是晚清典籍得以很好的传承下来，为今天贵州的文化发展做出了重要贡献。当下，贵州文化部门、出版机构对贵州古籍的出版也下足了功夫，出版发行了《贵州文库》《遵义丛书》等等大型丛书，搜集了众多贵州古籍，其中晚清古籍居多。朱良津主编的《贵州省博物馆藏

---

① 马骏骐．贵州文化六百年［M］．贵阳：贵州人民出版社，2014：230.

② 吴永贵．民国出版史［M］．福州：福建人民出版社，2011：481.

珍稀古籍汇刊》，精选贵州省博物馆珍藏的贵州珍稀古籍30余种，分编为11册，由广西师范大学出版社出版发行，收集了著名学者郑珍、郑知同、莫友芝、莫庭芝、黎安理、黎庶昌、傅汝怀等人的著作手稿及研究著作。

随着信息技术的高速发展，过去那种以影印、刊刻、排印等技术为主的纸质出版已经不能很好地满足文化市场的多样化需求。在今天的数字时代里，出版业也发生了重要转型，出现了数字出版与纸质出版融合发展的新业态，为此，古籍的数字化出版已成为古籍传播的重要类型。古籍的数字化出版不仅是对古籍更好的保护和利用，同时也为中国文化走向世界提供了有利条件和基础。目前贵州所建设的全文数据库主要有贵州师范大学图书馆建设的“贵州地方志全文数据库”（含贵阳市地方志、遵义市地方志、黔东南州地方志、毕节市地方志、黔西南州地方志、六盘水市地方志、黔南州地方志、铜仁市地方志、安顺市地方志全文数据）、贵州文史管建设的“贵州文史馆古籍文献点校本全文数据库”（［民国］《贵州通志》《黔南丛书》《续黔南丛书》《民国贵州文献大系》等点校本图书的全文），以及毕节市档案局已完成的22卷彝族古籍的全文数据库。虽然在古籍数字化出版方面取得了一定的成绩，也使不少晚清古籍有了全文数据库，但还有众多晚清古籍未能实现数字化，并且在全文数据建设方面出现了缺乏整体规划、重复建设、资金不足、技术人才短缺、字集符不统一等诸多问题。因此，如何在数字化时代有效保护和利用晚清古籍，使贵州晚清古籍的数字化出版推进贵州的经济、文化建设，是当下人们必须思考的一个重要问题。

参考文献

一、古籍类

史部：

[1] 王鸣盛．十七史商榷 [M]．黄曙辉，点校．上海：上海书店出版社，2005.

[2] 中国科学院贵州分院民族研究所．清实录·贵州资料辑要 [M]．贵阳：贵州人民出版社，1964.

[3] 官修．清实录·德宗实录 [M]．影印本．北京：中华书局，1987.

[4] 赵尔巽．清史稿 [M]．北京：中华书局，1976.

[5] 梁启超．中国近三百年学术史 [M]．北京：东方出版社，2007.

[6] 官修．大清十朝圣训·穆宗毅 [M]．影印本．新北：文海出版社，1956.

[7] 潘颐福，纂修．十二朝东华录·咸丰朝 [M]．新北：文海出版社，1963.

[8] 朱寿朋，纂修．十二朝东华录·光绪朝 [M]．新北：文海出版社，1963.

[9] 平翰，修．郑珍，莫友芝，纂．（道光）遵义府志 [M] //郑珍，郑珍全集．上海：上海古籍出版社，2012.

[10] 黄宅中，修．邹汉勋，纂．（道光）大定府志 [M]．毕节地方志编纂委员会，点校．北京：中华书局，2000.

[11] 刘锦藻，辑．清朝续文献通考 [M]．上海：商务印书馆，1936.

[12] 严修．蟫香馆使黔日记［M］．影印本．贵阳：贵州省图书馆，1936.

[13] 中国第一历史档案馆．光绪朝硃批奏折（104 辑）［M］．北京：中华书局，1996.

[14] 王韬．瀛壖杂志［M］．上海：上海古籍出版社，1989.

[15] 吴庆坻．蕉廊脞录［M］．北京：中华书局，1990.

[16] 罗文彬，王秉恩．平黔纪略［M］．贵州大学历史系中国近代史教研室，点校．贵阳：贵州人民出版社，1988.

[17] 叶德辉．书林清话［M］．李庆西，标注．上海：复旦大学出版社，2008.

[18] 严修．严修年谱［M］．高凌雯，补．严仁曾，增编．济南：齐鲁书社出版社，1990.

[19] 张之洞．书目答问［M］．上海：商务印书馆，1933.

[20] 莫友芝．郘亭知见传本书目［M］．傅增湘，订补．北京：中华书局，2009.

[21] 王士进．文禄堂访书记［M］．上海：上海古籍出版社，2007.

[22] 叶昌炽．缘督庐日记［M］．杭州：江苏古籍出版社，2002.

[23] 爱必达．黔南识略［M］．影印本．新北：成文出版社，1968.

[24] 李慈铭．越缦堂读书记［M］．由云龙，辑．上海：上海书店，2000.

[25] 陈弢．同治中兴奏议汇编［M］．上海：上海书店出版社，1985.

[26] 国家档案局明清档案馆．戊戌变法档案史料［M］．北京：中华书局，1958.

集部：

[1] 李鸿章．李鸿章全集［M］．长春：时代文艺出版社，1998.

[2] 郑观应．盛世文言［M］．辛俊玲，评注．北京：华夏出版社，2002.

[3] 梁启超．梁启超全集［M］．张品兴，编．北京：北京出版社，1999.

[4] 胡林翼，著．郑敦谨，曾国荃，编．胡文忠公遗集［M］//续修四库全书：第 1540 册．上海：上海古籍出版社，1999.

[5] 严可均．全上古三代秦汉三国六朝文·全晋文（上）［M］．石家庄：

河北教育出版社，1997.

［6］郑珍．郑珍全集［M］．黄万机，等点校．上海：上海古籍出版社，2012.

［7］莫友芝．莫友芝诗文集［M］．张剑，陶文鹏，等编辑点校．北京：人民文学出版社，2013.

［8］黎庶昌．黎庶昌全集［M］．黎铎，龙先绪，点校．上海：上海古籍出版社，2015.

［9］叶昌炽．藏书纪事诗［M］．王欣夫，补正．徐鹏，辑．上海：上海古籍出版社，1989.

［10］缪之晋．大清时宪书笺释［M］//续修四库全书：第1040册．上海：上海古籍出版社，2002.

［11］郭崇焘．郭崇焘诗文集［M］．杨坚，点校．长沙：岳麓书社，1984.

［12］曾国藩．曾国藩全集·家书［M］．北京：中国画报出版社，2014.

［13］姚华．书适［M］．邓见宽，点校．贵阳：贵州人民出版社，1988.

［14］莫绳孙．影山草堂书目［M］//丛书集成三编：第1册．新北：新文丰出版公司，1997.

［15］林夕．中国著名藏书家书目汇刊（近代卷）［M］．北京：商务印书馆，2005.

［16］国家图书馆．国家图书馆藏古籍题跋丛刊（第26册）［M］．北京：北京图书馆出版社，2002.

［17］叶德辉．叶德辉文集［M］．印晓峰，点校．上海：华东师范大学出版社，2010.

二、专著

国内：

［1］曹之．中国古代图书史［M］．武汉：武汉大学出版社，2015.

［2］程千帆，徐有富．校雠广义·典藏编［M］．济南：齐鲁书社，1998.

［3］陈琳．贵州省古籍联合目录［M］．贵阳：贵州人民出版社，2007.

［4］陈钢．晚清媒介技术发展与传媒制度变迁［M］．上海：上海交通大学出版社，2011.

[5] 邓文锋. 晚清官书局述论稿 [M]. 北京：中国书籍出版社，2011.

[6] 范慕韩. 中国印刷近代史初稿 [M]. 北京：印刷工业出版社，1995.

[7] 范同寿. 辛亥革命与贵州社会变迁 [M]. 贵阳：贵州人民出版社，2002.

[8] 范凤书. 中国私家藏书史 [M]. 武汉：武汉大学出版社，2013.

[9] 葛兆光. 中国思想史 [M]. 上海：复旦大学出版社，1998.

[10] 郜林涛，黄仕荣. 中国学校历代制度通考 [M]. 太原：北岳文艺出版社，2008.

[11] 贵州省社会科学院历史研究所. 贵州辛亥革命资料选编 [M]. 贵阳：贵州人民出版社，1981.

[12] 贵阳市政协文史和学习委员会. 贵阳文史资料选粹（中册）[M]. 贵阳：贵州人民出版社，2006.

[13] 贵州省民族古籍整理办公室. 贵州少数民族古籍总目提要（侗族卷）[M]. 贵阳：贵州出版社，2012.

[14] 贵州省民族古籍整理办公室. 贵州少数民族古籍总目提要（苗族卷）[M]. 贵阳：贵州民族出版社，2012.

[15] 贵州省民族古籍整理办公室. 贵州少数民族古籍总目提要（彝族卷）[M]. 贵阳：贵州民族出版社，2012.

[16] 贵州省地方志编纂委员会. 贵州通志·出版志 [M]. 贵阳：贵州人民出版社，1996.

[17] 贵州省地方志编纂委员会. 贵州省志·轻纺工业志 [M]. 贵阳：贵州人民出版社，1993.

[18]《贵州六百年经济史》编辑委员会. 贵州六百年经济史 [M]. 贵阳：贵州人民出版社，1998.

[19] 贵州地方志编撰委员会. 贵州省志·物价志 [M]. 贵阳：贵州人民出版社，1998.

[20] 贵州省地方志编纂委员会. 贵州省志·教育志 [M]. 贵阳：贵州人民出版社，1990.

[21] 贵州省大方县地方志编纂委员会. 大方县志 [M]. 北京：方志出版社，1996.

[22]《贵州省志·出版志》编写组，贵州省出版工作者协会出版史料研究组．贵州出版史料（共6册）[M]．内刊，1987.

[23] 贵州省地方志编纂委员会．贵州省志·民族志［M］．贵阳：贵州民族出版社，2002.

[24] 何仁仲．贵州通史［M］．北京：当代中国出版社，2003.

[25] 何明扬．贵州版史研究［M］//贵州近现代史研究文集（三）．贵阳：云岩印刷厂，1997.

[26] 韩琦．中国和欧洲：印刷术与书籍史［M］．北京：商务印书馆，2008.

[27] 湖南图书馆．湖南图书馆古籍线装书目录［M］．北京：线装书局，2007.

[28] 何长凤．贵阳文通书局［M］．贵阳：贵州教育出版社，2002.

[29] 黄万机．客籍文人与贵州文化［M］．贵阳：贵州人民出版社，1992.

[30] 刘显世，谷正伦，修．任可澄，杨恩元，纂．（民国）贵州通志·宦迹志［M］．冯楠，点校．贵阳：贵州人民出版社，2003.

[31] 刘显世，吴鼎昌，修．任可澄，杨恩元，纂．贵州通志·艺文志［M］．黄永堂，点校．贵阳：贵州人民出版社，1989.

[32] 凌惕安．郑子尹（珍）先生年谱［M］．香港：崇文书店，1975.

[33] 凌惕安．咸同贵州军事史［M］//沈云龙．近代中国史料丛刊（第十三辑）．新北：文海出版社，1966.

[34] 龙先绪．郑子尹郊游考［M］．北京：中国文史出版社，2004.

[35] 李稀泌，张椒．中国古代藏书与近代图书馆史料（春秋至五四前后）[M]．北京：中华书局，1982.

[36] 李瑞良．中国古代图书流通史［M］．上海：上海人民出版社，2000.

[37] 李致忠．历代刻书考［M］．成都：巴蜀书社，1990.

[38] 李独清．洁园集［M］．昆明：云南人民出版社，2013.

[39] 刘国均．中国古代书籍史话［M］．北京：中华书局，1962.

[40] 雷梦辰．清代各省禁书汇考［M］．北京：书目文献出版社，1989.

[41] 马骏骐．贵州文化六百年［M］．贵阳：贵州人民出版社，2015.

[42] 钱存训．书于竹帛：中国古代的文字记录［M］．上海：上海书店出版社，2002.

[43] 璩鑫圭，唐良炎．中国近代教育史资料汇编：学制演变［M］．上海：上海教育出版社，1991.

[44] 任继愈．中国藏书楼［M］．沈阳：辽宁人民出版社，2001.

[45] 宋建成．清代图书馆事业发展史［M］．新北：花木兰文化出版社，2008.

[46] 孙殿起．贩书偶记［M］．北京：中华书局，1959.

[47] 孙平．受众心理论［M］．郑州：中州古籍出版社，2007.

[48] 邵培仁．传播学［M］．北京：高等教育出版社，2007.

[49] 苏国有．南滇医圣·兰茂［M］．昆明：云南人民出版社，2014.

[50] 四川省地方志编纂委员会．四川省志·出版志［M］．成都：四川人民出版社，2001.

[51] 史继忠．贵州文化解读［M］．贵阳：贵州教育出版社，2000.

[52] 吴岩．清代历书研究［M］．新北：花木兰文化出版社，2015.

[53] 吴瑞秀．清末各省官书局之研究［M］．新北：花木兰文化出版社，2005.

[54] 汪家熔．中国出版通史·清代卷［M］．北京：中国书籍出版社，2008.

[55] 熊月之．西学东渐与晚清社会［M］．上海：上海人民出版社，1994.

[56]《辛亥革命史丛刊》编写组．辛亥革命史丛刊（第七辑）［M］．北京：中华书局，1981.

[57] 肖先治．史志撷英［M］．贵阳：贵州人民出版社，2011.

[58] 肖东发．中国书院藏书［M］．贵阳：贵州人民出版社，2006.

[59] 徐良雄．中国藏书文化研究［M］．宁波：宁波出版社，2003.

[60] 杨绳信．中国版刻综录［M］．西安：陕西人民出版社，1987.

[61] 严仁宗．严修视学贵州［M］．贵阳：贵州人民出版社，1989.

[62] 中国人民政治协商会议贵州省委员会文史资料研究委员会．贵州文史资料选集（第十五辑）［M］．贵阳：贵州人民出版社，1984.

[63] 中国人民政治协商会议贵州省委员会文史资料研究委员会．贵州文

史资料选辑（第四辑）[M]. 贵阳：贵州人民出版社，1980.

[64] 中国人民政治协商会议贵州省委员会文史资料研究委员会. 贵州文史资料选辑（十二辑）[M]. 贵阳：贵州人民出版社，1982.

[65] 中华诗词学会图书编撰中心. 贵州诗词卷 [M]. 北京：中国文联出版社，2009.

[66] 周鼎. 贵州古旧提要文献目录 [M]. 贵阳：贵州历史文献研究会，1996.

[67] 周振鹤. 晚清营业书目 [M]. 上海：上海书店出版社，2005.

[68] 张静庐，辑注. 中国近代出版史料初编 [M]. 上海：上海书店出版社，2003.

[69] 张新民. 贵州地方志考稿 [M]. 根特：根特大学出版社（比利时），1993.

[70] 郑大华. 晚清思想史 [M]. 长沙：湖南师范大学出版社，2005.

[71] 张羽琼. 贵州古代教育史 [M]. 贵阳：贵州教育出版社，2003.

[72] 张润生，胡旭东，等. 图书情报工作手册 [M]. 哈尔滨：黑龙江人民出版社，1988.

[73] 周仲瑛，于文明. 中医古籍珍本集成·妇科卷 [M]. 长沙：湖南科学技术出版社，2014.

[74] 遵义市地方志编纂委员会. 遵义地区志·文化志·文学艺术志 [M]. 贵阳：贵州人民出版社，2004.

[75] 张秀民. 中国印刷史 [M]. 上海：上海人民出版社，1989.

[76] 周绍明. 书籍的社会史：中华帝国晚期的书籍与士人文化 [M]. 何朝晖，译. 北京：北京大学出版社，2009.

[77] 郑仕德. 中国图书发行史 [M]. 北京：高等教育出版社，2000.

[78] 曾大兴. 中国历代文学家之地理分布 [M]. 武汉：湖北教育出版社，1995.

国外：

[1] 芬克尔斯坦，麦克利里. 书史导论 [M]. 何朝晖，译. 北京：商务印书馆，2012.

[2] 拉斯韦尔. 社会传播的结构与功能 [M]. 何道宽，译. 北京：中国

传媒大学出版社，2015.

［3］井上进．中国出版文化史［M］．李俄宪，译．武汉：华中师范大学出版社，2015.

［4］柯文．在中国发现历史——中国中心观在美国的兴起［M］．林同奇，译．北京：中华书局，1989.

［5］埃斯卡皮．文学社会学［M］．于沛，选编．杭州：浙江人民出版社，1987.

［6］施拉姆，波特．传播学概论［M］．何道宽，译．北京：中国人民大学出版社，2010.

［7］爱森斯坦．作为变革动因的印刷机——早期近代欧洲的传播与文化革命［M］．何道宽，译．北京：北京大学出版社，2010.

三、期刊

［1］吴恩荣．贵州不缠足会条约［J］．贵州文史丛刊，1981（4）：76-79.

［2］张自文．图书的传播功能与社会效应［J］．出版发行研究，1987（5）：33-36.

［3］杨祖恺．莫友芝影山草堂管窥、莫友芝影山草堂管窥续纪［J］．贵州文史丛刊，1988（3）：43-50，（4）：126.

［4］刘汉忠．莫友芝影山草堂藏书考证——兼与杨祖恺同志商榷［J］．贵州文史丛刊，1990（1）：53-61.

［5］刘汉忠．贵州古代刻书［J］．贵州文史丛刊，1992（5）：45-48.

［6］孔毅．清代官书局刻书述略［J］．文献，1992（1）：231-245.

［7］梅宪华．晚清官书局大事记略［J］．文献，1992（1）：247-258.

［8］钱存训．中美书缘——纪念中美文化交换百周年［J］．文献，1993（4）：187-194.

［9］刘泳唐．严修创立贵州官书局［J］．贵州文史丛刊，1993（5）：62-67.

［10］杨斌．贵州历代人才地理分布变迁［J］．中国历史地理论丛，1994（3）：229-243.

［11］肖先治：贵州的板刻书业［J］．贵州文史丛刊，1994（5）：29-33.

[12] 刘汉忠．陈田“听诗斋”藏书及《明诗纪事》[J]．四川图书馆学报，1995（1）：69-72.

[13] 韦启光．儒学文化对贵州少数民族文化的影响[J]．贵州社会科学，1996（3）：63-66.

[14] 吴家驹．遵旨设局是晚清创办官书局的主要动因[J]．编辑学刊，1997（4）：92-93.

[15] 邵培仁．媒介地理学：正当性、科学性和学术坚守[J]．探索经纬，2006（4）：17-19.

[16] 王兆鹏．中国古代文学研究的六个层面[J]．江汉论坛，2006（5）：109-113.

[17] 张仲民．从书籍史到阅读史——关于晚清书籍史/阅读史研究的若干思考[J]．史林，2007（5）：151-180，189.

[18] 戴宇丹，钟海珍．贵州省公共图书馆建设调查分析[J]．国家图书馆学刊，2012，21（6）：50-56.

[19] 孙文杰．清代图书传播渠道论略[J]．图书与情报，2012（6）：130-136.

[20] 张宗友．晚清官书局与近代文化传承[J]．古典文献研究，2012（7）：106-145.

[21] 雷成耀．清代贵州私人藏书家黎恂藏书考略[J]．贵图学刊，2013（2）：61-63.

[22] 雷成耀．清代贵州书院藏书考略[J]．安顺学院学报，2013（4）：103-105.

[23] 安尊华．论严修整饬贵州教育的举措——基于《蟫香馆使黔日记》的考察[J]．贵州文史丛刊，2014（3）：107-112.

[24] 孙婥媛，李晋瑞．锄经堂盛衰考叙[J]．图书馆学刊，2015（8）：120-122.

[25] 李明勇．贵州官书局出版发行考述[J]．现代出版，2017（5）：57-61.

四、硕博论文

[1] 王子勇．清代书院藏书制度研究[D]．济南：山东大学，2008.

[2] 孙文杰. 清代图书市场研究 [D]. 武汉：武汉大学，2010.

[3] 蒋鹏祥.《古逸丛书》编刊考 [D]. 上海：复旦大学，2011.

[4] 白林文. 清代贵州“苗疆六厅”治理研究 [D]. 武汉：华中师范大学，2016.

附录：晚清贵州图书出版大事记

序号	作　者	书名及卷数	出版时间	刊刻机构	馆藏地点
1	（清）陆锡璞汇钞	《诗经精义汇钞》4卷首1卷（6册）	道光二十年（1840年）	熊大盛堂刻本	遵义市图书馆
2	（宋）叶时撰，（清）许元淮节本	《宋叶文康公礼经会元》4卷，4册	道光二十年（1840年）	大盛堂刻本	贵州省图书馆
3	（清）平翰修，郑珍、莫友芝纂	（道光）《遵义府志》48卷，首1卷	道光二十一年（1841年）	遵义郡署刻本	贵州省图书馆等等
4	（清）夏修恕修，萧琯、何廷熙纂	（道光）《思南府续志》12卷	道光二十一年（1841年）	思南府署刻本	贵州省图书馆存
5	（清）陈熙晋纂修	（道光）《仁怀直隶厅志》20卷	道光二十一年（1841年）	不详	中国科学院、上海、贵州皆有藏
6	（清）王瑞堂撰，周际华增订	《学庸指掌》3卷，	道光二十一年（1841年）	家荫堂	贵州大学图书馆
7	（清）魏茂林辑，周际华参定	《文法一揆》1卷	道光二十一年（1841）	家荫堂	贵州省图书馆
8	（清）张履祥撰	《杨园先生全集》6册	道光二十一年（1841年）	莫友芝影山草堂刻	贵州省图书馆、贵州省博物馆
9	（清）方苞撰	《望溪先生家训》1册	道光二十二年（1842年）	贺长龄贵州刻本	贵州师范大学图书馆
10	（清释）性莲撰	《雪斋诗存》2卷	道光二十二年（1842年）	贵阳扶风山寺	贵州省博物馆
11	（清）严如熤撰	《苗防备览》22卷	道光二十三年（1843）	绍义堂刻本	贵州省图书馆、贵州省博物馆、贵州大学图书馆

续表

序号	作　者	书名及卷数	出版时间	刊刻机构	馆藏地点
12	（清）姚苧田辑	《史记菁华录》6卷，8册	道光二十三年（1843年）	贺长龄贵州刻本	贵州师范大学图书馆
13	（清）阎纯玺撰	《胎产心法》3卷	道光二十四年（1844年）	不详	贵州省图书馆
14	（清）郑士范编	《朱子约编》8卷	道光二十四年（1844年）	贵州刻本	贵州省图书馆
15	官修	《钦定春秋左传读本》30卷，16册	道光二十五年（1845年）	贵阳大盛堂刻本	贵州省图书馆、贵州大学图书馆
16	（清）刘宇昌修，唐本洪等纂	（道光）《黎平府志》41卷	道光二十五年（1845年）	黎平府志局刻本	南京、上海图书馆，贵州图书馆（残）
17	（清）俞汝本撰	《烬余存稿》10卷	道光二十七年（1847）	（清）郑珍、张琚校刻本	贵州省博物馆
18	（清）金台修，但明伦纂	（道光）《广顺州志》，12卷，首末各1卷	道光二十七年（1847年）	不详	北京、天津、南京、贵州等图书馆有藏
19	（清）罗绕典撰	（道光）《黔南职方纪略》	道光二十七年（1847年）	不详	贵州省图书馆藏有复印本
20	（清）爱必达修，张凤孙纂	（乾隆）《黔南识略》32卷	道光二十七年（1847年）	不详	贵州省图书馆存复印本
21	（清）张之洞撰	《天香阁十二龄课草》不分卷	道光二十八年（1848）	孔天成刻字铺刻	贵州省博物馆
22	（明）庞善继撰	《四书说约》33卷	道光二十八年（1848）	贵阳戴光远自堂重刻本	贵州师范大学图书馆
23	（清）黄宅中修，周汉勋纂	（道光）《大定府志》60卷	道光二十九年（1849年）	大定府署	北京、北大、大连、贵州等图书馆有藏
24	（清）蒋攸铦撰	《黔轺纪行集》1册	道光三十年（1850年）	贵州刻本	贵州省图书馆
25	（清）常恩修，邹汉勋、吴寅邦等纂	（咸丰）《安顺府志》54卷，首1卷	咸丰元年（1851年），光绪十六年（1890年）补刻本	安顺府志局刻	北京、天津、南京、上海、湖北、贵州等图书馆藏光绪补刻本
26	（明）谢三秀撰	《雪鸿堂诗搜逸》3卷《附录》1卷	咸丰元年（1851年）	遵义刻本	贵州省图书馆、博物馆等

续表

序号	作　者	书名及卷数	出版时间	刊刻机构	馆藏地点
27	（清）周作楫等修，萧琯、邹汉勋等纂	（道光）《贵阳府志》88卷，卷首2卷，余编20卷	咸丰二年（1852年）	朱德遂绶堂刻本	北京、天津、南京、上海、浙江、湖北、贵州、云南等图书馆有藏
28	（清）张绍铭辑	《性理论》4卷	咸丰二年（1852年）	文诚堂刻本	贵州省图书馆
29	（清）郑珍著	《巢经巢诗钞》9卷	咸丰二年（1852年）	望山堂自刻本	贵州民族大学图书馆
30	（清）莫友芝著	《郘亭诗钞》6卷	咸丰二年（1852年）	遵义湘川讲舍	贵州省图书馆
31	（清）萧光远撰	《周易属辞》12卷，《周易通例》5卷，《周易通说》2卷	咸丰三年（1853年）	吉修堂刻本	贵州师大图书馆、贵州省图书馆、贵州省博物馆
32	（清）修武谟补辑	（咸丰）《永宁州志补遗》5卷	咸丰四年（1854年）	永宁州学署刻本	原刻藏四川省图书馆
33	（清）张锳修，周汉勋、朱逢申纂	（道光）《兴义府志》七十四卷，首一卷	咸丰四年（1854年）	兴义府志局刻本	贵州省图书馆存贵阳文通书局据原刻本铅印本
34	题亟斋居士撰，遂生编	《达生编》1册	咸丰四年（1854年	贵州刻本	贵州省图书馆
35	（清）莫友芝著	《郘亭诗钞》6卷	咸丰五年（1855年）	江宁三山客补刻本	贵州省图书馆
36	（清）朱百谷修，周理、段炳然纂	（咸丰）《正安新志》四卷	咸丰七年（1857年）刻本	不详	贵州省图书馆
37	（清）周际华著	《感深知己录》1卷，《尺牍》1卷，《诗集》18卷，《渭川剳存》1卷	咸丰八年（1858年）	家荫堂刻本	贵州省图书馆
38	（清）郑珍著	《说文逸字》2卷附录1卷	咸丰八年（1858年）	遵义望山堂	贵州省图书馆、贵州省博物馆等
39	（清）周际华撰	《从政录》1卷	咸丰八年（1858年）	家荫堂刻本	贵州省图书馆

续表

序号	作　者	书名及卷数	出版时间	刊刻机构	馆藏地点
40	（清）周灏辑	《风檐世草》1册	咸丰八年（1858年）	家荫堂刻本	贵州师大图书馆
41	（清）丁泽安撰	《自得斋易学》10卷	咸丰九年（1859年）	丁氏自得斋	贵州省图书馆、贵州师大图书馆
42	佚名辑	《书经》1册	咸丰十年（1860年）	遵义王天生堂	遵义李连昌收藏
43	（清）孙传征撰	《孝经旁训》1册	咸丰十一年（1861）	贵阳大盛堂	贵州省图书馆
44	（清）莫友芝撰	《宋元旧本书经眼录》3卷 《附录》2卷	同治元年（1862年）	不详	贵州省图书馆、贵州大学图书馆等
45	（清）萧光远编	《汉书汇钞》2卷	同治三年（1864年）	不详	贵州省图书馆
46	（清）李蹇臣撰	《守拙斋诗钞》2卷	同治三年（1864年）	不详	贵州省图书馆、遵义市图书馆
47	（清）萧光远著	《鹿山诗文稿》3册	同治三年（1864年）	不详	遵义市图书馆
48	（清）郑珍著	《郑学录》4卷	同治四年（1865年）	不详	贵州省图书馆、贵州省博物馆
49	（清）唐树义撰	《梦砚斋遗稿》8卷，附王柏心《昭忠录》1卷	同治四年（1865年）	绥定郡斋刻本	贵州省图书馆、贵州省博物馆、贵州师大图书馆（残）
50	（清）郑珍著	《郑学录》4卷	同治五年（1866年）	遵义唐氏刻本	贵州师范大学图书馆
51	（清）郑珍著	《郑子尹集》10册	同治五年（1866年）	遵义唐氏刻本	贵州省图书馆
52	（清）莫友芝著	《莫氏遗书》4册	同治五年（1866年）	江宁三山客舍刻本	贵州省图书馆
53	（清）赵旭撰	《播川诗钞》5卷	同治六年（1867年）	不详	贵州省图书馆、遵义市图书馆
54	（清）杨学煊撰	《一树梅花书屋诗钞》4卷， 《文稿》1卷	同治七年（1868年）	不详	贵州省图书馆

续表

序号	作　者	书名及卷数	出版时间	刊刻机构	馆藏地点
55	（清）郑珍著	《轮语私笺》2卷，《附录》1卷	同治七年（1868年）	独山莫氏金陵刻本	贵州省图书馆、贵州师大图书馆
56	（清）陈宏谋编	《四种遗规约钞》4册	同治十年（1871年）	遵义蹇氏家塾刻本	贵州省图书馆
57	（清）许遁翁撰，朱玉岑补	《韵史》2卷，《韵史补》1卷	同治十一年（1872年）	贵州县署刻本	贵州师大、贵大图书馆
58	（清）黎培敬编	《黔南三书院课艺初编》4卷	同治十一年（1872年）	黔阳官署刻本	遵义市图书馆
59	（清）鲍云韵辑	《小儿脐惊风合编：新订》	同治十二年（1873年）	黔县署刻本	贵州省图书馆、贵州中医学院图书馆
60	（清）路德辑	《明文明》4卷	同治十二年（1873年）	黎培敬筑垣刻本	贵州师大图书馆
61	（清）黎兆勋辑，莫友芝传证	《黔诗纪略》33卷	同治十二年（1873年）	遵义唐氏梦研斋刻	贵州省图书馆、贵州师大图书馆等
62	（清）王正玺辑	《春秋丁祭仪制录》1卷	光绪元年（1875）	遵义县署刻本	遵义市图书馆
63	（清）萧光远编	《禹贡山水汇抄》2卷	光绪元年（1875年）	鹿山草堂刻本	贵州省图书馆
64	（清）莫友芝著	《郘亭遗诗》8卷，《遗文》8卷	光绪元年（1875年）	不详	贵州省图书馆、贵州省博物馆
65	（清）郑献甫撰	《寓一录》12卷	光绪二年（1876年）	黔南节署	贵州大学图书馆、贵州师范大学图书馆
66	（明）杨继盛撰	《杨忠愍公传家宝训》1册	光绪二年（1876年）	贵州刻本	贵州省图书馆
67	（清）张之洞著	《书目答问》4卷	光绪二年（1876年）	贵阳写刻本	贵州省图书馆
68	（清）方齐寿修，杨大镛纂	（同治）《石阡府志》8卷，首1卷	光绪二年（1876年）	不详	天津、贵州等图书馆有藏
69	（清）章学诚撰	《文史通义》4册	光绪三年（1877年）	贵阳刻本	贵州民族大学图书馆
70	（清）彭焯修，杨德明、严宗六纂	（光绪）《续修正安新志》10卷	光绪三年（1877年）	不详	北京、上海、贵州等图书馆均有藏

续表

序号	作　者	书名及卷数	出版时间	刊刻机构	馆藏地点
71	（清）傅寿彤撰	《澹勤室全集》6册	光绪三年（1877年）	不详	贵州省图书馆
72	（清）章学诚撰	《章氏遗书》6册	光绪三年（1877年）	贵阳重刻本	贵州师大图书馆
73	（晋）皇甫谧撰，（清）钱保塘补撰；（清）周广业、李遇孙辑	《帝王世纪》10卷，（晋）皇甫谧撰；附《帝王世纪续补》1卷、《考异》1卷；《意林逸文》1卷，	光绪四年（1878）	贵筑杨氏刻本	贵州省图书馆
74	（清）徐维城撰	《天韵堂诗存》8卷	光绪四年（1878）	贵阳刻本	贵州省图书馆
75	（清）郑献甫撰	《四书翼注论文》12卷	光绪五年（1879年）	黔南节署刻本	贵州省图书馆、贵州师范大学图书馆
76	（清）陈昌言修，徐延燮等纂	（光绪）《毕节县志》10卷，首1卷	光绪五年（1879年）	不详	北京、天津、贵州等图书馆皆有藏
77	（清）唐炯撰	《成山庐稿》10卷	光绪五年（1879年）	不详，自刻朱印本	贵州省图书馆、贵州省博物馆
78	（清）张之洞著	《书目答问》4卷，附《四川尊经书院记》1卷	光绪五年（1879年）	贵阳刻本	贵州省图书馆、贵州省博物馆
79	（清）张之洞著	《輶轩语》1卷	光绪五年（1879年）	贵阳刻本	贵州省图书馆
80	（清）郑献甫撰	《补学轩诗集》12卷	光绪五年（1879年）	黔南节署刻本	贵州省图书馆
81	（明）王守仁撰，（明）施邦曜评辑	《阳明先生集要三编》15卷，《年谱》1卷，16册	光绪五年（1879年）	黔南刻本	贵州省图书馆、贵州大学图书馆（存10册）等
82	（清）杨彝珍辑	《国朝古文正的》7卷	光绪六年（1880年）	独山莫氏刻本	贵州省图书馆
83	（明）孙应鳌撰	《孙文恭公遗书》6册	光绪六年（1880年）	独山莫氏刻本	贵州省图书馆、贵州师大图书馆等

续表

序号	作　者	书名及卷数	出版时间	刊刻机构	馆藏地点
84	(清) 段荣勋增修，孙茂姜、张时杰续辑	(光绪)《重刊清平县志》6卷，附录2卷	光绪七年（1881年）	不详	天津、南京、贵州等图书馆均有藏
85	(清) 李元度编	《赋学正鹄》10卷	光绪七年（1881年）	黔南节署刻本	贵州省图书馆、贵州师大图书馆
86	(清) 韩菼撰	《左传句解汇：评点春秋纲目》6卷	光绪八年（1882年）	黔省大文堂刻	贵州省图书馆
87	(清) 何莹庵等编，胡长新等辑	《三忠合编》6卷	光绪八年（1882年）	不详	贵州省图书馆、贵州大学图书馆等
88	(清) 丁宝桢等纂	《四川盐法志》40卷，首1卷	光绪八年（1882年）	不详	贵州省图书馆、贵州省博物馆
89	(明) 萧良友撰	《龙文鞭影》2卷	光绪八年（1882年）	黔省大文堂刻本	贵州省博物馆
90	(清) 张日仑撰	《龙溪草堂诗钞》10卷	光绪八年（1882年）	贵阳王锦云刻字铺	贵州省图书馆、遵义市图书馆
91	(清) 吕芝田撰	《律法须知》2卷	光绪九年（1883年）	贵州县署刻本	贵州省图书馆
92	(清) 余厚镛辑	(光绪)《兴义府志续编》2卷	光绪九年（1883年）	兴义府志局刻本	文通书局据原刻本复印，附道光《兴义府志》后
93	(清) 黎兆祺撰	《息影山房诗钞》4卷	光绪九年（1883年）	日本使署刻本	贵州省图书馆、贵州大学图书馆
94	(清) 鲁寿崧修，熊声元等纂	(道光)《黔西州志》8卷	光绪十年（1884年）	不详	北京、贵州等图书馆有藏
95	(清) 刘藜阁删订	《十四层摘抄》1册	光绪十年（1884年）	贵阳杨德荣刻本	贵州师大图书馆
96	(清) 张伯行辑注	《小学集解》6卷	光绪十年（1884年）	贵州藩署刻本	贵州省图书馆
97	(清) 白建钧修，谌焕模、刘德铨纂	(光绪)《黔西州续志》6卷	光绪十年（1884年）	黔西学署刻本	北京、湖北、云南、贵州等图书馆有藏
98	(清) 黎庶昌编	《古逸丛书》200卷，60册	光绪十年（1884年）	日本使署刻本	贵州省图书馆、遵义市图书馆等

续表

序号	作　者	书名及卷数	出版时间	刊刻机构	馆藏地点
99	（清）杨懋勋撰	《云程万里》1册	光绪十一年（1885年）	安顺中和堂刻本	贵州省图书馆
100	（清）蘅塘退士编	《唐诗三百首》6卷	光绪十一年（1885年）	黔省大文堂刻朱墨套印本	贵州省图书馆
101	（明）杨慎纂，（清）葛用霖补	《二十二史说文鉴略》附《增补明朝史略》1册	光绪十二年（1886年）	贵阳金筑黄静皆铅印本	贵州师大图书馆
102	（清）李宗昉撰	《黔记》4卷	光绪十二年（1886年）	不详	贵州省图书馆、贵州大学图书馆
103	（清）车万育著，夏大观笺	《声律启蒙》1册	光绪十二年（1886年）	遵义义成堂刻	遵义李连昌收藏
104	（清）黄维翰撰	《白喉辨症》1册	光绪十三年（1887年）	黔省大道观张荣兴刻本	贵阳中医学院图书馆
105	（清）犹法贤编	《黔史》4卷	光绪十四年（1888年）	贵阳熊湛英刻	贵州省图书馆、贵州省博物馆
106	（清）余泽春修，余嵩庆、陆渐鸿纂	（光绪）《古州厅志》10卷，首1卷	光绪十四年（1888年）	不详	北京、天津、上海、大连、贵州等图书馆均有藏
107	（清）黎庶焘撰	《慕耕草堂诗钞》4卷	光绪十四年（1888年）	日本使署刻本	贵州省图书馆
108	（清）黎庶焘撰	《琴洲词》2卷	光绪十四年（1888年）	日本使署刻本	贵州省图书馆
109	佚名辑	《幼学琼林》1册	光绪十四年（1888年）	遵义王天生堂	遵义李连昌收藏
110	（清）黎庶昌辑	《黎氏家集》124卷	光绪十四、光绪十五年（1888—1889年）	日本使署刻本	贵州省图书馆、遵义市图书馆
111	（清）黎兆勋撰	《葑烟亭词》2卷	光绪十五年（1889年）	日本使署刻本	贵州省图书馆
112	（清）曹昌祺修，覃梦榕、李燕颐纂	（光绪）《普安直隶厅志》22卷	光绪十五年（1889年）	不详	流传甚广，国内大多数图书馆有藏

续表

序号	作　者	书名及卷数	出版时间	刊刻机构	馆藏地点
113	（清）黎兆勋撰	《侍雪堂诗钞》6卷	光绪十五年（1889年）	黎庶昌日本东京刻	贵州省图书馆
114	（清）黎恂辑	《千家诗注》2卷	光绪十五年（1889年）	不详，活字版刻本	贵州省博物馆、遵义市图书馆
115	（清）张澍撰	《续黔书》8卷	光绪十五年（1889年）	贵阳熊湛英刻本	贵州省图书馆、贵州省博物馆
116	（宋）李昉、李至撰	《二李唱和集》1册	光绪十五年（1889年）	贵阳陈氏日本刻本	贵州省图书馆、贵州民族大学图书馆
117	（明）孙应鳌撰	《孙山甫督学文集》4卷	光绪十五年（1889年）	贵州刻本	贵州省图书馆
118	（清）黎庶蕃撰	《椒园诗钞》7卷	光绪十五年（1889年）	日本使署刻本	贵州省图书馆
119	（清）黎恂著	《蛉石斋诗钞》4卷	光绪十五年（1889年）	日本使署刻本	贵州省图书馆
120	（清）黎安理著	《梦余笔谈》1卷	光绪十五年（1889年）	日本使署刻本	贵州省图书馆
121	（清）孙点辑，黎庶昌编	《黎星使宴集合编》6册	光绪十五、光绪十六年（1889—1990年）	不详，铅印本	贵州省图书馆、贵州师大图书馆
122	（清）徐丰玉、周溶修，谌厚光等纂	（道光）《平远州志》20卷	光绪十六年（1890年）	不详	北京、天津、上海、贵州等图书馆皆有藏
123	（清）黎庶昌著	《续古文辞类纂》28卷	光绪十六年（1890年）	金陵书局刻本	贵州省图书馆、遵义市图书馆
124	（隋）王通撰、（宋）阮逸注	《中说》10卷	光绪十六年（1890年）	贵阳陈矩景宋本	遵义市图书馆
125	（清）黄彭年撰	《陶楼文钞》14卷	光绪十六年（1890年）	不详	贵州省图书馆
126	（清）史念祖撰	《俞俞斋文稿初集》4卷，《诗稿初集》2卷	光绪十六年（1890年）	黔南藩署刻本	贵州省图书馆
127	（清）黄绍先修，申云根、谌显模纂	（光绪）《平远州续志》8卷，首1卷	光绪十六年（1890年）	不详	北京、天津、南京、上海、湖北、贵州等图书馆有藏

续表

序号	作　者	书名及卷数	出版时间	刊刻机构	馆藏地点
128	（清）杨绂章撰	《玉戏集》1卷	光绪十七年（1891年）	毕节眼云楼刻本	贵州省图书馆
129	（清）俞渭修，陈瑜纂	（光绪）《黎平府志》8卷，首1卷	光绪十八年（1892年）	黎平府志局	北京、天津、上海、贵州等图书馆均有收藏
130	（清）余上华等修，喻勋、胡长松纂	（光绪）《铜仁府志》10卷	光绪十八年（1892年）	不详	上海、贵州等图书馆有藏
131	（清）黎恺撰	《教余教子录》1卷	光绪十八年（1892年）	不详	贵州省图书馆
133	（清）章学诚撰	《校雠通义》1册	光绪十九年（1893年）	贵阳刻本	贵州民族大学图书馆
134	（宋）徐铉撰	《徐骑省集》30卷	光绪十九年（1893年）	黔南刻本	贵州民族大学图书馆
135	（清）黎庶昌撰	《拙尊园丛稿》6卷	光绪十九年（1893年）	上海醉六堂石印本	贵州省图书馆、贵州省博物馆
136	（清）颜嗣徽撰	《望眉草堂诗集》8卷，《文集》3卷	光绪十九年（1893年）	贵阳文蔚堂刻本	贵州省图书馆
137	（清）汤成彦撰	《梅隐庵集苏楹帖》1册	光绪十九年（1893年）	贵阳高氏资州官署刻本	遵义市图书馆
138	（清）郑珍撰	《巢经巢遗文》5卷	光绪十九年（1893年）	贵阳高氏资州官署刻本	贵州省图书馆、贵州省博物馆
139	（清）郑珍撰	《凫氏为钟图说》1卷	光绪二十年（1894年）	贵筑高氏贵州官廨刻本	贵州省图书馆、贵州师大图书馆、贵州省博物馆
140	（清）黄元善订	《仪礼纂要》4册	光绪二十年（1894年）	贵州刻本	贵州省图书馆
141	（清）郑淑昭撰	《树萱背遗诗》1册	光绪二十年（1894年）	京师刻本	贵州省图书馆
142	（清）丁宝桢撰	《十五弗斋文存》1卷，《诗存》1卷	光绪二十年（1894年）	北京刻本	贵州省图书馆
143	（清）曾纪泽、李鸿裔、章永康、高心夔撰	《四友遗诗》3册	光绪二十年（1894年）	遵义黎氏川东道署刻本	贵州省图书馆

续表

序号	作　者	书名及卷数	出版时间	刊刻机构	馆藏地点
144	（清）夏鼎撰	《幼科铁镜》6卷	光绪二十年（1894年）	兴义府署刻本	贵州中医学院图书馆
145	（清）黄培杰纂修	（道光）《永宁州志》12卷，	光绪二十年（1894年）	永宁州署重刻本	北京、南京、贵州等图书馆藏
146	（清）黎庶昌撰	《丁亥入都纪程》2卷	光绪二十年（1894年）刻	川东道署刻本	贵州省图书馆、遵义市图书馆
147	（清）沈毓兰修，杨成林、张焕文纂	（光绪）《永宁州续志》十二卷	光绪二十年（1894年）	不详	北京、天津、上海、贵州等图书馆有藏
148	（清）宦懋庸撰	《莘斋文钞》4卷，《诗钞》7卷，《诗余》1卷	光绪二十年（1894年）	川东道署刻本	贵州省图书馆、遵义市图书馆、贵州省博物馆
149	（清）郑珍著	《巢经巢文集》6卷，《诗集》9卷，《后集》4卷，《遗诗》2卷《附录》1卷	光绪二十年（1894年）	不详	贵州省图书馆
150	（清）郑珍著	《巢经巢后集》4卷	光绪二十年（1894年）	贵筑高氏贵州刻本	贵州省图书馆
151	（清）黎庶昌著	《续古文辞类纂》28卷	光绪二十一年（1894年）	金陵状元阁刻本	贵州省图书馆、贵州师大图书馆等
152	佚名辑	《四书旁训》	光绪二十一年（1894年）	黔南书局重刻	贵州师范大学图书馆
153	（清）周永年辑	《先正读书诀》1册	光绪二十一年（1894年）	严修贵阳使署刻本	贵州省图书馆、贵州师大图书馆
154	黔省提督学辑	《各省官书局书目》1卷	光绪二十一年（1894年）	黔省提督学署刻本	贵州省图书馆、贵州师大图书馆
155	原题"碧山野史"撰	《播变纪略》1册	光绪二十一年（1894年）	川东道署刻本	贵州省图书馆、贵州省博物馆
156	（清）刚子良抄	《刺字条例》不分卷	光绪二十一年（1894年）	黔南抚署铅印本	贵州师大图书馆
157	官修	《四库全书总目提要四部类叙》1卷	光绪二十二年（1895年）	贵州官书局刻本	贵州师大图书馆、贵州大学图书馆

续表

序号	作　者	书名及卷数	出版时间	刊刻机构	馆藏地点
158	（清）王绳武	《大生集成》3卷	光绪二十二年（1895年）	遵义王氏自刻本	遵义李连昌赠予回龙寺
159	（晋）郭璞注，（清）张镇校	《尔雅郭注正蒙》11卷	光绪二十三年（1897年）	贵阳黔南书局刻本	贵州省图书馆
160	（清）张翰撰	《铁笙庵诗集》1册	光绪二十三年（1897年）	黔中刻本	贵州省图书馆、贵州省博物馆
161	（唐）佚名辑	《翰林学士集》1册	光绪二十三年（1897年）	贵阳陈矩据影唐卷子本刻本	贵州省图书馆
162	（清）叶澜撰	《天文歌略》1册	光绪二十三年（1897年）	贵阳大文书局刻本	贵州省图书馆，贵州大学图书馆
163	佚名辑	《贵州不缠足会条约》1册	光绪二十三年（1897）	不详，石印本	贵州省图书馆
164	（清）魏际端撰	《四比堂稿》10卷	光绪二十三年（1897）	黔南课吏总局刻本	贵州省图书馆、遵义市图书馆等
165	（清）叶瀚、叶澜撰	《地学歌略》1卷	光绪二十三年（1897年）	贵筑大文书局刻本	贵州省图书馆、贵州大学图书馆
166	（清）田雯撰	《黔书》2卷	光绪二十三年（1897）	贵州官书局刻本	贵州省图书馆藏有《黔南丛书》本
167	（清）张澍撰	《续黔书》8卷	光绪二十三年（1897年）	贵州官书局刻本	贵州省图书馆藏有《黔南丛书》本
168	（清）郑珍著	《巢经巢诗钞》9卷，《后集》4卷	光绪二十三年（1897年）	五羊城刻本	贵州省博物馆
169	（清）姚苎田辑	《史记菁华录》6卷，8册	光绪二十四年（1898年）	贵州刻本	贵州省图书馆
170	（清）胡承翊撰	《墨斋诗录》1册	光绪二十四年（1898年）	贵州刻本	贵州省图书馆
171	（清）熊延杰辑	《增补天文纪略》1册	光绪二十四年（1898年）	贵州熊大盛堂刻本	贵州省图书馆
172	（清）雷廷珍撰	《时学正衡》	光绪二十四年（1898年）	井书堂刻本	贵州省博物馆
173	（宋）吴仁杰编，黎庶昌录	《陶靖节先生年谱》1卷，《春秋左传杜注校勘记》1卷	光绪二十四年（1898年）	陈矩灵峰草堂	贵州省博物馆

续表

序号	作　者	书名及卷数	出版时间	刊刻机构	馆藏地点
174	（清）张之洞撰	《劝学篇》二卷	光绪二十四年（1898年）	贵州学署刻本，	贵州省图书馆
175	（清）张之洞撰	《劝学篇》二卷	光绪二十四年（1898年）	大文书局重刻	贵州师大图书馆、贵州省博物馆
176	（清）傅玉书撰	（嘉庆）《桑梓述闻》10卷	光绪二十五年（1898年）	不详	北京大学图书馆有藏，贵州省图书馆据原刻复印
177	（清）方大湜撰	《平平言》4卷	光绪二十五年（1899年）	黔省课吏局刻本	贵州省图书馆、贵州省博物馆
178	（清）张士瀛撰	《地球韵言》4卷	光绪二十五年（1899年）	贵阳大文书局刻本	贵州省图书馆
179	（清）吴宗棠修，欧阳曙纂	（光绪）《湄潭县志》8卷	光绪二十五年（1899年）	湄潭县志局	贵州省图书馆、贵州师大图书馆等藏
180	（清）周继熙撰	《蕉心阁词》	光绪二十六年（1900年）	贵筑高氏成都刻本	贵州省图书馆、贵州省博物馆
181	（清）唐炯撰	《丁文诚公年谱》1册	光绪二十七年（1901年）	四川岳池刻本	贵州省图书馆
182	（清）张之洞撰	《劝学篇》二卷	光绪二十七年（1901年）	贵州学署刻本	贵州省图书馆
183	（清）黎汝谦	《夷牢溪庐文钞》6卷	光绪二十七年（1901年）	广州刻本	贵州省图书馆、遵义市图书馆
184	（清）曾国藩辑	《武备辑要》6卷	光绪二十七年（1901年）	贵州善后局刻本	贵州省图书馆（残，存1、2卷）
185	（清）桂霖撰	《抱影庐哀蝉集》1册	光绪二十七年（1901年）	贵州巡署刻本	贵州省图书馆
186	雷廷珍撰	《经义正衡叙录》1册	光绪二十八年（1902年）	贵阳崇学书局石印	贵州师范大学图书馆
187	（清）崇俊修，王春纂，王培森校补	（光绪）《增修仁怀厅志》8卷，首1卷	光绪二十八年（1902年）	不详	北京、上海、贵州等图书馆有藏
188	（清）张之洞等编	《奏定学堂章程》	光绪二十九年（1903年）	贵州学务处铅印本	贵州省图书馆

续表

序号	作　者	书名及卷数	出版时间	刊刻机构	馆藏地点
189	(宋) 朱熹等纂	《五朝名臣言行录》12 册	光绪二十九年(1903 年)	播州华氏刻本	遵义市图书馆
190	(清) 李端棻撰	《普通学说》1 册	光绪二十九年(1903 年)	贵阳武庙铅印本	贵州省图书馆
191	(清) 林佩伦修，杨树琪纂	《光绪·天柱县志》8 卷卷首 1 卷卷末 1 卷	光绪二十九年(1903 年)	天柱县志局活字本	天津、南京、上海书馆收藏，贵州省图书馆藏系静电复印本
192	(明) 郑元直辑、(清) 叶丁日补	《古今人物论证编》	光绪二十九年(1903 年)	遵义官书局刻本	遵义市博物馆
193	(清) 蓝鼎元撰	《女学》6 卷	光绪三十年(1904)	仁怀厅中学堂刻本	贵州省图书馆
194	(清) 郑珍著	《巢经巢遗稿》4 卷	光绪三十年(1904)	云南刻本	贵州省图书馆（缺卷 4)
195	熊延杰纂释	《三千字文音义：汇选》2 卷	光绪三十一年(1905)	贵阳金筑熊氏	贵州师范大学图书馆
196	(唐) 薛涛撰	《洪度集》1 册	光绪三十二年(1906 年)	贵阳陈矩刻本	贵州省图书馆、贵州省博物馆
197	(清) 黄国瑾撰	《训真书屋诗文存》2 卷	光绪三十二年(1906 年)	不详	贵州省图书馆、贵州省博物馆
198	(日) 高田早苗撰，钱良骏译	《新译国家学原理》1 册	光绪三十三年(1907 年)	贵阳通志书局铅印	贵州省图书馆
199	(清) 叶玉屏辑	《六事箴言》	光绪三十三年(1907 年)	遵义华氏铅印本	贵州省图书馆
200	(清) 瞿鸿锡等修，贺绪藩纂	(光绪)《平越直隶州志》40 卷	光绪三十三年(1907 年)	不详	南京、上海、浙江、贵州存有静电复印本
201	佚名辑	《高等小学堂章程》1 册	光绪三十三年(1907)	遵义官书局铅印本	遵义市图书馆
202	(清) 吴孟坚撰	《草堂读史漫笔》2 卷	光绪三十四年(1908)	遵义官书局铅印本	遵义市图书馆
203	(清) 蔡岳撰	《黔学之础》1 卷	光绪三十四年(1908 年)	贵阳蔡氏刻本	贵州师大图书馆

续表

序号	作　者	书名及卷数	出版时间	刊刻机构	馆藏地点
204	（清）唐炯撰	《成山庐稿》12卷	光绪三十四年（1908年）	贵阳刻本	贵州省图书馆、贵州省博物馆
205	（清）余云焕撰	《味蔬诗话》4卷	光绪三十四年（1908年）	思南府署刻本	贵州省图书馆
206	佚名编	《贵州通省公立中学堂总览》	宣统元年（1909年）	遵义官书局铅印本	贵州省图书馆
207	（清）黄虎痴辑，龙启瑞等重订	《字学举隅》1册	宣统元年（1909年）	贵州学务公所石印	贵州师范大学图书馆
208	（清）郑珍编	《播雅》24卷	宣统元年（1909年）	贵阳文通书局铅印	遵义市图书馆
209	佚名辑	《礼记辑论》不分卷	宣统元年（1909年）	遵义官书局	贵州省博物馆
210	（清）唐炯撰	《成山老人自撰年谱》6卷附录1卷	宣统二年（1910年）	京师铅印	贵州省图书馆、贵州省博物馆
211	（唐释）般刺蜜谛译	《大佛顶如来密因修正了义诸菩萨万行首楞严经》10卷	宣统二年（1910年）	贵阳刻本	贵州省图书馆
212	（清）余铣辑	《山蚕讲义》1册	宣统三年（1911年）	遵义艺徒学堂石印	贵州省图书馆、贵州省博物馆
213	佚名辑	《贵州铁路教科书》1册	宣统三年（1911年）	遵义官书局	孔夫子旧书网有卖
214	（清）郑珍编	《播雅》24卷	宣统三年（1911年）	贵阳文通书局铅印	贵州省图书馆、贵州省博物馆等
215	（清）莫庭芝、黎汝谦辑，陈田传证	《黔诗纪略后编》30卷	宣统三年（1911年）	陈夔龙京师刻本	贵州省图书馆、贵州省博物馆
216	（清）萧光远著	《鹿山先生全集》20册	咸丰至光绪间	不详	贵州省图书馆
217	（魏）王弼等注	《相台五经》93卷	道光年间（具体时间不详）	贵山书院刻本	贵州省图书馆
218	方苞撰，王兆符传述	《左传义法举要》1卷	道光中期	贺长龄贵阳刻本	贵州师范大学图书馆、贵州省博物馆

续表

序号	作者	书名及卷数	出版时间	刊刻机构	馆藏地点
219	（清）陈田辑	《明诗纪事》207卷，38册	光绪二十三年-宣统三年（1896—1911年）	陈氏听诗斋刻本	贵州省图书馆
220	佚名辑	《四书正蒙三辨》7册	光绪年间	贵州官书局	贵州省图书馆
221	（清）杨调元辑	《训纂堂丛书》2册	光绪中期	贵筑杨氏刻本	贵州师大图书馆
222	佚名辑	《四书正蒙辨句兼附字辨疑字辨增旁训》8册	光绪年间	贵阳黔南官书局刻本	贵州省图书馆
223	（晋）杜预集解，（唐）陆德明音义	《春秋经传集解》30卷，附《春秋年表》1卷，《春秋名号归一图》2卷	清末	黔垣大文堂刻	贵州师范大学图书馆
224	（清）吴乘权、吴大职选	《古文观止》12卷	清末	贵阳文通书局铅印	贵州大学图书馆、贵州师大图书馆（存4卷）
225	（清）陈田编	《周渔潢先生年谱》1册	清末	陈田听诗斋	贵州省图书馆、贵州省博物馆
226	（清）车万育撰，夏大观删补，王之干笺释	《文林堂增订声律对偶》2卷	清末	贵州刻本	贵州省博物馆
227	（清）周际华撰	《家荫堂诗钞》1册	清末	不详	贵州省图书馆
228	（清）陈宏谋辑	《从政遗规摘抄》2卷	清末	遵义蹇氏刻本	贵州省博物馆
229	（清）罗振玉等辑	《种棉五种》	清末	贵州学务公所铅印	贵州省图书馆
230	（清）陈宏谋辑	《训俗遗规约钞》1册	清末	遵义蹇氏刻本	贵州省图书馆、遵义市图书馆
231	（清）陈宏谋辑	《教女遗规约钞》1册	清末	遵义蹇氏刻本	遵义市图书馆

续表

序号	作　者	书名及卷数	出版时间	刊刻机构	馆藏地点
232	（清）庞鸿书撰	《补元和郡县四十七镇图说》1卷	清末	贵州调查局铅印本	贵州省博物馆、贵州师大图书馆
233	官修	《贵州教育官报：光绪第三十二年第一期》	清末	贵州学务公所铅印本	贵州省图书馆
234	官修	《钦定春秋左传读本》30卷	清末	遵义官书局铅印本	遵义市图书馆
235	（明）吕坤撰	《吕新吾先生社学要略》1册	清末	贵阳大文堂刻本	贵州省图书馆
236	（清）周际华撰	《共城从政录》1卷，附《莘原从政录》1卷	清末	不详	贵州省图书馆
237	佚名辑	《四书：大盛堂精校音训七行正字》2卷	清末	贵州熊鸿洲大盛堂刻本	贵州师范大学图书馆
238	佚名辑	《四书正蒙辨句兼附字辨疑字辨增旁训》	清末	贵阳文通书局铅印	贵州师范大学图书馆
239	（清）雷廷珍撰	《经义正衡叙录》2册	清末	贵阳崇学书局铅印	贵州省图书馆、省博物馆
240	（清）姚苧田辑	《史记菁华录》6卷，8册	清末	贵阳文通书局铅印	贵州省图书馆、贵州大学图书馆
241	（清）吴德溥撰	《严公琴帆行略》1卷	清末	贵州按察使吴德溥刻本	贵州师范大学图书馆
242	（清）彭希涑辑	《二十二史感应录》2卷	清末	贵阳家荫堂	贵州省图书馆
243	（宋）吕祖谦撰	《东莱博议》4卷	清末	贵阳熊大盛堂刻本	贵州师大图书馆（存第1卷）
244	（清）李国材撰	《晴舟诗录遗稿》1卷，附《训子词训子箴》	清末	贵阳文通书局铅印本	贵州师大图书馆、贵州省博物馆

续表

序号	作　者	书名及卷数	出版时间	刊刻机构	馆藏地点
245	（清释）寂源录	《黔灵赤松领禅师由行草》2卷	清末	黔灵山弘福寺刻本	贵州省图书馆
246	（清）范兴荣撰	《啖影集》4卷	清末	盘县鸿文五彩石印局石印本	贵州省图书馆
247	佚名撰	《三娘教子》2卷	清末	贵阳熊大盛堂玉记刻本	国家图书馆
248	佚名辑	《谋财伤命》1册	清末	黔省熊氏大盛堂	国家图书馆
249	佚名撰	《双上坟》6卷	清末	黔省熊大盛堂玉记刻本	国家图书馆
250	佚名辑	《柳荫记》8卷	清末	熊大盛堂玉记刻本	国家图书馆
251	（清）惜阴堂主人撰	《绣像二度梅》4卷	晚清	遵义王天生堂	戏剧研究院
252	佚名辑	《周易离句旁训解》	晚清	遵义周文兴堂	遵义李连昌收藏

注：上表根据陈琳的《贵州古籍联合目录》、国家图书馆编的《中国古籍目录》、杨绳信编的《中国版刻综录》等资料以及笔者调研时所收集的图书目录所制。

后　记

时光荏苒，岁月如梭，不经意间，自己已步入中年。回顾以往自己的人生历程，既有美好的回忆，也有不少的无奈。回顾过去是为了展望未来，保持初心，砥砺前行。

“白云不到处，青春恰自来。苔花如小米，亦学牡丹开。”这是我比较喜欢的一首诗歌，因为我就正如诗中的“苔花”，也想学学牡丹开花的样子。我从小家里贫穷，自初中辍学后便成了流转于各工地的农民工，辗转七年之后到了贵州教育学院当保安。其间，学院党委书记申远初老师见我工作踏实，为人诚恳，对我说：“你这么年轻，不能一辈子当保安吧，是不是该读读书啊!”在申书记的启发之下，我便自学高中课程，参加了2001年的成人高考，并以优异的成绩考入贵州教育学院中文系汉语言文学专业专科班，一边当保安一边读书，2003年专科毕业后继续读了本科。2005年本科毕业了，经过一段时间的思考后，便毅然踏上考研之路。尽管遭遇到两次考研失败，但我还是没有放弃，继续一边当保安一边备考，终于在2007年以笔试第一名的成绩考上贵州大学，攻读美学专业硕士，师从龚妮丽教授。龚老师不仅是我学业上的导师，更是我人生的导师，她得知我的生活处境之后，对我就像照顾自己的孩子一样，在学习上严格要求，在生活上极力照顾。我当时无以为报，只能通过努力学习，不辜负老师对我的关爱。在龚老师的指导下，我所撰写的硕士论文《玄言山水诗审美研究》在毕业论文答辩中获得全优，总算没有辜负龚老师的一片苦心，同时也收获了自己刻苦努力的一份成果。

2010年硕士毕业之后，承蒙母校贵州师范学院（原贵州教育学院）的接纳，让我获得在母校工作的机会，以辅导员身份进入贵州师范学院外国语学院。举手向苍穹，不是要去摘天上的星星，而是时刻保持向上的姿态。于是，我便产生了考博的想法，也得到了学院各级领导的大力支持，之后便参加了2013年、2014年的博士生入学考试，均以失败告终。但我还是咬定青山不放松，屡败屡战，终于在2015年如愿考上华中师范大学，真是好事多磨啊！

在华中师范大学攻读博士期间，师从张三夕教授。导师张三夕教授师从文史大家程千帆先生和张舜徽先生，是一位学问渊博且极具人格魅力的国内知名学者，尤其是在古典文献学领域颇有建树，对张三夕教授无不耳熟能详。我在填报报考志愿之时，深知自己基础较差，顿生一种惶恐之感，不知张师是否会嫌弃我这种无知浅薄之人。我鼓足了勇气给张师发了一个信息，表示我报考之意愿。让我出乎意料的是，我在短时间内就收到了张师的回复，并以“贤弟”称，字里行间流露出和蔼可亲之感，真不愧为良师之风范。自进入张门之后，与张老师见面和交谈的机会便多了，对张师也有了更多的了解，他那渊博的学识、严谨的治学态度、前卫的教书育人理念以及极佳的人格魅力激励、鼓舞着我，成为后生学习之楷模。

在我的博士学习生涯中，张老师进一步教会了我如何读书，如何做学问。曾记得张老师给我们上《文化传播学专题研究》课程的时候，让我们精读麦克卢汉的《理解媒介》一书，并每一个人负责一个章节进行讲解，布置给我的任务是讲该书第二部分的“住宅——新的外貌和新的观念”这一知识点。我在准备的时候很犯难，不知如何搜集资料，因此，在讲解展示的时候一团糟，并未抓住重点。但张老师并没有责备之意，而是通过举例子的方式引导我找到本部分的知识要点。张老师通过这种教学方式，使我懂得了如何去读书，如何去思考。学习之“习”在《说文解字》中解释为“数飞也”，犹如小鸟学飞之时，经过无数次的练习之后便可飞翔。我又何尝不是呢？通过每月一次的张门读书会，加之张老师每次的经典点评，我慢慢学会了如何去读书和思考。思考是做学问的基础，有了思考才会产生问题意识。在读书会上张师的每一次经典点评，都在向我们传授做学问的方法。不仅教导我们如何选题，如何去寻找材料，而且告诫我们要保持严谨的治学态度，论从史出。在学科融合的今天，我们还要善于利用融学科的研究方法进行思考和研究。张师传授的这些宝贵经验，为我之后做学问打下了坚实的基础。

在博士论文写作过程中，我常遇到一些困惑，不知如何下手，便去求教于张老师。每每求教张师便会耐心地给我讲解，直到我明白为止，有时担心我没有理解所讲的内容，还会问一句“你明白我的意思了吗”，还会提供一些参考资料让我阅读。我们与张师时常交流和谈心，而且当老师遇到与我们博士论文相关的材料时，会收集下来转交给我们。当我的博士论文写好之后，张老师仔细检查，从文章立意到框架结构，从逻辑结构到语言表达，逐一提出修改意见，就连标点符号也不会放过。我室友看到张老师返还修改后的博士论文时，他用羡慕的眼光看着我，并说我真是遇到了一个好老师。能遇上既是良师也是益友的导师真是何其有幸！

张老师不仅教会我做学问，也让我学会了如何去做人做事。张师对人和蔼，为人友善，从不以责备的语气训斥学生，而是通过交流的方式沟通，这种为人之境界，是吾辈此生之追求。然而，张师亦是非常有原则的人，在这三年间，张门每个月的读书会他都从未缺席，且每次都会提前几分钟到。若偶尔有其他会议要参加需提前离席，他都向同门说明缘由。在张师身体力行的熏陶之下，张门弟子无不遵守其规。

我的博士论文不仅凝聚了张老师的许多心血，也得到了很多专家学者的帮助。在博士论文写作过程中，出版史研究的大家范军老师不仅给我指出了搜集资料的渠道，而且还将自己所收藏的资料借给我参考，对我的论文写作有很大帮助。贵州大学的张新民教授指导我搜集材料的方法和途径，提供了众多参考书目，使我在撰写博士论文期间更具有方向性地搜集资料。在搜集材料期间，得到了遵义史志专家李连昌老先生的大力支持，不惜将自己搜藏的珍贵刻本让我翻阅。其间，遵义市图书馆的代骊老师、古籍部的杨老师，贵州省图书馆古籍部的李素华老师，他们为我提供了许多方便。正因为有众多专家学者和老师们的帮助，我的博士论文在盲评中得到了各位盲评专家的好评，三位盲评专家分别给出了94、92、89的成绩，同时也提出了宝贵的修改意见。在博士论文答辩过程中，武汉大学王翰东教授，华中师范大学江作苏教授、周晓明教授、喻发胜教授、彭涛教授、孟君教授为我的博士论文写作提出了不少建设性意见。在此，特感谢各位老师、专家学者们的帮助和指导。

本书是在我的博士论文基础之上，吸收了盲评和答辩专家所提出的修改意见，进行补充、调整的结果。本书得以顺利完成，首先要感谢我的父亲，他虽然不善于表达，但他默默地为我奉献着一切；感谢母亲的在天之灵，让我再一次感受到“苔花”开放的喜悦；感谢贵州师范学院各级领导和同事一直以来对我的帮助、鼓励和支持；我还要特别感谢我的岳父、岳母以及妻子的理解与支持，没有你们在背后默默无闻的帮助，本书的写作就不会如此顺利。

本书得以顺利出版，要非常感谢银兴贵兄弟及他的朋友，提供了与光明日报出版社相识的机缘，同时也要感谢光明日报出版社及其参与本书编审的编辑与工作人员，为你们的辛勤付出在此致以深深的谢忱。

李明勇

2021 年 9 月 20 日

书于贵阳乌当十里江南公寓